民族文化研究叢書 156

한국 근대문학의 형성과 진화론

民族文化研究叢書 156

한국 근대문학의 형성과 진화론

이만영 지음

高麗大學校
民族文化研究院

이 책은 용운장학재단이 한국학 연구의 발전과 신진 연구자의 연구성과 확산을 위해 지원하는 〈용운 한국학 연구교수 지원사업〉에 의하여 출판되었습니다.

책머리에

이 책에 쓰인 언어는 모두 누군가에게 빚진 것들이다.

2014년 여름이었던가. 나는 우연히 한 편의 칼럼을 접하게 되었는데, 그것은 바로 한국일보의 박선영 기자가 썼던 「약자가 약자를 혐오할 때」라는 글이었다. 이 글에서 기자는 "강한 것은 아름답고, 약한 것은 추하다."라는 이 사회의 지배적 관념을 비판하면서 "그게 누구든, 약자를 돕는 자가 아름답고, 약자를 혐오하는 자가 추한 것이다."라는 윤리적 목소리를 아주 담담하면서도 강렬하게 전하고 있었다. 이 글을 읽은 시점부터 나는 약자들이 도태되고 적자만이 생존한다는 진화론적 삶의 문법에 관해 질문을 던지기 시작했다. '강자/약자'로 구획되는 사회적 네트워크와 이를 기반으로 구성되는 약자 배제의 정념은 도대체 언제부터 어떻게 구성되었을까.

이 책은 그 질문에 대한 나의 '잠정적인' 응답이다. 이 책에서 나는 식민지 시기의 비평 및 소설 텍스트를 대상으로 삼아, 진화론이 하나의 사회적 통념으로 자리매김하는 과정뿐만 아니라 진화론의 대항담론이 구축되는 과정을 통시적으로 다루고자 했다. 1910년대에 일어났던 일련의 사건들, 즉 '경술국치-1차 세계대전-러시아혁명-3·1운동'으로 이어지는 사건들을 통해 진화론에 대한 비판적 인식은 급격히 확산되었다. 그에 따라 조선의 지식인들은 약육강식과 적자생존이라는 진화론적 테제에 맞서 강자와 약자가 공생할 수 있다는 신념을 가졌고, 약자가 강자에 저항할 수 있는 혁명적 주체일 수 있음을 상상하게 되었다. 이렇듯 1910년대는 우리 스스로를 약자로 호명했던 태도로부터 탈피하고, 강자와 약자가 더불어 살 수 있는 국제 사회의 구축을 꿈꾸며, '약자필멸'의 논리가 지배하는 현실에 맞서 약자가 혁명의 주체로 올라설 수 있다는 믿음의 시간으로 메워져 있었다. 나는 사멸되어야 마땅하다고 여겨졌던 약자들이 진화론과의 담론적 교섭 내지는 쟁투를 통해서 3·1운동의 실천적 주체로 거듭나는 시간, 다시 말해 진화*evolution*의 사유와 혁명*revolution*의 사유 사이를 가로지르면서 민족적 해방을 열망했던 바로 그 역동적인 시간에 주목하고 싶었다.

적지 않은 시간 동안 근대 초기의 자료들을 숙독하면서, 그 당시 지식인들이 왜 진화론에 대해 매혹과 환멸을 동시에 느낄 수밖에 없었는지를 헤아리게 되었다. 국제 사회에서 약자로 분류되었던 조선이 사라질지도 모른다는 절박감 때문이었을까. 그들에게 진화론은 '식민지로서의 조선'과 '식민지인으로서의 자기 자신'을 해석하는 이론적 준거이자 국제 정세를 파악하는 정치사회적 담론으로 간주되었다. 그래서 "적합성이 낮은 약자들이 제거되는 방식을 통해 진화한다."라는 생물학적 진술은 "조선과 같은 약소국은 국제 사회에서 도태되거나 사멸할 수밖에 없다."라는 진술로 쉽게 대치될 수 있었던 것이다. 그들이 가토 히로유키의 『인권신설』(1882), 옌푸의 『천연론』(1898), 량치차오의 『신민설』(1902) 등의 문헌들을 숨가쁘게 받아들였던 것도 바로 그 이유 때문이었다.

특히, 1910년 8월 29일 한일합병조약이 강제 체결된 이후 이광수나 염상섭과 같은 한국의 대표적 문인들이 보여준 행보는 여러모로 흥미로웠다. 1916년 9월 와세다대학 본과에 갓 입학한 이광수가 수강한 과목 중 하나는 다름 아닌 '진화론'이었다. 사실 그는 유학길에 오르기 전부터 이미 진화론에 심취해 있었다. 1905년부터 손병희의 「삼전론」을 읽으면서 약육강식의 원칙에 따라 세계질서가 운용되고 있음을 깨달았다는 회고라든지 오산학교 재직 시절에 학생들에게 다윈의 생물진화론을 가르쳤다는 사실 등이 이를 뒷받침한다. 한국 근대문학사에서 중요한 자리를 차지하고 있는 염상섭도 이광수 못지않게 진화론에 대해 깊은 관심을 갖고 있었다. 그의 초기작 「표본실의 청개구리」에서 김창억의 입을 통해 "약육강식의 대원칙에 따라 (…) 서로 대하게 된 것이 즉 구주대전란이외다."라고 서술한 바 있거니와, 그의 대표작 중 하나인 『만세전』에서도 "모두가 구더기다. 너도 구더기, 나도 구더기다. 그 속에서도 진화론적 모든 조건은 한 초 동안도 거르지 않고 진행되겠지!"라는 시각이 제출되기도 했다.

사실 1910년대에 약육강식과 적자생존을 운운하는 것은 그리 이례적인 일은 아니었다. 이인직, 최남선, 박은식, 신채호, 양건식, 현상윤, 김동인과 같이 한국 초기 근대문학사를 장식했던 이들은 공공연하게 진화론에 대한 입장을 피력해왔고, 심지어 1920년대 활동했던 초기 사회주의자들까지도 다윈과 드 브리스와 같은 진화론자들을 두루 참조하면서 '진보'와 '혁명'의 당위성을 설파하기도 했다. 이처럼 진화론은 이념적 색채와 무관하게 식민지적 상황을 이해하는 준거로 호명되곤 했는데, 특히 제국 일본의 권력에 타격을 입히고자 했던 사람들은 진화론을 수용하고 비판하고 쇄신하는 과정 속에서 정묘한 담론들을 주조해나갔다. 그에 따라 나는 '진화'된 조선(인)을 상상하고 예비했던 이들의 인식론적 틀을 검토하고, 식민지라는 특수한 환경 속에서 진화론을 둘러싸고 일어났던 논쟁의 풍경을 조망하고자 했다.

감사하게도 이 글을 집필하는 동안 학문에의 길이 외롭지 않도록 도움을 주신 분들이 참 많다. 가장 먼저 떠오르는 분은 나를 긴 시간 동안

지도해주신 강헌국 선생님이다. 내 허술한 문장과 논리를 지적해주신 선생님 덕택에 학문적으로 걸음마 수준에 머물렀던 내가 여기까지 올 수 있었다. "우리 같은 연구자들은 평생 문장을 고민하면서 살아야 한다."라는 그 무거운 말씀을 가슴 깊이 새기면서, 더 정확하게 알고 엄밀하게 쓰는 연구자가 되겠다는 약속을 드리고 싶다. 그리고 권보드래 선생님과 박헌호 선생님이 보여주신 학문적 진지함은 늘 나에게 긍정적인 에너지를 전달해 주었다. 대학원 시절 내내 이 두 분의 수업을 듣고 세미나를 함께 하면서 나는 무럭무럭 자랄 수 있었고, 학문적으로뿐만 아니라 인격적으로도 더욱 성장할 수 있었다. 강헌국, 권보드래, 박헌호 선생님. 이 세 분을 가까이에서 뵐 수 있었던 건 내 삶에서 손꼽을 만한 행운임에 틀림없다. 아울러 이상우 선생님은 내 사유가 글로 무르익을 수 있게끔 많이 도와주셨다. 기억하실지 모르겠지만 나는 석사과정 때 선생님의 수업에서 발표한 내용을 토대로 석사 논문을 집필했고, 박사 과정 때에도 선생님의 수업에서 발표한 내용을 토대로 첫 소논문을 발표할 수 있었다. 그러니까 선생님의 수업을 통해 비로소 학자로서의 데뷔 무대를 마련할 수 있었던 셈이다. 이렇듯 수업시간 내내 선생님께서 부여해주신 신선한 자극 덕택에 나의 설익은 사유는 비로소 한 편의 글로 완성될 수 있었다. 그리고 류보선 선생님도 나에겐 각별하게 기억되는 분이다. 이제 와 고백하는 것이지만, 나는 학부 때부터 선생님이 쓰신 평론집과 학술서를 꼬박꼬박 사서 읽었던 충실한 '독자'였다. 그래서인지 학회 간사를 맡았던 시간이나 학위논문을 심사받았던 시간이 모두 소중하게 느껴졌다. 그간 내게 베풀어주신 호의를 기억하면서 차분하게 연구자의 길을 걸어가겠다는 약속을 드린다.

아울러 전북대에 계신 선생님들께도 감사의 인사를 드리고 싶다. 미욱하기 짝이 없던 나의 20대는 우울한 시간으로 점철되어 있었다. 학비를 벌기 위해 4시간만 자면서 아르바이트를 해야 했던 나에게는 그다지 행복을 만끽할 만한 여유가 없었다. 그런 와중에 전북대에 계신 선생님들의 수업을 듣는 시간은 나에게 성취감과 자존감을 높이는 데 큰 힘이 되었다. 그 당시 들었던 문학 수업은 지금도 생생하게 그려질 만큼 나에게 애틋한 잔상으로 남아 있으며, 그때 배웠던 많은 것들은 여전히 내 가슴과 머리에 생동하고 있다. 이제는 제법 많은 분들이 은퇴를 하셨겠지만, 나의 학부 시절을 아름답게 채색해주신 분들께 꼭 전하고 싶다. 선생님들 가르침 덕택에 이 먼 길까지 올 수 있었다고 말이다.

나는 이 글을 쓰는 과정에서 많은 기관의 도움을 받았다. 먼저 이 책이 무사히 출간될 수 있도록 물심양면으로 지원해준 용운장학재단 측에 감사의 마음을 전하고 싶다. 한국학에 대한 지원이 절대적으로 부족한 상황 속에서 용운장학재단이 시행하는 연구교수 지원사업은 우리와 같은 연구자들에게 커다란 힘이 된다. 종종 학문적 자부심보다 고립감이 커질 때 연구자의 길을 포기하는 동학들을 보게 되는데, 용운장학재단의 도움은 이러한 연구자에게 고립감을 극복하는 데 있어서 중요한 계기를 마련해준다. 재단 측의 도움에 힘입어 여기까지 걸어오게 된 만큼, 앞으로도 묵묵히 연구자의 삶을 걸어가겠다는 말씀을 전하고 싶다. 다음으로 솔벗재단으로부터 지원받은 한국학 연구비는 공부와 육아를 병행하던 나에게 큰 힘이 되었다. 재단 측으로부터 연구비 지원 대상자로 선정되었다는 소식을 들으며 눈물을 글썽거리던 때가 아직도 눈에 선하다. 연구자라는 자존감이 점차 소실되고 있을 그때, 솔벗재단이 건넨 지원의 손길은 내 마음을 다잡아주는 데 큰 도움을 주었다. 이 기회를 빌어 재단 측에 진심으로 감사의 뜻을 전한다. 마지막으로 고려대 민족문화연구원에서 받은 2018년 지훈신진학술상은 미미한 내 연구 성과에 큰 의미를 부여해준 상이었다. 나는 논문을 쓰는 내내 능력의 한계를 절감하기도 했고, 논문을 집필한 이후에도 방법론에 대한 교정적 시각이 필요하다고 생각했었다. 그 때문인지 학위를 받은 이후 다소간 위축되었던 것도 사실인데, 지훈신진학술상 수상을 계기로 좀 더 나은 글을 쓰기 위해 분투해야겠다는 결의를 다질 수 있었다. 이 상을 수여한 민족문화연구원 측에 다시 한 번 감사하다는 말씀 드린다.

이 책은 나를 키워주신 김형호 김명순 두 분께 헌정하고 싶다. 중학교 2학년 시절의 나는 매일 아침 화장실 문을 걸어 잠그고, 돌아가신 부모님이 보고 싶어 훌쩍이던 철부지였다. 그토록 울었으면 화를 낼 법도 했지만, 그 두 분은 언제나 따뜻하게 날 안아주셨고 또 그렇게 평생을 키우셨다. 내가 학과에 수석으로 입학할 때에도 자기 일처럼 기뻐해 주셨고, 대학원에 진학한 이후 물심양면으로 도와주셨으며, 박사모를 받아든 그 순간에도 눈물을 흘리며 행복해하셨다. 지금 이 시간, 두 분의 희생과 사랑을 떠올리자니 금세 눈물이 차오른다. 조용하고 나약한 삶을 살았던 나를 세상이라는 문턱에 발을 내딛게 만든 분들이 바로 이 두 분이라고 해도 과언은 아니다. 앞으로 나는 두 분의 노고를 평생 상기하면서 정직하면서도 우직한 연구자의 길을 걸을 것이다.

사랑하는 나의 아내와 아이들에게도 고맙다는 말을 전한다. 나는 외로운 시기의 끝자락에서 지금의 아내를 만났다. 우리 둘은 모두가 잠든 시간에 날을 새면서 같이 공부를 했고, 서로의 논문을 읽어주며 토닥여 주었다. 아내의 묵묵한 배려와 독려가 나에게는 이루 말할 수 없는 큰 힘이 되었다. 그리고 나는 이 글을 집필하는 내내 우리 아이들이 나중에 커서 내 글을 읽을지도 모른다는 무서운(?) 상상을 하곤 했다. 누군가는 쓸데없는 상상이라고 했지만, 이상하게도 이러한 생각은 쉽게 떨치기 어려웠다. 이 어이없는 무게감 덕택에 나는 허투루 쓰는 문장이 없게끔 심혈을 기울일 수 있었다. 그간 아비로서 많은 시간을 보내지 못해 미안하기 짝이 없지만, 앞으로 즐거운 시간을 함께 누리는 아비가 되겠다는 약속을 건네고 싶다.

이젠 이 세상에 안 계시지만 나를 낳아주신 부모님께도 메시지를 남겨야 할 것 같다. 두 분이 돌아가신 지 어느덧 28년이라는 시간이 흘렀고, 지금의 내 나이는 부모님이 돌아가셨을 당시의 나이를 훌쩍 넘어섰다. 너무도 허망하고 급작스럽게 돌아가신 두 분이었지만, 돌아가시기 며칠 전에 들려주셨던 "정직하고 행복하게 살아가거라."라는 그 따뜻한 목소리는 여전히 귓가에 맴돈다. 두 분이 돌아가신 후 나는 서점에 꿇어앉아 시와 소설을 읽으며 외로움을 견뎌냈고, 이를 통해 어디에서도 체득할 수 없었던 사랑과 공감과 윤리를 깨달을 수 있었다. 어쩌면 두 분의 부재로 인한 내면의 공백은 문학이 메워주고 있었는지도 모르겠다. 비록 법조인이 되기를 갈망하셨던 두 분의 뜻과는 거리를 두고 있는 삶을 살고 있지만, 내가 걷고자 하는 길이 곧 그분들이 원하는 길이라는 확신을 갖고 살아왔다. 이렇게나마 두 분의 봉분 위에 작은 책을 선물할 수 있어서 기쁠 뿐이다. 마지막으로 장인 장모님께도 감사의 말씀을 올린다. 두 뷴의 배려와 희생이 없었다면 이 책을 집필하는 시간이 마련되지 못했을 것이다. 부족하고 보잘것없는 사위를 한결같은 마음으로 응원해주신 덕택에 내가 무너지지 않고 공부를 계속할 수 있었다. 앞으로 더 행복한 삶으로 보답해드리겠다.

내놓기 부끄러운 글이라는 걸 알면서도, 내가 공부하면서 새겨놓은 무늬를 조심스레 세상에 남겨놓으려 한다. 이 변변치 않은 무늬가 이 땅에 남겨질 수 있도록 해주신 고려대 민족문화연구원과 용운장학재단, 그리고 이 책을 출간하는 과정에서 애를 써주신 보고사 측에 다시 한 번 감사하다는 말씀을 올린다.

2021년 3월 연구실에서

차례

/ 2부 / 진화론 이펙트(2): 1920년대 진화 혹은 혁명에 관한 사상적 편린들

1부

진화론 이펙트(1)

: 한국 초기 근대문학과 진화론

일러두기

논의를 진행하기에 앞서 이 책의 인용원칙에 관해 부기해 두도록 한다. 이 책에서 동일한 자료를 다른 장에서 활용할 경우에는, '앞의 글', '앞의 책'과 같은 용어를 쓰는 대신 글과 책 제목을 새롭게 밝혔다. 예컨대 Ⅰ장에서 "玄相允, 「强力主義와 朝鮮青年」, 『학지광』 6, 1915.7"을 재차 Ⅱ장에서 활용할 경우에는 "玄相允, 앞의 글, 면수"로 표기하지 않고, "玄相允, 「强力主義와 朝鮮青年」, 『학지광』 6, 1915.7"로 표기할 것이다.

제 I 장
서 론

1. 연구목적 및 문제제기

이 책은 1910~1920년대 초 진화론의 수용 및 비판 양상을 문학사적 맥락에서 살펴보고, '진화*evolution*'라는 서구적 개념이 비판적으로 전유되어왔던 역사적 궤적을 고찰하는 데 목적을 둔다. 이를 위해 1910년 한일합방 이후부터 3·1운동 직후인 1920년대 초반까지 발표된 비평 및 소설 텍스트를 대상으로 삼아, 식민지 조선에서 진화론이 하나의 사회적 통념으로 자리매김하는 과정뿐만 아니라 진화론의 대항 담론*counter discourse*이 구축되는 과정을 통시적으로 검토하고자 한다. 그런 의미에서 이 책은 진화론이 수용되는 역사와 그에 대한 비판의 역사를 포괄한다. 이는 서구 진화론의 수용 양상을 논의하는 데 초점을 맞추었던 기존의 연구 시각과 거리를 두면서, 진화론을 중심으로 전개되었던 역동적인 담론들의 경합 과정을 문학사적 맥락 속에서 해명하고 구체적인 역사적·사회적 맥락 속에서 '진화' 개념이 어떻게 변화되는지를 확인하는 작업이기도 하다.

이 책에서 연구 대상 시기를 1910~1920년대 초로 한정한 이유는 크게 두 가지로 설명될 수 있다. 첫째, 진화론에 대한 비판적 인식이 급격히 확산된 시기가 바로 1910~1920년대 초라고 판단했기 때문이다. '경술국치 - 1차 세계대전 - 러시아혁명 - 3 · 1운동'으로 이어지는 일련의 사건들은 진화론이 내포하고 있는 정치적·윤리적 의미를 재고하는 데 있어서 중요한 계기를 마련해 주었다. 1910년대의 시작을 알린 경술국치는 약육강식과 적자생존으로 요약되는 진화론적 사유를 더욱 공고하게 만들었다. 조선의 식민지화는 진화론적 자연법칙이 국제 정치의 영역에도 그대로 적용될 수 있음을 보여주는 역사적 실례에 해당되었던 것이다. 하지만 1차 세계대전 이후부터는 강자 중심의 세계 질서에 대해 비판하면서 강자와 약자가 공생할 수 있다는 윤리적 인식이 싹트기 시작했고, 러시아혁명 이후부터는 진화론에서 논의되었던 점진적 진화의 방식이 아니라 급진적인 진화의 방식으로 인류 역사가 변화될 수 있다고 확신하였으며, 3 · 1운동에 이르러서는 약자가 강자에 대한 저항적 주체로 도약할 수 있음을 선언할 수 있게 되었다. 요컨대 1910년대는 약자필멸의 진화론적 사유 체계가 절대적인 진리임을 선언하는 데에서 출발하여, 약자가 강자에게 저항하는 혁명적 주체일 수 있음을 선언하는 것으로 마무리되었던 시기였던 것이다. 이러한 관점에서 볼 때, 1910년대에 일어났던 국내외의 사건들은 진화론에 대한 인식론적 전환의 계기를 마련해줬다고 할 수 있다.

1910~1920년대 초를 대상 시기로 설정한 두 번째 이유는, 진화론을 둘러싸고 벌어졌던 이 시기의 논쟁들이 오늘날 우리가 쓰고 있는 '진보' 개념을 형성하는 데 중요한 단초를 제공하고 있다는 판단 때문이다. 오늘날에는 발달, 즉 위계적 변화를 서술하는 개념으로 개발*development*, 진화*evolution*, 진보*progress*라는 유사한 말들이 사용되고 있다.[1] 이 가운데 '개발'은 보통 기술이나 지식의 발달을, '진화'는 생물체 내지는 그 기관

1) 박이문, 「문화는 진화하는가, 진보하는가」, 한국철학회 편, 『문화의 진보에 대한 철학적 성찰』, 철학과현실사, 1998, 14면.

의 발달을, '진보'는 인간사회의 발달을 각각 내포하는 것으로 이해된다. 이처럼 오늘날에 '진화' 개념은 개발이나 진보와 같은 개념과 어느 정도 구분되어 활용되고 있지만, 식민지 초기만 하더라도 그것은 개발이나 진보에 내포된 의미까지 포괄한 개념으로 널리 활용되고 있었다. 말하자면, 당대에 활용되었던 '진화' 개념은 기술 및 지식의 발달과 사회 및 문명의 발달을 모두 포괄한 개념이었던 것이다. 따라서 당대에 제기되었던 "조선(인)은 진화할 수 있는가?"라는 주요 의제는 단순히 생물학적 범주에 국한된 질문으로 치부되어서는 안 된다. 그것은 기술 및 지식의 발달, 생물학적 발달, 사회 및 문명의 발달이 가능한지를 묻는 복합적이면서도 다면적인 질문에 해당되며, 바로 그러한 의미에서 그것은 "조선(인)은 더 나은 삶을 살 수 있는가?"라는 질문으로 환원될 수 있다. 결국, 1910~1920년대 초에 제기되었던 "조선(인)은 진화할 수 있는가?"라는 질문은 오늘날 우리가 제기하는 '인간적 삶의 질'에 관한 성찰적 질문과 맞닿아 있다고 할 수 있다. 그 질문에 대한 당대 지식인들의 답변은 다양한 스펙트럼을 형성하는 바, 그것은 약자로부터 벗어나 강자로 도약해야 한다는 답변, 약자도 강자와 더불어 살아갈 가치가 있다는 답변, 약자들의 결속된 힘에 의해 강자의 권력이 혁명적으로 전복될 수 있다는 답변 등으로 정리될 수 있다. 1910~1920년대 초에 제시된 이러한 답변들은 오늘날 논의되는 '진보의 조건과 방법'에 관한 정치사회학적 성찰들을 압축적으로 보여준 것이라고 할 만하다. 바로 이러한 관점에서 본 연구는 1910~1920년대 초를 연구 대상 시기로 설정하여 이 시기 진화론을 둘러싼 담론적 갈등이 어떻게 증폭되는지, 그리고 그러한 갈등 속에서 서구적 진화 개념이 어떻게 각색되고 변용되었는지를 통시적으로 살펴보고자 한다.

주지하다시피 진화론은 한국 초기 근대문학사를 논의하는 데 있어서 중요하게 다뤄져왔던 정치사회학적 담론 중 하나였다.[2] 19세기 말부터 급격하게 유입·확산되었던 진화론은 조선뿐만 아니라 동아시아 전체를 장악한 주류 담론으로 기능했으며, 한국 초기 근대소설의 사상체계를 지탱하는 동력으로 군림했다. 실제로 근대 초기에 활동했던 조선의 작가들은 진화론을 수용하거나 그와 경합하는 과정 속에서 자신들의 정치적 감각을 논설 혹은 작품 속에 농후하게 드러낸 바 있다. 가령 한국 근대소설사의 서장을 장식하고 있는 이인직과 이해조는 가토 히로유키(加藤弘之)·옌푸(嚴複)·량치차오(梁啓超)로부터 수용된 진화론과 긴밀하게 교섭한 바 있고, 현상윤은 도태되지 않고 살아남는 민족이 되기 위해서 무엇보다 '강력주의'가 필요하다고 역설하기도 하였으며,[3] 이광수는 오카 아사지로(丘淺次郎)의 『진화론강화』를 반드시 읽어야 할 도서

2) 지금까지 논의된 바에 따르면, 구한말부터 수용되었던 진화론은 사실상 스펜서가 주장했던 사회진화론에 가깝다. 그럼에도 불구하고 본 연구에서는 사회진화론*Social evolution theory*이 아니라 진화론*Evolition theory*을 주요 개념으로 활용하고자 한다. 왜냐하면 사회진화론이라는 용어를 차용하게 되면 생물학적 진화이론에 관한 문헌들을 검토의 대상에서 제외시키는 우를 범할 수 있기 때문이다. 뒤에서 상론하겠지만, 당대의 문헌들 중에서 생물학적 진화이론을 다룬 문헌은 결코 적지 않다. 예컨대 라마르크의 『동물철학』을 소개한 문헌(「人類의 起源과 發生」, 『개벽』 25, 1922.7.10)이라든지 독일의 헤켈을 근대의 선구적인 과학주의자로 소개한 문헌(「近代 自然科學者 헤켈」, 『신문계』 45, 1916.12) 등이 그에 해당된다. 이러한 문헌들은 생물학에 관한 사유만을 담지하고 있는 것처럼 보이지만, 사실상 당대의 지식 체계 전반을 구축하고 변화시키는 데 있어서 중요한 역할을 수행했다는 점에서 주목되어야 한다. 약육강식과 적자생존으로 요약되는 사회진화론이 당대의 주요한 담론으로서 기능하기 위해서는, 과학적 언어가 그 논리의 정당성을 담보해주어야 한다. 푸코의 관점대로라면, 이러한 과학의 언어들이 심리학·정치학·문학 등의 광범위한 영역에 각인되고 기능하면서, 비로소 종합적이고 실천적인 앎의 체계가 형성된다(M. Foucault, *L' Archéologie du Savoir*, 이정우 역, 『지식의 고고학』, 민음사, 2000, 246~272면 참조). 이러한 관점에 따라 본 연구는 생물학적 담론들이 문학의 영역에 어떻게 각인되고 기능했는가를 실증적으로 검토할 것이며, 이를 위해서 사회진화론이라는 개념보다는 진화론이라는 개념을 활용하여 논의할 것이다.

3) 玄相允, 「强力主義와 朝鮮靑年」, 『학지광』 6, 1915.7, 43~49면.

로 추천하면서 "進化論은 新文明의 總源泉"이라고 주장하기도 했다.[4] 물론 진화론에 대한 개별 작가들의 관념이 각기 상이하게 나타날 수는 있겠지만, 적어도 1900~1910년 초·중반까지 대다수의 식민지 지식인들은 '생존경쟁*struggle for existence*'과 '적자생존*survival of the fittest*'으로 점철된 진화론적 수사들에 매료될 수밖에 없었던 것이 사실이다. 특히 10여 년의 짧은 기간 동안 청일전쟁·을사늑약·경술국치 등의 사건을 통해 강자 중심으로 세계 질서가 재편되고 있음을 확인했던 바, 식민지 조선의 지식인들이 체감했던 진화론의 담론적 영향력은 응당 클 수밖에 없었다. 그만큼 진화론은 식민지 조선의 현실을 응시하기에 적합한 도구이자, 조선의 미래를 예시하는 묵시록으로 간주되기도 했던 것이다.

하지만 이 시점에서 우리는 다음과 같은 질문을 제기할 수 있다. 식민지라는 특수한 역사적 조건 속에서 스스로를 약자로 간주할 수밖에 없었던 우리는, 진화론과 같은 주류 담론의 피동적 산물에 불과한가. 한국 근대문학과 진화론의 관계 양상을 검토하는 그간의 연구들은 주로 서구 진화론의 수용에 초점을 맞추어 논의를 진행해왔다. 하지만 어떠한 특정 담론이 한 사회를 지배한다 할지라도, 그 사회 속에 위치한 주체가 그 담론에 억압되고 예속된다고 단정할 수만은 없다. 당대 지식인들은 국제 사회의 운용 질서를 이해하는 주요한 인식론적 틀로 진화론을 받아들였으면서도, 식민지적 현실에 맞게 이를 비판적으로 사유하고자 했다. 왜냐하면 진화론은 어디까지나 우생학, 인종주의, 제국주의 등 비인도적인 이론들의 과학적 근거로 간주되었기 때문이다.[5] 그들에게 있어서 진화론은 식민지라는 문제를 타개하기 위해서 반드시 극복·비판되어야 할 이론에 해당되었다. 특히 세계 1차 대전 이후 조선에

4) 春園生, 「東京雜信: 一般人士의 必讀홀 書籍數種(三)」, 『매일신보』, 1916.11.9.

5) E. Hobsbawm, *The Age of Empire*, 김동택 역, 『제국의 시대』, 한길사, 1998, 437~488면.

급격하게 유입된 다이쇼 생명주의나 윌슨(T. W. Wilson)의 민족자결주의가 약육강식과 적자생존의 원리를 비판하는 이론적 자원으로 활용되었던 점, 3·1운동 이후 『공제』나 『신생활』 등의 잡지들을 통해 적극 소개된 크로포트킨(P. Kropotkin)의 '상호부조론'이 '상호경쟁론'의 대체 담론으로 폭넓게 수용되었던 점 등도 바로 그러한 맥락에서 해석될 수 있는 것이다.

이처럼 조선의 지식인들에게 폭넓게 수용되었던 진화론은 단순히 식민지적 현실을 이해하는 이론적 준거점으로서만 기능한 것이 아니라, 그 현실을 타개하기 위해 반드시 극복·지양되어야 할 이론으로 호명되곤 했다. 이러한 인식이 당대 소설 속에 투영되었음은 물론이다. 잘 알려져 있다시피 '약자필멸'이라는 진화론의 핵심 테제를 수용하여 우리 민족 또한 강자로 도약할 수 있을 것이라는 『무정』식의 계몽주의적 상상력이 1910년대 소설사의 한 축을 차지해왔다. 하지만 '약자필멸'의 진화론적 테제를 비판하고 극복하려는 소설적 경향 또한 존재했다. 1910년대를 "進化論的 모든 條件"[6]이 일 초도 거르지 않고 진행되는 시기로 규정하고 '개성'과 '생명' 등의 개념을 통해 진화론의 논리를 극복하고자 했던 『만세전』이 그 대표적인 사례에 해당된다. 따라서 1910년대의 다양한 문학적 면모를 총체적으로 파악하기 위해서는 진화론에 입각하여 우리 자신을 '약자'로 호명해왔던 문학사적 흐름뿐만 아니라, 진화론적 프레임을 넘어 '약자'라는 자기인식으로부터 탈피하고자 했던 문학사적 흐름까지 해명할 수 있어야 한다.

이 책에서 진화론에 대한 인식의 역사를 서술하려는 궁극적인 이유는, 이러한 주제가 당대 작가들이 재현하거나 지향했던 식민지 조선의

---

6) 염상섭, 『萬歲前』, 고려공사, 1924, 146면.

자기정체성*self-identity* 문제와 연동된다고 판단했기 때문이다. 조너던 컬러(J. D. Culler)가 언급한 바 있듯, 문학은 정체성 문제를 그 핵심적인 주제로 삼아왔을 뿐만 아니라 독자들의 정체성을 구성하는 데 있어서도 중요한 역할을 해왔다.[7] 우리의 초기 문학사를 보더라도 정체성에 대한 문학적 관심은 두드러지게 나타난다. 예컨대 "弱者로 生겨난 네의 運命을 恨嘆할 망정 夢寐間에라도 强者의 힘이나 抑勢를 猜疑하고 嗟怨치 말을지로다"[8]라든지 "략즈라는 것은 싱존상에 뎍당치 못혼 물건이니 자연멸명호는 슈밧게 무슨 다른 도리 업는 것이오."[9]와 같은 진화론적 문법들이 식민지 초기 작품에서 빈번하게 구사되었던 것도 바로 그런 맥락에서 이해될 수 있다. 이처럼 당대 문인들은 진화론이라는 창을 통해서 강자와 약자라는 이분법적 상상구조를 내면화하고, 약자 혹은 부적자로서의 '나/우리'의 정체성을 규정하려는 인식을 공공연하게 드러내왔던 것이다. 이러한 맥락에서 보자면, 진화론은 식민지 시기 조선의 자기정체성을 재현하는 데 있어서 하나의 기원적 담론이었음에 틀림없다.

하지만 우리가 간과하지 말아야 할 것은, 문학이 정체성을 재현하는 작업뿐만 아니라 정체성을 새롭게 생산·구성하는 작업도 병행한다는 사실이다. 식민지 시기 '나/우리'를 약자 혹은 부적자로 규정하려는 태도는 진화론이라는 식민주의적 규약에 의거한 것이었다. 앞서 언급했다시피 진화론은 우생학과 인종주의 담론과 연계되어 있다는 점에서 열등한 황인종으로서의 우리를, 또 제국주의와 연계되어 있다는 점에서 식민지로서의 우리를 발견케 하는 이론적 틀로 작용했다. 따라서 약자의 생존, 즉 조선의 독립이 가능하다는 신념을 고수하기 위해서는

---

7) J. D. Culler, *Literary Theory*, 이은경 역, 『문학이론』, 동문선, 1999, 180면.

8) 玄相允, 앞의 글, 44면.

9) 菊如, 「石獅子像」, 『불교진흥회월보』 1-1, 1915.3. 36면.

약자필멸의 진화론적 논법을 타개할 만한 서사의 문법이 새롭게 요청될 수밖에 없었다. 1910년대를 관통해온 문인 중에서는 우리가 누구인지를 발견하고 재현하는 데 머무르지 않고, 오히려 제국주의 담론을 비판하는 정치적 주체로 우리를 호명하려는 자들도 분명 존재했다. 이로 보아 진화론에 대한 비판 양상을 고찰하려는 작업은 결국 당대 지식인들이 진화론을 매개로 하여 조선의 자기정체성을 어떻게 구상하고자 했는지, 또 진화론에 대한 그들의 비판이 식민지적 현실을 극복하기 위한 정치적 실천과 어떻게 맞닿아 있는지를 확인하는 작업과 연동된다고 본다. 이러한 문제의식을 기반으로 하여, 이 책에서는 진화론이 현실 인식의 강력한 프레임으로 작동했음에도 불구하고 당대 작가들이 그에 대한 반성과 저항을 어떻게 미학적으로 드러내고자 했는지를 고찰할 것이다.

2. 선행 연구 검토

진화론에 대한 그간의 논의들은 주로 구한말(1880~1910)의 시기를 주요 분석 대상으로 삼고 있다. 이 논의들은 진화론의 수용 시기와 경로, 영향력 등을 주요 쟁점으로 다룬다. 진화론의 수용 양상과 그 영향력에 대해서 최초로 문제를 제기한 연구자는 이광린이다.[10] 그에 따르면 한국 사회에서 진화론을 받아들이기 시작한 시점은 1880년대이지만, 진화론적 사유가 본격적으로 수용된 시점은 1900년대부터였다. 그리고 그는 구한말에 받아들인 진화론이 사실상 사회진화론에 가까운 것이라

10) 이광린, 「구한말 진화론의 수용과 그 영향」, 『한국학보』 3-3, 일조각, 1977.

고 말하면서, 1900년대 한국 사회에 유통된 진화론이 사실상 량치차오의 『음빙실문집(飮冰室文集)』에 근거한 것임을 논증하였다.

이광린의 선구적인 업적을 계기로 하여, 1980년대 이후부터 진화론에 대한 연구는 역사학계와 정치학계를 중심으로 본격화되기 시작한다. 1980년대 이후의 연구 동향은 크게 두 가지로 구분된다. 첫째, 중국과 일본에서 유통되었던 진화론적 인식을 검토함으로써 한국의 진화론 수용 경로를 확인하는 연구이다.[11] 이 연구들에 의해 논의된 내용을 정

11) 이와 관련된 논의로는 다음의 연구를 참고하였다. 박성래, 「중국에서의 진화론-양계초의 경우를 중심으로」, 『한국과학사학회지』 4-1, 한국과학사학회, 1982; 이명수, 「양계초의 신민설 연구」, 성균관대 석사논문, 1985; 전용만, 「양계초의 신민설에 관한 소고」, 『백산학보』 33, 백산학회, 1986; 박찬승, 「한말 신채호의 역사관과 역사학-청말 양계초와의 비교를 중심으로」, 『한국문화』 9, 서울대 한국문화연구소, 1988; 조경란, 「중국근대에 있어서 진화론의 수용과 전개에 관한 연구」, 성균관대 석사논문, 1989; 신연재, 「동아시아 3국의 사회진화론 수용에 관한 연구-加藤弘之, 양계초, 신채호의 사상을 중심으로」, 서울대 박사논문, 1991; 이성규, 「한국과 일본에 있어서 진화론 수용의 비교」, 『한국과학사학회지』 14-1, 한국과학사학회, 1992; 이송희, 「한말 사회진화론의 수용과 전개」, 『역사와 경계』 22, 부산경남사학회, 1992; 조경란, 「진화론의 중국적 수용과 역사인식의 전환」, 성균관대 박사논문, 1995; 양일모, 「동아시아의 사회진화론 재고-중국과 한국의 '진화' 개념의 형성」, 『한국학연구』 17, 인하대 한국학연구소, 2007; 윤일 외, 「근대 일본과 한국의 사회진화론과 아나키즘 연구-고토쿠 슈스이와 신채호를 중심으로」, 『동북아문화연구』 14, 동북아시아문화학회, 2008; 천자연·고희탁, 「근대 한국의 사회진화론 도입·변용에 보이는 정치적 인식 구조-국가적 독립과 문명개화의 사이에서」, 『대한정치학회보』 18-3, 대한정치학회, 2011; 우남숙, 「사회진화론의 동아시아 수용에 관한 연구-역사적 경로와 이론적 원형을 중심으로」, 『동양정치사상사』 10-2, 한국동양정치사상사학회, 2011; 한상철, 「근대 조기 지식인들의 '문명-서양' 인식-번역어 '천연'과 '진화'를 중심으로」, 『현대문학이론연구』 51, 현대문학이론학회, 2012; 우남숙, 「미국 사회진화론과 한국 근대-윤치호를 중심으로」, 『동양정치사상사』 11-1, 한국동양정치사상사학회, 2011; 박홍규 외, 「옌푸와 번역의 정치-『천연론』에 담긴 '천' 개념을 중심으로」, 『한국정치학회보』 46-4, 한국정치학회, 2012; 김현우, 「양계초와 박은식의 '신민설'과 '대동사상'에 관한 연구」, 성균관대 박사논문, 2013, 김도형, 「가토 히로유키의 〈인권신설〉과 천부인권논쟁 재고」, 『동아인문학』 33, 2015, 김도형, 「근대 동아시아의 '天'과 '進化'-엄복과 가토 히로유키의 진화론 수용양상 비교연구」, 『동양사학회 2016년 춘계연구발표논문집』, 동양사학회, 2016.

리하자면 다음과 같다. ① 구한말 한국 사회에 유통되었던 진화론은 일본의 가토 히로유키, 중국의 옌푸·량치차오 등의 영향을 받았다. ② 이들이 모두 허버트 스펜서(H. Spencer)의 이론적 자장 안에 놓여있음을 고려해볼 때, 구한말 조선 사회에 유통된 진화론은 사실 사회진화론의 한 조류에 해당한다. ③ 따라서 구한말에 주로 활용되었던 진화론적 수사들은 다윈의 『종의 기원』에서 활용되었던 '생존경쟁', '자연선택' 혹은 스펜서의 『진보의 법칙과 원인』에서 활용되었던 '적자생존' 등에 한정되어 있었으며, 당대 지식인들은 이 용어들을 적극 활용하여 조선 사회 내지는 국제 사회의 질서를 설명하고자 했다. 이 논의들은 실증적 자료를 통해 진화론의 수용 경로와 시기를 구체적으로 밝히고 있으며, 진화론적 사유 체계가 한국뿐만 아니라 동아시아의 사상적 패러다임을 크게 변화시켰음을 입증하였다.

둘째, 근대 초기 한국 지식인들이 가졌던 진화론적 사유 체계를 탐색하거나, 그 사유 체계가 어떻게 개화사상·애국계몽운동과 연계될 수 있었는지를 심층적으로 검토한 연구이다.[12] 이 연구들에 의해 지금까지

---

12) 이와 관련된 논의로는 다음의 연구를 참고하였다. 신용하, 「한말 애국계몽사상과 운동」, 『한국사학』 1, 1980; 신용하, 「신채호의 애국계몽사상(상/하)」, 『한국학보』 6-2/6-3, 1980; 신일철, 『신채호의 역사사상연구』, 1980(특히, 진화론과 관련하여 이 책의 3장을 주목); 김도형, 「한말 계몽운동의 정치론 연구」, 『한국사연구』 54, 한국사연구회, 1986; 심용진, 「박은식 사회사상의 성격과 전개」, 『한국철학논집』 1, 한국철학사연구회, 1991; 우남숙, 「애국 계몽운동기의 사회진화론 연구」, 『역사와 사회』 7, 원광대 채문연구소, 1992; 전복희, 「사회진화론의 19세기말부터 20세기 초까지 한국에서의 기능」, 『한국정치학회보』 27-1, 한국정치학회, 1993; 전복희, 「19세기 말 진보적 지식인의 인종주의적 특성」, 『한국정치학회보』 29-1, 한국정치학회, 1995; 전복희, 『사회진화론과 국가사상』, 한울, 1996; 신연재, 「구한말의 사회진화론 수용과 그 영향-신채호의 국가사상을 중심으로」, 『사회과학논집』 6-2, 울산대학교, 1996; 주진오, 「독립협회의 개화론과 민족주의」, 『현상과 인식』 20-1, 한국인문사회과학원, 1996; 박찬승, 「한말·일제시기 사회진화론의 성격과 영향」, 『역사비평』 32, 역사문제연구소, 1996; 우남숙, 「박은식의 '자강', '독립' 사상」, 『한국정치학회보』 31-2, 한국정치학회, 1997; 박성진, 「1920년대 전반기

정리된 내용은 다음과 같다. ① 1880~1910년에 등장했던 개화사상, 자강론, 실력양성론 등은 사실상 진화론의 영향력 안에 놓여 있었다. 즉, 이 시기는 조선이 문명화의 길을 걷지 못한다면 결국 제국의 지배하에 들어갈 수밖에 없을 것이라는 부정적인 전망을 토대로, 개화·자강·실력양성 등의 방법론을 내세우고 있었던 것이다. ② 주로 진화론의 적극적 수용 혹은 비판의 자세를 취한 지식인으로는 유길준, 윤치호, 박은식, 신채호 등을 거론할 수 있다. ③ 이들 가운데 초기 진화론 수용에 있어서 중요한 역할을 한 인물은 유길준과 윤치호이다. 먼저, 유길준은 「경쟁론」(1882)과 『서유견문』(1889)을 통해 '경쟁'과 '힘의 논리'에 의해 운용되는 진화론적 세계를 처음으로 인식한 지식인으로 규정된다. 한편, 윤치호는 진화론적 세계관에 입각하여, 조선과 같은 약소국이 강대국으로 부상할 수 있는 방법으로 기독교적 의미의 개화를 주장한 바 있다. ④ 유길준과 윤치호가 진화론적 사유 체계 내에 머물러 있었던 반면, 박은식이나 신채호와 같은 인물들은 1910년 경술국치 이후 진화론이 가진 한계를 보다 적극적으로 비판하였다. 박은식은 진화론의 시

사회진화론의 변형과 민족개조론」, 『한국민족운동사연구』 17, 한국민족운동사학회, 1997; 우남숙, 「신채호의 국가론 연구」, 『한국정치학회보』 32-4, 한국정치학회, 1999; 우남숙, 「한국 근대사에서의 사회진화론 수용 양식-장지연, 박은식, 신채호를 중심으로」, 『한국정치외교사논총』 21-1, 한국정치외교사학회, 1999; 박정심, 「박은식의 사회진화론 수용과 자연인식」, 『동양철학연구』 21, 동양철학연구회, 1999; 박정심, 「박은식의 철학사상 연구-사회진화론의 수용과 양명학적 대응을 중심으로」, 『한국철학논집』 9, 한국철학사연구회, 2000; 최기영, 『한국 근대 계몽사상 연구』, 일조각, 2003; 함동주, 「대한자강회의 일본관과 '문명론'」, 『동양정치사상사』 2-2, 한국동양정치사상사학회, 2003; 김순석, 「박은식의 사회진화론 인식과 실업교육관」, 『한국민족운동사연구』 48, 한국민족운동사학회, 2006; 박정심, 「근대 '경쟁' 원리와 '도덕' 원리의 충돌과 만남에 관한 연구-사회진화론과 유학을 중심으로」, 『한국사상사학』 29, 한국사상사학회, 2007; 김경일, 「문명론과 인종주의, 아시아연대론」, 『사회와 역사』 78, 한국사회사학회, 2008; 우남숙, 「신채호의 근대국가사상 연구」, 『문화와 정치』 3-2, 2016; 박정심, 『한국근대사상사』, 천년의 사상, 2016.

각에서 유교의 봉건성을 비판했지만, 궁극적으로는 진화론이 가진 비도덕적인 경쟁과 약육강식론에 대해서 회의적인 입장을 표명한 바 있다. 그리고 신채호는 1919년 3·1운동 이후에는 아나키즘에 경도되어 민족해방 투쟁을 개시하였다. 이처럼 이 연구들은 개화사상, 자강론, 실력양성론 등을 주장했던 당대 민족주의 계열의 지식인들이 진화론을 어떻게 이해했는지에 대해 집중적으로 검토하였다. 이와 더불어 박은식이나 신채호 등의 사상적 변이를 통해 1910년 이후 진화론에 대한 인식의 지형도가 재편되고 있음을 확증하고 있다.

상기한 바와 같이, 한국의 진화론 수용 및 대응 양상에 관한 지금까지의 논의들은 주로 역사·정치·사상사적 측면에서 다뤄져 왔다. 하지만 이들 논의들은 주로 1910년 이전까지의 시기를 대상으로 한 연구가 대다수라는 점, 1910년 이후의 시기를 다루더라도 주로 박은식이나 신채호 등 소수 지식인들의 사상적 변이 과정에 지나치게 편중되어 있다는 점 등을 그 한계로 지적할 수 있다.

한편 문학 텍스트와 진화론의 상관관계를 논의한 최초의 단일 연구는 윤홍로에 의해서 시도되었다.[13] 윤홍로는 『태극학보』와 『대한흥학보』 등의 잡지를 통해 근대 초기 진화론의 유입 양상을 두루 살피고, 진화론적 사유가 문학 텍스트 안에서 어떻게 재현되는지를 논의하였다. 특히 그는 이광수의 평문과 소설을 정치하게 분석함으로써, 그의 문학적 논리의 밑바탕에 진화론이 있다는 주장을 최초로 제기하기도 했다. 이 연구는 일본과 중국의 진화론, 유길준의 진화론, 조선의 신문이나 잡지에서 나타난 진화론적 사유, 춘원 이광수의 진화론적 인식 등 다소 광범위한 주제를 다루고 있기는 하지만, 진화론에 대한 소설적

13) 윤홍로, 「개화기 진화론과 문학사상」, 『동양학』 16, 단국대 동양학연구소, 1986.

재현 양상을 언급한 최초의 성과라는 점에서 그 의의를 찾을 수 있다.

그 이후에도 소설 텍스트와 진화론의 상관성에 대한 논의는 다각적으로 이루어져 왔다. 먼저 이인직과 이해조의 신소설, 신채호의 영웅·전기소설 등에서 나타난 진화론적 인식소를 추출하고, 그것의 유입 경로 내지는 그 의미를 해독하는 연구가 있다.[14] 이 연구들은 대체로 경술국치 이전의 소설 텍스트를 대상으로 하고 있다는 점이 특징이라고 할 수 있다. 이 가운데 비교적 최근에 제출된 유봉희의 연구는 이인직과 이해조의 소설에서 드러난 진화론적 사유를 피상적으로 분석해왔던 그간의 연구 태도에 의문을 제기하고, 이 작가들이 가진 진화론적 사유의 연원을 보다 구체적으로 밝혀냈다. 이 연구에 따르면 이인직은 독일의 헤켈에서 일본의 가토 히로유키로 이어지는 '결정론적 진화론'을 받아들였던 반면, 이해조는 영국의 다윈·헉슬리에서 중국의 옌푸·량치차오로 이어지는 '윤리적 진화론'을 받아들였다. 이 논의는 진화론에 대한 인식론적 전통을 '결정론적 진화론'과 '윤리적 진화론'라는 두 개의 개념적 틀로 설명해내고 있지만, 진화론 수용의 경로를 지나치게 도식적으로 파악했다는 점에서 재고의 여지가 있다. 사실상 이인직을 '헤켈-

14) 이와 관련된 논의로는 다음의 연구를 참고하였다. 황정현, 「신소설에 있어서 계몽의식의 양면성-사회진화론과 자조론을 중심으로」, 『현대문학의 연구』 4, 한국문학연구학회, 1993; 다지리 히로유키, 「애국계몽운동기에 양계초를 매개로 하여 유입된 사회진화론과 이인직」, 『어문연구』 31-1, 한국어문교육연구회, 2003; 유봉희, 「사회진화론과 신소설 작가, 이해조와 이인직」, 『한국학연구』 24, 인하대 한국학연구소, 2011; 송명진, 「승자로서의 민족영웅과 식민지의 현실-신채호 소설을 중심으로」, 『일본학연구』 37, 단국대 일본연구소, 2012; 최원식, 『한국계몽주의문학사론』, 소명출판, 2012; 유봉희, 「사회진화론과 신소설 연구-이해조와 이인직을 중심으로」, 인하대 박사논문, 2013; 유봉희, 「『윤리학』을 통해 본 동아시아 전통사상과 이해조의 사회진화론 수용」, 『현대소설연구』 52, 한국현대소설학회, 2013; 유봉희, 「동아시아 사회진화론의 수용과 그 계보-신소설 작가들의 사회진화론 인식론에 대한 서설」, 『한국학연구』 32, 인하대 한국학연구소, 2014.

가토'의 계보만으로 설명하기에는 어려움이 있고, 심지어 이광수를 그 계보에 포함시키기 위해서는 좀 더 섬세한 논증이 필요하다.[15] 게다가 가토 히로유키가 헤켈뿐만 아니라 다윈과 스펜서의 저서를 두루 참조했다는 사실[16]이라든지 그가 량치차오에게 미쳤던 영향 또한 무시할 수 없다는 점 등도 간과되어서는 안 될 문제로 남아 있다.[17]

다음으로 1910년 이후의 문학 텍스트를 통해 작가의 진화론적 사유를 탐독한 연구이다.[18] 사실 이 논의들은 앞서 언급한 윤홍로의 연구를

15) 특정 담론의 수용 계보를 몇 가지 경로로 압축하여 설명하는 것은, 그 담론의 수용 및 분화 과정을 간명하게 파악하는 데 분명 유용한 측면이 있다. 하지만 그러한 접근법은 담론 수용자의 사유 체계를 지나치게 단선화시킬 수 있다. 유봉희 역시 이분법적인 관점에서 동아시아 진화론의 계보를 비교적 설득력 있게 제시하고 있지만, 이러한 그의 관점이 진화론에 대한 작가의 사유를 지나치게 단면화시킨 것은 아닌지 좀 더 고민해볼 필요가 있다. 이러한 한계는 이광수의 진화론 계보를 설명하는 대목에서 두드러진다. 유봉희는 이광수가 '헤켈-가토'의 '결정론적 진화론' 계보에 포함된다고 설명하고 있다. "춘원의 진화론 사상은 일본의 가토와 독일의 헤켈의 영향을 지대하게 받았다. 이들은 정치적으로 모두 강력한 국가주의자들이다. 특히 헤켈의 저서와 강연록은 나중에 인종차별, 국민주의, 사회다윈주의 등의 과학적 근거로 사용되었다."라는 진술이 이를 단적으로 보여준다. 하지만 이는 이광수의 진화론적 사유를 단선적으로 이해한 대목이라고 판단된다. 이광수는 가토의 국가주의적 진화론의 영향을 받은 것도 사실이지만 그러한 가토의 입장을 비판했던 우키타 가즈타미(浮田和民)의 영향도 적지 않게 받았다. 뒤에서 살펴보겠지만, 이광수는 「동경잡신」에서 우키타에 대해 "余 氏를 仰慕홈이 久ᄒᆞ더니"라고 말한 바 있고, 심지어 우키다는 이광수가 와세다 대학 재학 중일 때 서양사 과목을 강의했던 교수이기도 했다. 더욱이 이광수가 「신생활론」이나 「민족개조론」 등에서 끊임없이 강조했던 '인위적 진화' 개념은 우키타의 입론을 주요하게 참조했으리라는 추측을 충분히 가능케 한다. 이러한 점을 고려해볼 때, 특정 작가의 진화론 수용 계보를 단선적인 방식으로 설명하려는 유봉희의 논의는 재고될 필요가 있어 보인다. 우키타 카즈타미에 대한 이광수의 언급은 春園生, 「東京雜信: 名士의 儉素」, 『매일신보』, 1916.10.19를, '인위적 진화' 개념에 관한 우키타 가즈타미의 논의는 浮田和民, 『社會學講義』, 帝國敎育會, 1901, 71~77면을 각각 참조.

16) 吉田曠二, 『加藤弘之の研究』, 新生社, 1976, 72면.

17) 이혜경, 『량치차오: 문명과 유학에 얽힌 애증의 서사』, 태학사, 2007, 64면.

18) 이와 관련된 논의로는 다음의 연구를 참고하였다. 박성진, 『사회진화론과 식민지사회사상』, 선인, 2003(특히, 이광수의 「민족개조론」과 관련한 논의는 이 책 2부의 5장을

계승·비판한 것으로서, 이광수에 초점을 맞춘 연구들이 대다수를 차지하고 있다. 이 중에서 하타노 세츠코(波田野節子)·장영우·김동식·와다 토모미(和田とも美) 등은 이광수가 경쟁론이나 도태론과 같은 진화론적 인식에 깊이 심취해 있었다고 주장하는 반면, 최주한은 이광수가 오히려 톨스토이·크로포트킨 등이 주창한 相愛의 논리에 입각해 자신의 문학관을 개진해 나갔다고 주장하고 있다. 이들 논의는 진화론의 초기 유통 과정에 천착해왔던 그간의 연구 경향을 벗어났다는 측면에서 분명 의의를 지닌다. 하지만 이는 진화론과 관련된 이광수의 시각만을 논의의 대상으로 삼고 있는 바, 여타의 작가를 포괄할 수 있는 폭넓은 시각이 요청된다고 볼 수 있다.

마지막으로 장수익[19]과 권보드래[20]의 논의는 본 연구의 주제와 관련하여 중요한 참조점을 제공하고 있다. 장수익은 개화기에서 1920년대 초까지의 소설들이 가진 다양한 담론의 근저에 진화론이 놓여 있다고 전제하면서, 진화론적 사유를 근간으로 한 소설사 연구가 절실하다고 주장한 바 있다. 그는 한국 근대소설에서 나타난 진화론의 수용 과정을 통시적으로 검토하기 위해, '이해조의 『자유종』, 이인직의 『혈의 누』[개화기] → 신채호의 『꿈하늘』, 이광수의 『무정』[1910년대] → 김동인의 「약

참조); 波田野節子, 최주한 역, 『무정을 읽는다』, 소명출판, 2008; 최주한, 「민족개조론과 相愛의 윤리학」, 『서강인문논총』 30, 2011; 장영우, 「이광수의 진화론적 사상과 일제말 문학의 특징」, 『한국문예창작』 11-2, 한국문예창작학회, 2012; 김동식, 「민족개조와 감정의 진화」, 『한국학연구』 29, 인하대 한국학연구소, 2013; 和田とも美, 『이광수 장편소설 연구』, 예옥, 2014; 김동식, 「진화·후진성·1차 세계대전」, 『한국학연구』 37, 인하대 한국학연구소, 2015.

19) 장수익, 「한국 근대소설과 사회진화론」, 『한국현대문학연구』 19, 한국현대문학회, 2006.

20) 권보드래, 「진화론의 갱생, 인류의 탄생 - 1910년대 인식론적 전환과 3·1운동」, 『대동문화연구』 66, 성균관대 대동문화연구원, 2009.

한 자의 슬픔」, 염상섭의 「표본실의 청개구리」[1920년대 초]' 등의 작품을 두루 살폈다. 그의 논의는 진화론의 담론적 효력이 1920년대까지 유지되었다는 관점을 취했다는 점에서 본 연구가 갖고 있는 기본 시각과 유사한 측면이 있다. 하지만 이 연구 역시 주로 진화론이 수용되었던 양상에 초점을 맞추고 있어서, 진화론에 대한 비판 담론이 형성·전개된 양상을 검토하려는 본 연구와 일정 정도 거리를 두고 있다. 한편, 권보드래는 1910년대에 한정하여 진화론에 대한 비판 담론이 전개되는 과정을 광범위하게 검토하였다. 그는 1910년대를 진화론적 패러다임이 부정된 시기로 규정하면서, '자아', '인격', '개조', '동정', '사랑' 등의 개념들이 문학 장에서 활발하게 논의되었던 문학사적 계기를 논의한 바 있다. 그에 따르면 1910년대에는 국가라는 최종 심급이 사라지게 되면서 진화론적 세계관에 대한 근본적인 문제의식이 싹트기 시작했고, 이러한 비판적 인식이 결국 3·1운동의 정신적 기반을 구축하는 데 크게 기여했다. 이 논의는 진화론의 수용 양상에 주목했던 그간의 연구 경향으로부터 벗어나, 1910년대에 널리 유통되었던 진화론에 대한 비판 담론들을 논의의 자장 안에 끌어들였다는 점에서 그 의의를 부여할 수 있다. 하지만 이 논의는 대체로 비평 텍스트들을 주요한 분석 대상으로 삼은 결과, 소설 텍스트에서 재현되는 '反-진화론적 인식소'를 추출하고 이를 분석하는 데까지는 이르지 못했다.

지금까지 진화론과 관련된 그간의 연구 성과를 검토해보았다. 이 책은 기존 연구와는 크게 세 가지 측면에서 구별된다. 첫째, 이 책에서는 '진화' 개념을 초역사적이고 고정적인 관념체계가 아니라 특정한 역사적 국면에 따라 새롭게 해석되고 변용되는 역사적인 의미체계로 간주할 것이다. 1910년대의 지식인들은 진화론에 대한 비판담론을 제출하는 과정 속에서, 서구적 진화의 개념을 능동적으로 비판하고 각색해내었다. 1910년대 초반과 1910년대 후반을 비교해볼 때, 진화 개념에 대한 인식론적 낙차가 크게 느껴지는 것도 바로 그러한 연유에서이다. 식민지 초기까지만 하더라도 진화 개념은 주로 다윈의 '생존경쟁'과 '자연선택', 스펜서의 '적자생존' 등의 수사들을 통해 설명되었다. 이를 기반으로 당대 지식인들은 강자(제국) 중심으로 재편되는 세계사적 흐름을 설명함과 동시에 식민지 현실에 놓여 있는 조선의 상황을 이해하고자 했다. 그에 따라 이 시기의 진화 개념은 강자로서의 제국과 약자로서의 식민지라는 이항대립적인 사유체계를 더욱 강고하게 하는 데 기여했다. 하지만 경술국치 이후부터 기존의 진화 개념은 새롭게 변용되기에 이른다. 진화론에 내포된 '약자의 자연도태'를 승인하는 것은, 제국 일본에 의해 식민지로 전락해버린 조선적 현실을 용인하는 것과 다를 바 없었기 때문이다. 그에 따라 1910년대 지식인들은 진화 개념을 조선의 독립이라는 목적에 부합하게끔 비판적으로 각색했고, 이 과정에서 진화의 방법에 대한 다각적인 사유가 급부상하게 되었다. 이를테면 자연적 진화*natural evolution*가 아니라 인위적 진화*artificial evolution*의 개념이 부상하고, 상호경쟁적 진화*the evolution of mutual competition*가 아니라 상호부조적 진화*the evolution of mutual aid*가 강조되며, 교육과 식산을 통한 점진적 진화*gradual evolution*가 아니라 혁명을 통한 급진적 진화*radical evolution*가 새로운 진화의 방법으로 제시되었던 것, 이것이 바로 식민지적 조건에 부합하게끔 진화 개념을 비판적으로 각색해왔던 역사적 궤적에 해당된다. 이렇듯 근대 초기의 진화 개념은 자연적이고 상호경쟁적이며 점진적인 성격을 농후하게 띠고 있다가, 인위적이고 상호부조적이며 급진적인 성격이 보다 강화·확장되는 방식으로 그 의미망을 형성해왔다. 그에 따라 이 책은 당대 지식인들이 1차 세계대전, 러시아혁명, 3·1운동 등과 같은 특정한 역사적 사건을 경험하면서 진화 개념을 어떻게 비판적으로 수용하고 변주해 나갔는지를 통시적으로 검토하고자 한다.

둘째, 이 책은 주로 신문이나 잡지에 실린 비평(적) 텍스트를 중심으로 논의해왔던 기존의 연구 전통을 받아들이되, 진화론과 관련된 작가의 사유가 소설 속에 어떻게 투영되었는지를 논의 범주에 포함하고자 한다. 소설은 단순히 특정 담론이나 이데올로기를 직접적인 방식으로 전달하는 장르가 아니다. 피에르 마슈레(P. Macherey)가 말한 바대로, 소설 작품은 허구를 포함하기 때문에 소설의 언어를 곧장 이데올로기적 언어로 환원시키려는 비평적 시도는 유효하지 않다.[21] 그간의 선행 연구들은 대체로 진화론에 대한 작가들의 시각을 검토하는 데 있어서 비평(적) 텍스트를 주요하게 활용해왔다. 물론 이러한 연구 방법은 작가의 시각을 비교적 선명하게 이해할 수 있다는 점에서 용이한 측면이 있다. 하지만 이는 소설 텍스트와 비평 텍스트 간의 장르적 차이를 좀 더 세심하게 고려해야 한다는 점에서 재고되어야 한다. 소설은 특정 이데올로기를 직접적으로 발화하는 장르가 아니라, 다양한 문화적 약호들이 결합되고 상호작용함으로써 새로운 의미를 창출하는 장르이다. 그런 의미에서 소설은 작가의 이데올로기를 설명하고 해석하는 자료만으로 간주되어서는 안 되며, 소설을 분석하는 데 있어서 작가가 구사한 비평적 언어를 기계적으로 도입하려는 시도 또한 지양되어야 한다. 이러한 점은 현상윤·양건식 등의 작가적 사례를 통해서도 설명될 수 있다. 이들은 비평 텍스트를 통해 생존경쟁과 약육강식의 논리가 불가피한 것임을 명백하게 선언했지만, 소설 작품을 통해서는 그 논리를 비판하고 극복하려는 태도를 취했다. 이러한 태도를 기반으로 "약자를 어떻게 대할 것인가"라는 윤리적 문제를 주요한 소설의 의제로 설정하고자 했던 것

21) P. Macherey, *Pour une théorie de la production littéraire*, 윤진 역, 『문학생산의 이론을 위하여』, 그린비, 2014, 101면.

이다. 이처럼 당대의 소설은 진화론이라는 과학적 사유 체계를 수용하는 하나의 통로로 간주되기도 했지만, 오히려 이를 비판하고 전복하는 기제로 활용되는 경우도 적지 않게 발견된다. 당대 작가들이 약자에 대한 동정과 연민 등의 감정들을 진화론 극복의 대안으로 제시했던 것도, 약자들을 소멸해야 할 존재가 아니라 혁명의 주체로 이해하려 했던 것도, 결국에는 약자의 존재론적 가치를 인정하지 않는 진화론의 비윤리성을 비판하기 위해서였다. 이와 같이 당대 작가들은 소설적 상상력을 통해 진화론이라는 과학적 사유 체계를 비판하고 타자와의 윤리를 새롭게 모색하고자 했다. 이러한 기본 관점에 따라, 본 연구는 비평 텍스트뿐만 아니라 소설 텍스트를 통해서 진화론에 대한 작가적 사유가 어떠했는지를 조망할 것이다.

셋째, 진화론의 수용 양상과 관련된 그간의 연구들이 1880~1910년까지의 시기를 대상으로 삼은 것에 반해,[22] 이 책에서는 1910~1920년대 초반의 시기를 집중적으로 검토하고자 한다. 물론 진화론이 1880~1910년 사이 미국이나 일본, 중국을 통해 한국에 급격하게 수용되고 유통되었던 것만큼은 사실이지만, 그 영향력은 1920년대까지도 꾸준히 유지되고 있었다.[23] 그 근거는 현상윤, 이광수 등 이른 바 학지광 세대

---

22) 1910년 이후부터 진화론적 인식론의 효력이 상실되었다는 주장은 전복희와 이호룡 등에 의해 제기되었다. 전복희는 "1910년 한국이 일본에 합병된 이후, 한국 민족주의 운동의 흐름은 이전과는 다른 방식으로 전개되어 사회진화론은 더 이상 당시 지식인들의 의식과 실천에서 큰 역할을 담당하지 못하였다"고 주장하면서, 1880~1910년까지 진화론의 이론적 분화 과정 및 그것이 조선 사회에 미친 영향력 등을 중점적으로 논의한 바 있다. 이호룡도 이와 유사한 관점에서 사회진화론을 바라보고 있다. 그는 사회진화론이 1900년대 실력양성론을 뒷받침하면서 근대화 운동을 이끌었지만, 1910년 국권 상실 이후부터는 사회진화론을 극복하고 민족해방운동을 지도할 새로운 사상이 대두되었다고 주장한 바 있다. 자세한 내용은 전복희, 『사회진화론과 국가사상』, 한울아카데미, 2010, 11면; 이호룡, 「한국인의 아나키즘 수용과 전개」, 서울대 박사논문, 1999, 1~9면을 참조.

23) 진화론이 1920년대까지 영향력을 행사하고 있었다는 근거는 이광수의 글에서도 쉽게

의 글을 통해서도 쉽게 확인할 수 있다. 그 대표적 사례로 이광수를 거론할 수 있는데, 그는 「민족개조론」에서 "自然淘汰의 理로 舊性格을 가진 者는 漸漸 社會의 表面에서 淘汰되어 소리 업시 蟄伏하게 되고 全民族은 이 中樞階級의 健全한 精神에 風化되어 歲月이 가고 世代가 지날스록 民族은 더욱 새로워져 五十年이나 百年 後에는 거의 改造의 大業이 完成 될 것이외다."[24]라고 언급한 바 있다. 우량한 인재를 골라내어 육성하고 열등한 인재는 도태되게끔 만들어야 한다는 이 주장은, 사실상 그 저변에 약자도태를 기반으로 하는 진화론적 사유가 전제되어 있다. 이뿐만이 아니다. 시기를 더 확장시켜 보더라도 식민지 시기 내내 진화론의 영향력이 얼마나 지대했는지 확인해볼 수 있다. 가령 『별건곤』에서도 다윈의 진화론에 입각하여 생물계 변화의 법칙을 설명했던 논문이 상세하게 소개된 바 있거니와,[25] 『동아일보』 사설에서도 크로포트킨의 상호부조론이 진화론의 대항 담론으로 등장했음에도 불구하고 여전히 다윈의 생존경쟁론이 세계를 장악하고 있다는 주장이 개진되었다.[26] 이처럼 식민지 조선에서 진화론은 어떤 특정한 시기에 국한할 수 없을 만큼 광범위한 시기에까지 그 담론적 힘을 유지하고 있었다. 그런 의미에서 진화론은 식민지 조선에서 한시적인 효력을 가진 담론이 아니었다. 1910년의 경술국치, 1914년의 세계 1차 대전, 1919년의 3·

찾아볼 수 있다. 이광수는 「民族改造論」에서 "自然淘汰의 理로 舊性格을 가진 者는 漸漸 社會의 表面에서 淘汰되어 소리 업시 蟄伏하게 되고 全民族은 이 中樞階級의 健全한 精神에 風化되어 歲月이 가고 世代가 지날스록 民族은 더욱 새로워져 五十年이나 百年 後에는 거의 改造의 大業이 完成 될 것이외다."(李春園, 「民族改造論」, 『개벽』 23, 1922.5, 41면)라고 언급하였다. 우량한 인재를 골라내어 육성하고 열등한 인재는 도태되게끔 만들어야 한다는 이 주장은, 사실상 진화론적 사유를 근간으로 삼고 있다.

24) 같은 글, 41면.

25) 金賢準, 「博士와 論文集-社會性과 道德性의 關係」, 『별건곤』 36, 1931.1.1, 42~61면.

26) 「生存競爭과 民族」, 『동아일보』, 1932.9.8.

1운동 등의 사건들을 통해 진화론이 급격하게 재해석되고 비판되고 있었음에도 불구하고 여전히 진화론이 그 담론적 효력을 유지하고 있었던 것은, 그것이 사회 및 문명(문화)의 발전 가능성을 설명해주는 주요한 이론적 수단이었기 때문이다.

상기한 바를 토대로, 이 책에서는 한국 근대소설이 형성되는 과정에서 진화론이 미친 영향력을 통시적으로 검토하고자 한다. 특히 여기에서는 단순히 '약자'로서의 '나(우리)'를 재현하는 양상에 주목하기보다, 각 작가들이 그러한 자기 재현을 반복하면서 어떠한 방식으로 진화론적 사유를 수용 혹은 극복하고자 했는지에 주목할 것이다. 이는 당대 작가들이 식민지적 현실을 타개하기 위해 어떠한 대항 담론을 생산했는지를 파악하는 작업과도 긴밀하게 연동된다. 그에 따라 초기 근대소설의 정착 과정에 있어서 주요한 역할을 담당해왔던 주요 잡지 및 작가들을 대상으로 하여, 1910~1920년대 초반에 제출되었던 (反)진화론적 관점의 특질들을 고찰할 것이다.

3. 주요 개념 검토 및 연구방법

이 책에서 주요하게 다루고자 하는 진화론을 하나의 술어로 설명하기란 결코 쉬운 일은 아니다. 왜냐하면 진화론의 이론적 체계를 세운 라마르크, 다윈, 헉슬리, 스펜서, 헤켈 등의 논의가 각기 상이하게 전개되었을 뿐만 아니라, 그 논의들이 일본과 중국을 경유하면서 다양한 방식으로 윤색되고 전유되었을 가능성도 배제할 수 없기 때문이다. 1900년대에 발표된 문헌들만 검토해보더라도 스펜서적인 'evolution' 개념[27]은 '천연(天演)'과 '진화(進化)'라는 두 개의 언어로 번역·혼용되기도 했으며, 심지어는 'evolution'을 '진보(進步, progress)'로 이해했던 문헌[28]까지도 등장했다. 이처럼 진화 개념에 대한 인식의 낙차가 컸다는 사실에서도 짐작할 수 있듯, 진화론은 당대 지식인들에게 있어서 다의적이고 논쟁적인 의미의 집합체로 간주되었다.

당대 지식인들이 진화론을 다양한 방식으로 이해하고 수용했다는 점을 고려해볼 때, 진화론의 수용 계보를 면밀하게 추적하는 작업은 중요한 일임에 틀림없다. 하지만 선행 연구를 통해서 이미 확인했던 바, 그간 서구 진화론을 수용해온 역사에 대해 심도 있는 논의가 진행되어왔기에 굳이 여기에서 이를 재론할 필요는 없다고 판단된다. 본 연구에서 주목하고자 하는 것은 당대 지식인들이 서구 진화론을 얼마나 정확히 이해했는지를 고찰하는 것이 아니라, 식민지라는 특수한 상황에서 진화론을 어떻게 전유·비판했는지를 논의하는 것이다. 왜냐하면 식민지라는 현실은 진화론을 주체적으로 사유할 수 있는 역사적 조건에 해당되기 때문이다.

그렇다면 당대의 작가들이 주목했던 진화론의 주요 내용은 무엇이었을까. 이를 확인하기 위해 먼저 다윈 진화론의 주요 골자를 정리할 필요가 있다.

---

27) 다윈은 1859년 발간된 『종의 기원』 초판에서 '진화evolution'라는 용어를 활용하지 않았다. 그가 이 용어를 본격적으로 활용했던 시점은 『인간의 유래(The Descent of man)』를 발표했던 1871년이었다. 사실상 '진화'라는 용어는 1744년 스위스 생리학자인 알브레히트 폰 할러(A. Haller)가 처음 사용하였고, 그 이후 허버트 스펜서가 크게 유행시켰다. 스펜서는 다윈이 『종의 기원』을 발표하기 이전인 1852년에 이미 진화 개념을 정립하였다. 이에 관한 내용은 장대익, 『다윈의 식탁』, 김영사, 2008, 156~158면; S. J. Gould, *Ever Since Darwin: Reflection on Natural History*, 홍욱희·홍동선 역, 『다윈 이후』, 사이언스북스, 2009, 41~47면; 서정훈, 「19세기 말 영국의 사회진화론들–'생존경쟁의 단위'에 대한 고찰을 중심으로」, 한림대학교 한림과학원 편, 『두 시점의 개념사』, 푸른역사, 2013, 28면 등을 참조.

28) 「경쟁의 진보」, 『대한매일신보』, 1909.8.11.

① 진화는 항구적이고 불변하는 입장과는 반대되는 개념이다.【진화=변화】

② 진화는 적합성이 낮은 개체들이 개체군에서 제거된다는 자연선택의 방식으로 이루어진다.【자연선택】

③ 진화는 불연속적이거나 도약적인 방식으로 진행되는 것이 아니라 점진적인 방식으로 진행된다.【진화의 점진성】

④ 진화는 특정 개체군의 종 분화를 야기한다.【종의 증가】

⑤ 모든 생물은 공통의 조상으로부터 유래한다.【공통 유래】[29)]

대표적인 진화생물학자인 에른스트 마이어(E. Mayr)가 잘 지적하고 있듯, 진화론은 다수의 서로 다른 이론들이 상충·교접하는 양상으로 발전되었기 때문에 그 다양한 분파들을 일목요연하게 정리하는 작업이 결코 쉽지 않다. 마이어에 따르면, ①의 내용에 대해서는 모든 진화론자들이 동의하고 있다. 이러한 점은 에드워드 라슨(E. J. Larson)[30)]이나 데이비드 버스(D. Buss)[31)]와 같은 현대 진화론자들도 인정하고 있는 바이다. 하지만 ②~⑤의 개념에 대해서는 라마르크, 헤켈, 헉슬리, 드 브리스 등의 진화론자들이 각기 상이한 입장을 취했다. 대표적인 예로 라마르크(J. B. Lamarck)의 경우에는 ③의 입장을 받아들이면서 모든 동물의

29) 이 다섯 가지의 논의는 E. Mayr, *What evolution is*, 임지원 역, 『진화란 무엇인가』, 사이언스북스, 2008, 177~180면; E. Mayr, *One Long Argument: Charles Darwin and the Genesis of Modern Evolutionary Thought*, 신현철 역, 『진화론 논쟁』, 사이언스북스, 1998, 43~70면을 참조하였다.

30) "다윈설과 신다윈설은 미세하고 무작위적이며 선천적인 변이의 자연선택을 통해 진화가 일어나는 한정된 이론을 의미하며, '진화'와 '진화설'은 일시적인 변이의 유전을 나타내는 일반적 개념을 의미한다." E. J. Larson, *Evolution: The Remarkable History of a Scientific Theory*, 이충 역, 『진화의 역사』, 을유문화사, 2006, 124면.

31) "진화란 시간이 지나면서 일어나는 변화를 말한다." D. Buss, *Evolutionary psychology: The New Science of the Mind*, 이충호 역, 『진화심리학: 마음과 행동을 탐구하는 새로운 과학』, 2012, 웅진지식하우스, 30면.

기관은 점진적인 발전 혹은 퇴화의 과정을 겪게 된다고 주장했던 반면,[32] 드 브리스(H. de Vries)는 ③의 개념을 비판하면서 돌연변이*mutation* 개념을 진화의 주요 개념으로 제시·발전시켰다.[33] 이처럼 서구 진화론은 다윈의 관점을 어떻게 비판하고 수용했느냐에 따라 상이한 입장으로 분화되어왔다.

그렇다면 조선의 지식인들은 위에서 언급한 다섯 가지의 논의 중에서 어떠한 것을 진화론의 핵심적인 논점으로 이해했는가. 조선에서 진화론은 근대화와 독립이라는 이중의 목적을 달성하기 위한 이론적 근간으로 자리매김했다. 따라서 당대 지식인들은 식민지라는 현실과 결부된 관점들, 즉 ①~③의 관점을 진화론의 핵심 논점으로 받아들이게 되었다. 진화와 관련된 이 세 가지의 관점들은 모두 사회 변화를 설명하기에 적합한 측면이 있었다. ①은 식민지적 현실에 놓여 있는 조선이 점차 진화·변화하여 언젠가는 해방의 역사를 맞이하게 될 것이라는 인식의

---

32) 라마르크는 획득형질의 유전법칙에 대해 다음과 같이 기술한 바 있다. "발달 과정에 있는 모든 동물에 있어서 어떤 기관의 보다 잦은 사용은 이 기관을 차츰 강화시키고 발달, 확대시켜 그 기관의 사용 기간에 비례하는 능력을 부여한다. 반면에 어떤 기관의 지속적인 불사용은 이 기관을 서서히 약화시키고 손상을 가져와 그 능력을 점진적으로 감소시켜 궁극적으로 이 기관을 소실되게 한다." 이처럼 라마르크는 동물의 특정 기관이 지속적으로 사용되는지 여부에 따라 그 기관의 점진적 발달 내지는 퇴화가 결정된다고 보았다. J. B. Lamarck, *Zoological Philosophy*, 이정희 역, 『동물철학』, 지식을만드는고전선집, 2009, 63면.

33) 드 브리스는 진화의 법칙을 체계화한 다윈의 공적을 인정하면서도, 모든 종이 단일한 경로를 통해 진화한다는 다윈의 주장에 대해서는 비판하고 있다. 그가 비판하고자 했던 핵심은, 진화의 과정이 단계적이고 점진적으로 이루어진다는 다윈의 관점이었다. 드 브리스가 보기에 이 관점은 돌연변이*mutation*와 같은 돌발적인 요인을 전혀 고려하지 않았다는 점에서 한계가 있었던 것이다. 이에 대해서는 A. Stoltzfus·K. Cable, "Mendelian-Mutationism: The Forgotten Evolutionary Synthesis", *Journal of the History of Biology*, 47(4), 2014, pp.501~546. 특히 드 브리스의 다윈 비판과 관련해서는 pp.512~517을 주목할 것.

기반이 되었고, ②와 ③은 식민지 조선이 도태되지 않기 위해 어떠한 인위적 노력을 기울여야 하는지에 대한 일종의 지침을 제공했다. 반면에 ④와 ⑤의 관점은 식민지적 현실을 설명하는 데 있어서 직접 적용되기에는 어려운 측면이 있었다. 종의 분화 과정이나 인간 조상의 기원을 추적하는 문제는 생물의 기원과 다양성의 문제를 해명하는 작업이기 때문에, 이를 식민지적 현실에 맞게 변용할 수 있는 여지는 그렇게 크지 않았던 것이다. 이렇듯 ①~③의 논의는 식민지라는 부정적인 역사적 상황을 변화시킬 수 있다는 관점을 내포하고 있었기에, 당대 지식인들은 이 세 가지의 자연과학적 담론을 식민지적 현실에 맞게 변용시킬 수 있었다.

따라서 이 책에서는 ①~③을 당대 지식인들이 주목했던 진화론의 주요 논점으로 간주하고자 한다. 이를 토대로 그들이 제출했던 진화론의 핵심적 논점과 그 논점으로부터 파생된 쟁점을 정리하자면 아래와 같다.[34)]

- 논점 1 : 인간사회는 여타의 생물과 마찬가지로 끊임없이 진화(변화)한다.

---

34) 여기에서 열거한 세 가지 개념 및 쟁점과 관련하여 다음 내용을 미리 덧붙이고자 한다. [논점 1]에 언급된 '인위적 진화'의 개념은 [논점 2]에 언급된 '윤리적 진화' 개념과 '급진적 진화' 개념을 모두 포괄한 상위 개념에 해당된다는 사실이다. 한말~1910년대 초반까지 인위적 진화는 중요하게 간주되었던 개념 중 하나였다. 이를 통해 진화의 방법 및 진화의 주체에 관한 논의가 활발하게 이루어졌고, 그 결과 교육 및 식산이 주요한 인위적 진화의 방법으로 제시되었다. 하지만 1914년 1차 세계대전 이후부터 인위적 진화의 방법에 대한 새로운 사유가 제출되기 시작했다. 단순히 교육과 식산을 통해 강자로 도약하는 것이 아니라, 약자를 동정하고 약자와 공생함으로써 인간 사회가 더 나은 상태로 변화될 수 있다는 윤리적 목소리가 부상하기 시작했다. 그리고 1919년 3·1운동 이후부터는 인위적 진화가 점진적인 방식이 아니라 급진적인 방식으로도 이루어질 것이라는 전망이 본격적으로 대두되었다. 이러한 관점에서 볼 때, 1910~1920년대 초의 진화론과 관련된 역사는 '인위적 진화' 개념의 의미망을 변주해온 역사라고 해도 무방할 것이다.

– 쟁 점 : 인간사회는 자연적인 방식으로만 진화(변화)하는가.
【인위적 진화의 문제】

• 논점 2 : 인간사회는 적합성이 낮은 약자들이 제거되는 방식을 통해 진화(변화)한다.
– 쟁 점 : 식민지 조선은 약자도태의 방식으로만 진화(변화)하는가.
【윤리적 진화의 문제】

• 논점 3 : 인간사회는 불연속적인 방식이 아니라 점진적인 방식으로 진화(변화)한다.
– 쟁 점 : 식민지 조선은 점진적인 방식으로만 진화(변화)하는가.
【급진적 진화의 문제】

위와 같이 식민지 조선의 지식인들은 진화론이라는 자연과학적 담론을 사회과학적 담론으로 이해하고 받아들였다. 특히 그들은 진화론에 관한 여러 논점들 중에서 위에 제시된 세 가지의 논점을 핵심적인 것으로 간주했고, 이 논점을 중심으로 진화론에 관해 여러 쟁점들이 생산되었다. 그에 따라 이 책의 Ⅱ~Ⅳ장에서는 상기한 논점들을 둘러싸고 벌어진 논쟁의 문학사를 서술하고자 한다.

먼저, 이 책의 Ⅱ장에서는 [논점 1]에 관한 내용을 다룰 것이다. 진화론의 수용 여부와 상관없이, 식민지 조선의 지식인들은 위의 [논점 1]만큼은 모두가 공유하고 있었다. 왜냐하면 [논점 1]은 당시 조선 사회가 놓인 전근대적 현실 내지는 식민지적 현실의 변화 가능성을 내포하고 있었기 때문이다. 만약 인간 사회가 진화·변화하지 않고 정태적으로 유지될 것이라는 관점을 취한다면, 당대의 현실은 어떠한 인위적인 노력을 통해서도 극복될 수 없을 것이라는 인식만 남게 될 것이다. 따라서 당대 지식인들은 [논점 1]을 적극적으로 수용함으로써 식민지 조선이 인위적인 노력을 통해서 개선·변화될 수 있을 것이라는 주장을 내세울 수 있게 되었던 것이다. 그들이 생존경쟁과 적자생존의 '자연적 진화'보다는 인간의 노력을 통해 강자로 도약할 수 있다는 '인위적 진화'의 원리를 강조했던 것이라든지 evolution의 譯語로서 '天演'보다는 '進化' 개념을 더 선호했던 것, 그리고 '인위적 진화'의 구체적인 방법으로 교육 및 식산을 지속적으로 제출했던 것도 바로 그 이유 때문이다.

다음으로, Ⅲ장에서는 위의 [논점 2]에 관한 내용을 다룰 것이다. [논점 2]는 약자필멸이라는 진화론의 핵심 논리를 함축하고 있다. 이러한 논점과 관련하여, 당대 지식인들은 약자를 어떻게 대우할 것인가 내지는 약자와 강자가 공존할 수 있는가와 같은 질문을 제기하였다. 이 과정에서 이기심에 의거한 상호경쟁의 원리를 극복하고, 이타심에 의거한 동정의 원리를 새로운 사회운용 원리로 이해하려는 인식이 부상하게 되었다. 사실상 다윈의 『종의 기원』이 출간된 이후 가장 논란이 되었던 것은, 그가 제시했던 자연선택 및 생존경쟁의 원리가 이타적 행동 원리와 양립할 수 있느냐라는 문제였다. 다윈은 『종의 기원』을 발표할 때까지만 하더라도 이에 대해 유보적 태도를 취했던 것으로 보인다. 하지만 그 이후에 발표된 『인간의 유래』에서부터 다윈은 우리의 지적 재능과 도덕관념 또한 자연선택을 통해 진화했다는 입장을 취하게 된다.[35] 즉,

---

35) 다윈은 『인간의 유래』에서 인간의 사회적 행위 및 이타적 도덕관념에 관해 다음과 같이 기술한 바 있다. "높은 도덕 기준은 한 개인이나 그의 후손에게 부족 내의 다른 구성원에 비해 약간의 이득을 줄 수도 있고 전혀 주지 않을 수도 있다. 그렇더라도 좋은 품성을 갖춘 사람들이 늘어나고 도덕성의 기준이 진보할수록 부족 전체는 다른 부족에 비해 막대한 이득을 얻게 된다는 것을 잊어서는 안 된다. 높은 수준의 애국심, 충실성, 복종심, 용기, 동정심이 있어서 항상 남을 도울 준비가 되어 있고 공동의 이익을

그는『종의 기원』이 출간된 지 12년이 지나고 나서야 "한 개체가 자신의 희생을 감수하더라도 다른 개체의 이익을 위해 행동할 수 있다."는 관점을 보다 적극적으로 개진하기 시작했던 것이다. 하지만 1900년대의 국제정세상 당대 지식인들이 진화론에서 이타적 행동 원리를 읽어내기란 결코 쉬운 일은 아니었다. 조선의 진화론 수용에 선구적 역할을 담당했던 가토 히로유키의『인권신설』과『강자의 권리경쟁론』, 옌푸의『천연론』, 량치차오의『음빙실문집』등에서도 모두 인간의 이타적 부조 원리보다는 이기적 경쟁 원리를 강조했던 것이 사실이다. 특히 옌푸는『천연론』에서 도덕적 공감능력에 관한 헉슬리의 관점을 제시했으면서도, 그 관점은 어디까지나 비판되어야 할 대상일 뿐이라고 일갈한 바 있다.[36] 생존경쟁이 치열한 시대에 이타적 행동 원리는 옌푸에게 있어서 현실성 없는 논리에 불과할 뿐이었다. 이러한 옌푸의 논법은 어디까지나 '자강을 통한 종족의 보존'을 정당화하기 위해서 구사된 것이었으며, 이러한 옌푸의 입장이 조선에서 두루 유통되었다는 것은 주지의 사실이다. 하지만 1차 세계대전 이후부터 상황은 달라지게 된다. 진화론적 슬로건에 의해 인류가 오히려 파멸의 길을 걷게 될 것이라는 인식이 확산됨에 따라, 강자와 약자가 공존할 수 있는 가능성을 질문하기

위해 자신을 희생할 준비가 되어 있는 사람들이 많은 부족은 다른 부족에 비해 성공을 거둘 것이다. 이것이 바로 자연선택이다."-C. R. Darwin, *The Descent of Man*, 김관선 역,『인간의 유래 1』, 한길사, 2006, 215면.

36) 옌푸는 "인간의 보편적인 도덕은 공감 능력을 지닌 이후에 형성된 것인데, 마음 속에 항상 그것을 주재하는 힘이 있다. 그것을 하늘로부터 부여받은 양심이라고 한다. 양심은 사회를 보존하는 주체로서 사사로운 자기주장을 억제하여 지나치지 않게 함으로써 사회의 파괴를 막아준다."라는 헉슬리의 진술에 대해 다음과 같이 비판하였다. "생존경쟁이 치열할 때는 공감이 사라져 찾아볼 수 없었다. 헉슬리는 말단이 집착하여 그것을 근본적인 요인으로 생각하고 있는데, 이 때문에 사회구성 원리에 대한 그의 설명은 스펜서만큼 엄밀하지 못한 것이다."-嚴複, 양일모·이종민·강중기 역주,『천연론』, 소명출판, 2008, 107~108면.

시작했던 것이다. 그 과정에서 同情이라는 행위 윤리가 비평 및 소설 텍스트에서 중요하게 다뤄지기 시작한다. 하지만 이러한 행위 윤리를 제국 일본과 식민지 조선의 관계에 적용하기란 현실적으로 불가능했다. 그 원리는 조선 사회 내부의 결속을 강화하는 데 있어서 강력한 윤리적 힘으로 작동하기는 했지만, 사실상 그것은 식민지적 현실을 타개할 만한 정치적 힘을 갖지는 못했다. 이러한 한계는 1920년대 초반 크로포트킨의 상호부조론을 적극적으로 수용함으로써 비로소 극복된다.

Ⅳ장에서는 앞서 제시한 [논점 3]에 관한 내용, 즉 진화의 점진성을 둘러싸고 벌어졌던 논쟁의 역사를 다룰 것이다. 당대 지식인들은 러시아혁명과 3·1운동을 계기로, 점진적 진화의 개념에 대해 비판적으로 성찰하게 되었다. 그러면서 급진적이고 돌발적인 방식의 진화, 즉 혁명을 사유하기 시작한다. 사실 다윈이 제시한 진화 개념에서는 불연속성과 급진성의 속성을 발견하기 어렵고, 1910년대 진화론을 수용했던 지식인들의 글에서도 혁명의 가능성을 시사하는 내용을 찾기란 결코 쉽지 않다. 1910년대 지식인 중에서 처음으로 혁명을 사회 진화의 방법으로 인식했던 자는 공교롭게도 이광수였다. 그는 「신생활론」에서 "人爲的 進化의 二大 好實例ᄂᆞᆫ 實로 教育과 革命이외다. 教育이라 ᄒᆞᆷ은 自然히 數十年 數百年을 두고야 엇을 知識을 數年의 短時日에 엇게 ᄒᆞᄂᆞᆫ 것이오, 革命은 數世紀 數時代를 가지고야 變化ᄒᆞᆯ 것을 暴力을 加ᄒᆞ야 數年或은 數月에 目的ᄒᆞᆫ 變化를 엇게 ᄒᆞᄂᆞᆫ 것이외다."[37]라고 말하면서, '혁명'을 인위적 진화의 한 방법으로 제시했다. 그에 따르면 혁명은 폭력적 수단에 의해 이루어진 단기간의 변화이자 의식적인 변화이다. 여기에서 중요한 것은, 이광수가 혁명을 통한 급진적 진화보다는 교육을 통한

37) 春園, 「신생활론」, 『매일신보』, 1918.9.8.

점진적 진화를 더 긍정적으로 평가했다는 사실이다. 이러한 입장은 3·1운동 이후 발표된 「민족개조론」에서 더 명징하게 드러난다. 그는 3·1운동을 "자각 없이 일어난 우연적 사건"에 불과하다고 평가 절하하였다. 이러한 평가는 우발적이고 급진적으로 변화하는 역사의 운동 형식을 부정한 데에서 비롯된 것이다. 뒤에서 상론하겠지만, 이러한 이광수의 입장에 대해 그 누구보다도 민감하게 반응했던 사람들은 신일용·신상우·이성태·김제관 등과 같은 초기 사회주의자들이었다.[38] 왜냐하면 3·1운동을 하나의 혁명적 사건으로 간주하느냐 마느냐의 문제는 초기 사회주의자들에게 있어서 마르크스적인 의미의 혁명이 식민지 조선에서 실현될 수 있느냐의 문제와 결부되어 있기 때문이었다. 그런 의미에서 이광수의 「민족개조론」에 대한 초기 사회주의자들의 비판은 자못 흥미로운 데가 있다. '인위적 진화'의 방법에 있어서 하위 범주에 해당되었던 '혁명'은, 이광수 본인의 의도와 상관없이, 마르크스적 의미의 혁명 개념과 접합될 수 있는 가능성을 내포하고 있었다. 이들은 '인위적 진화' 개념에서 마르크스적 혁명 개념을 추출할 수 있는 계기를 마련하였고, 이를 통해 '진화*evolution*'와 '혁명*revolution*'을 동시에 사유할 수 있었던 것이다.[39] 그것이 바로 진화 개념을 비판적으로 전유하려 했던 초기

---

38) 「민족개조론」에 대한 당대의 비판에 대해서는 강헌국, 「이광수의 민족계몽 이론과 그 실천-「민족개조론」과 『흙』을 중심으로」, 『우리어문연구』 56, 우리어문학회, 2016, 8~22면; 권보드래, 「3·1운동과 '개조'의 후예들-식민지시기 후일담 소설의 계보」, 『민족문학사연구』 58, 민족문학사학회·민족문학사연구소, 2015, 230~238면; 이만영, 「염상섭과 진화론」, 『민족문화연구』 68, 고려대 민족문화연구원, 2015, 465~468면 등을 참조.

39) 사회주의를 진화론의 맥락에서 설명하려는 인식은 일본의 고토쿠 슈스이의 문헌을 통해서도 발견할 수 있다. 고토쿠는 「人類と生存競爭 - 社會主義は生物進化說と矛盾する乎」(『平民新聞』 12, 1904.1.31.)에서 "다윈 씨의 진화설은 천고의 진리다. 하지만 그는 단지 생물과 자연이 진화하는 원인을 설명하는 데 그쳤다. (…) 다윈이 생물과 자연에서 주장한 것과 똑같은 독창적 견해를 곧바로 인류 사회에 적용한 것은 근대 사회주의의

사회주의자들의 인식론적 단면이었다.

상기한 바와 같이 이 책의 Ⅱ~Ⅳ에서는 1910~1920년대 초 쟁점이 되었던 사안을 위의 세 가지 내용, 즉 ① "식민지 조선은 자연적 방식으로만 진화(변화)하는가?", ② "식민지 조선은 약자도태의 방식으로만 진화(변화)하는가?", ③ "식민지 조선은 점진적인 방식으로만 진화(변화)하는가?"로 집약하여 논의를 진행하고자 한다. 물론 이 세 가지의 쟁점은 특정 시기와 상관없이 동시다발적으로 논의되는 측면이 있었다. 하지만 이 책에서 다루고자 하는 문학적 사료들이 웅변해주고 있는 바, '경술국치-1차 세계대전-3·1운동'으로 이어지는 역사적 국면에 따라 하나의 쟁점이 부각되는 방식으로 논의가 진행되었다고 보는 것이 합당하다. 이러한 논의를 통해 약자필멸의 논리와 점진적 변화의 논리를 농후하게 담지하고 있었던 '진화' 개념은 동정 혹은 상호부조의 윤리와 급진적 혁명의 논리를 포괄하는 것으로 그 의미를 확장해 나가게 되었던 것이다. 이러한 쟁점의 변환 과정을 시기별로 정리하자면 다음과 같다.

스승 마르크스다. 마르크스도 기존의 독단과 미신을 완전히 배격하고 인류 사회의 역사적 과정을 연구하여 사회 진화의 원리와 법칙이 반드시 사회주의로 귀착될 수 없음을 명확히 했다. 마르크스의 『자본론』은 다윈의 『종의 기원』과 맞먹는 19세기의 대작이다. 그러므로 다윈의 진화설은 마르크스의 『자본론』을 통해 비로소 대성할 수 있었다. 만약 사회주의가 진화설과 모순된다고 한다면, 그는 아직 사회주의를 모를 뿐만 아니라 진화설을 모르는 사람이다."라고 말한 바 있다. 고토쿠는 생물이 생존경쟁보다는 생존협동을 통해서 더 놀라운 진화를 이룩할 수 있다는 관점을 취한다. 그러면서 경제적 평등을 추구하는 것이 의식주 경쟁을 심화시키는 방법보다 인류사회의 진화에 더 큰 기여를 할 수 있다고 말한다. 이러한 관점에서 그는 진화론과 사회주의가 서로 모순되는 것이 아니라고 주장했던 것이다. 위 인용문의 번역은 고토쿠 슈스이, 임경화 편역, 「인류와 생존경쟁 - 사회주의는 생물진화설과 모순되는가」, 『나는 사회주의자다』, 교양인, 2011, 488면을 참조.

① 을사늑약 이후～1차 세계대전 이전 : '인위적 진화'를 강조하는 국면
② 1차 세계대전 이후～3·1운동 이전 : '윤리적 진화'를 강조하는 국면
③ 3·1운동 이후～1924년 이전 : '급진적 진화'를 강조하는 국면

위에 제시된 것처럼 을사늑약 이후부터 1920년대 초에 이르기까지 진화 개념과 관련하여 논의의 쟁점은 전환되어왔다. 이 세 국면을 거치면서 진화론을 수용하는 입장과 이를 비판하는 입장이 첨예하게 대립하였고, 그 과정에서 진화 개념은 비판적으로 재구성되었다.

이러한 관점 하에 이 책에서는 정치적·사회적 변화를 통해서 특정 개념의 의미가 변화할 수 있다는 개념사적 관점을 연구의 주된 방법론으로 채택하고자 한다. 개념사의 초점 가운데 하나는 정치·사회사상에서 사용된 주요 개념들의 의미의 연속, 변모 및 혁신이다.[40] 개념사적 관점에 입각해볼 때, 개념은 단순히 정치·사회적 사건이나 변화 과정을 반영하는 거울로서만 기능하는 것이 아니라 정치·사회적 사건과 변화의 실제적 요소로도 기능한다. 다시 말해 개념은 현실의 주관적 반영물이면서 역으로 현실의 무언가를 변화시킨다는 것이다.[41] '진화' 개념도 마찬가지이다. 경술국치를 전후로 한 시점에서 '진화' 개념은 그저 '교육 및 식산을 기반으로 점진적인 발달'이라는 의미를 함축한 것으로 이해되었다. 하지만 1914년 세계 1차 대전을 경험한 이후부터 '진화' 개념은 강자가 약자를 동정하고 부조해야 한다는 의미까지도 포괄하게 된다. 그 이후 러시아혁명과 3·1운동의 국면을 맞이하면서, '진화' 개념은 단순히 점진적인 변화를 내포한 것이 아니라 급진적인 변화까지 내

40) M. Richter, *The History of Political and Social Concepts: A Critical Introduction*, 송승철·김용수 역, 『정치·사회적 개념의 역사－비판적 소개』, 소화, 2010, 34면.
41) 나인호, 『개념사란 무엇인가－역사와 언어의 새로운 만남』, 역사비평사, 2011, 57면.

포한 개념으로 이해되고 활용된다. 이처럼 '진화' 개념의 의미망은 식민지라는 특수한 조건 속에서 변주·확장되었다.

물론 다음과 같은 반론이 제기될 수 있다. 개념사에서 말하는 하나의 '개념'은 보통 오랜 세월에 걸쳐 다양하게 변화해 온 의미의 응축물로 간주되는데,[42] 10여 년의 짧은 기간을 대상으로 하여 '진화' 개념의 변모·확장 양상을 검토하는 것이 과연 타당한가라는 반론이 바로 그것이다. 이는 타당한 반론으로 여겨지기도 하지만, 사실상 개념사적 관점은 때에 따라 단기간 내의 정치·사회적 변화를 통해 그 개념의 의미도 급변할 수 있다는 입장을 취하기도 한다.[43] 비록 10여 년의 짧은 기간이라 할지라도, 급격한 사회적 변화가 발생되었을 때에는 개념의 의미 변화가 촉진될 수 있다는 것이다. 코젤렉이 개념의 역사를 사건사적 구조, 중기지속의 구조, 장기지속의 구조로 분할하여 설명하고자 했던 것도 바로 그 이유에서였다.[44] 이후에 자세히 살펴보겠지만, 1910~1920년대 초가 '경술국치-1차 세계대전-러시아혁명-3·1운동'이라는 사건이 집약적으로 발발했던 격변의 시기였고, 그 시기에 '진화' 개념에 내포된 의미 또한 급변했다. 따라서 본 논의를 전개하는 데 있어서 개념사적 방법을 채택하는 것이 그리 부적절하다고 보기는 어려울 것이라고 판단된다. 이러한 맥락에서 이 책에서는 진화론에 대한 부단한 성찰을 통해서 진화 개념이 어떻게 그 의미의 지평을 확장시켜왔는지를 문학사적

42) 푸른역사에서 번역·출간된 『코젤렉의 개념사 사전』 시리즈가 그 대표적 예인데, 이 저작들은 '문명과 문화', '진보', '제국주의', '전쟁', '평화' 등의 특정 개념들이 그리스·로마 시대(혹은 중세 시대)부터 현재까지 어떠한 의미 변화를 겪었는지 고찰하는 데 역점을 두고 있다. 이처럼 개념사적 방법론은 장기에 걸친 구조적 변화를 설명하는 이론적 틀로서 활용되어온 것이 사실이다.

43) M. Richter, 앞의 책, 94면.

44) 코젤렉이 제시한 개념의 변화 및 시간적 중층구조에 대한 논의는 나인호, 앞의 책, 70~82면을 참조.

맥락에서 검토하고자 한다.

1부가 1910~20년대 초 진화론과 관련된 논쟁의 풍경을 조망하고 진화 개념의 전유 양상을 서술하는 데 초점을 두고 있다면, 2부는 진화론적 사유를 쇄신하고 이로부터 탈피하려는 1920년대의 문학적 동향을 검토하는 데 초점을 두고 있다. 첫 번째로는 1920년대 사회주의 비평담론에서 진화론이 비판적으로 수용된 양상을 탐구하는 작업을 수행하였다. 이 글에서는 ① 초기 사회주의자들은 점진적인 사회 변화를 강조했던 진화론의 관점을 쇄신하기 위해 '혁명' 개념을 사회 변화의 새로운 방략으로 제시했다는 사실, ② 초기 사회주의자들은 '약자' 혹은 '낙오자'로 자기를 지칭해왔던 1910년대의 관습으로부터 벗어나, 저항적 생명력을 보유한 주체를 새롭게 주조했다는 사실, ③ 초기 사회주의자들은 1910년대에 제출되었던 '동정' 개념을 새롭게 각색하고 크로포트킨의 『상호부조론』을 적극적으로 참조하면서, 자연선택과 생존경쟁이라는 진화의 핵심 논리가 갖는 윤리적 결함을 지적하고 노동자들 간의 연대와 협동을 통한 진화를 강조했다는 사실 등을 확인하였다. 두 번째로는 『진주는 주엇스나』를 통해 '혁명'에 관한 염상섭의 사유를 살펴보는 작업을 수행하였다. 염상섭은 『진주는 주엇스나』를 발표한 직후부터 사회주의자 내지는 '심퍼사이저'를 서사에 활용하기 시작했다. 그런 의미에서 이 작품은 사회주의가 가진 정치적 가능성을 탐문하고자 했던 염상섭의 인식론적 계기를 파악하는 데 있어 중요하게 간주될 필요가 있다. 『진주는 주엇스나』에서 주인공 김효범은 친일변호사이자 매형인 진형석으로부터 벗어나 '정의'를 실현하기 위해 자살의 길을 선택한다. 『진주는 주엇스나』를 발표한 이후부터 염상섭은 식민지적 예속의 문제를 어떻게 해결할 것인지에 대한 문제를 전면화하기 시작했다. 『진주는 주엇스나』를 집필한 이후 발표한 첫 중편 「미해결」과 뒤이어 발표한 중편 「두 출발」에서는 무산자 계급에 속한 인물들이 '정의공도'를 실현할 수 있는 존재로 형상화되고 있고, 그 이후 발표된 『사랑과 죄』, 『광분』, 『삼대』 등의 작품에서도 사회주의자 내지는 '심퍼사이저'의 형상이 지속적으로 등장한다. 여기에서 우리는 프로문학과 적대했으면서도 사회주의가 가진 정치적 가능성을 끝내 부인하지 못했던 염상섭의 시각을 읽어낼 수 있다. 앞서 지적했듯이 염상섭은 「만세전」에서 '진화론적 모든 조건'이 작동하는 만세 이전의 시간을 그렸다. 그로부터 3년이 지난 시점, 그러니까 『진주는 주엇스나』 이후부터는 '약자필멸'의 논리에 복속하는 존재가 아니라, 식민지적 문제를 타개하기 위해 적극적인 저항의 움직임을 모색하려는 존재를 그리고자 했다. 그래서 「표본실의 청개구리」와 「만세전」에서 무기력한 식민지 지식인의 형상이 부조되었던 데 반해, 『진주는 주엇스나』 이후부터는 제국에 저항하는 식민지 지식인의 목소리가 점차 부상하게 되었던 것이다. 이러한 논의를 통해서 '약자필멸'이라는 진화론적 사유로부터 벗어나려는 염상섭의 인식론적 변화를 통시적으로 조망할 수 있을 것이다.

이 책은 1910~1920년대에 발표되었던 문헌 일반, 즉 소설 텍스트뿐 아니라 당대의 잡지 및 신문에 발표되었던 진화론과 관련된 '문서들의 집합*archive*'을 관심의 대상으로 설정하였다. 왜냐하면 이 연구의 본원적인 목적이 작가의 개별적인 세계관을 조명하는 것보다는, 진화론과 관련하여 당대 문헌들이 공유하고 있었던 인식을 유형화·체계화하는 것에 맞춰져 있기 때문이다. 당대인들이 공유했던 진화론적 인식과 그로부터 이탈하려는 인식을 동시에 주목함으로써 작가 및 작품의 개별적 분석이 아니라 진화론이라는 주류 담론을 기준으로 한 인식론적 분광을 살펴보는 것, 그것이 바로 이 책이 궁극적으로 지향하는 바가 될 것이다.

제Ⅱ장

'國恥' 전후 :
진화론 수용 및 비판의 前史, 인위적 진화의 길

1. 'evolution'의 譯語 사용 양상과 인위적 진화 개념의 의미

1.1 'evolution'의 譯語와 그 의미: 天演과 進化

進化는 한말~식민지 초기 사회를 구성하고 평가하는 데 사용되는 중요한 개념어 중 하나였다. 이와 같이 당대를 대표하는 개념어 연구는 당대의 사회 역사적 환경을 이해하는 하나의 방법론으로 간주될 수 있다. 하지만 이러한 연구를 수행할 때 종종 어려움에 직면하곤 하는데, 그 첫 번째 이유는 그 어휘에 내포된 의미*meaning*가 끊임없이 변화하기 때문이다. 오늘날 우리가 사용하는 進化의 기본 의미는 "생물의 종 및 상위의 각 종류가 과거로부터 현재에 걸쳐 점차 변화해 온 과정"[45]으로 되어 있지만, 식민지 초기 사회에서 그것은 단순히 생물학적인 의미만이 아니라 발달*development*의 의미를 내포한 것으로도 이해되었다.[46] 따라서 식민지 초기의 進化의 의미를 해독하기 위해서는, 이 개념을 초역사적인

45) 고려대 민족문화연구원 국어사전편찬실 편, 『고려대한국어대사전 3』, 고려대 민족문화연구원, 2009.

46) 1914년에 발간된 영한자전을 보면, 'evolution'의 한국어 대역어는 '발달(發達), 진화(進化)'로 되어 있다. 이 내용은 G. H. Jones, 『英韓字典영한ᄌᆞ뎐An English-Korean Dictionary』, 교문관, 1914, 51면(이 자료는 황호덕·이상현 편, 『한국어의 근대와 이중어사전 Ⅳ』, 박문사, 2012의 영인본을 참고).

관념체계가 아니라 역사적인 의미체계로 이해하고 접근해 나가야 한다.

특정 개념어에 대한 연구가 어려운 또 다른 이유로는 그 개념어와 의미론적으로 조응될 만한 어휘가 상당수 존재한다는 점을 거론할 수 있을 것이다. 이를테면 한말~식민지 초기에 進化와 유사한 의미를 담고 있는 어휘로 開化, 進步, 天演 등이 있었다. 특히 이들 어휘는 번역이라는 매개를 통해 조선 사회에서 새롭게 형성되거나 새로운 의미를 부여받았다는 점에서 문제적이다.[47] 당대에 evolution의 역어는 天演과 進化, 그리고 심지어 進步까지도 활용되었다. 이처럼 당시 조선의 지식인들은 각 어휘의 의미망을 명확히 파악하기가 어려울 정도로 이 어휘들을 혼용하였다.[48] 따라서 進化의 당대적 의미를 파악하기 위해서는,

---

47) 天演는 옌푸의 번역에 의해 새롭게 형성되었던 용어인 데 반해, 한말 이전부터 존재했던 進步는 한말~식민지 초기에 새로운 의미를 부여받게 된 용어였다. 진보의 의미 변화에 관해서는 노관범, 「대한제국기 진보 개념의 역사적 이해-언론 매체의 용례 분석을 중심으로」, 『한국문화』 56, 서울대 규장각 한국학연구원, 2011, 117~138면 참조.

48) 1900년대 조선 지식인들이 進化라는 어휘를 天演과 進步와 혼용했던 이유는, 이들 어휘가 거의 동시기에 수입되었기 때문이라고 판단된다. 進化는 가토 히로유키가 개화와 진보를 조합하여 만든 신조어였고, 天演은 옌푸가 '하늘이 운행하는 모습[天之所演者]'을 줄여 만든 신조어였다. 마지막으로 進步는 중국의 『朱子全書』에서 이미 활용된 바 있고, 일본에서도 13세기 전기의 『正法眼藏』에서도 그 용례가 확인된다. 하지만 근대적 의미의 進步 개념은 서구 지식을 빠르게 흡수했던 일본에서 정립되었는데, 특히 가토 히로유키의 『人權新說』은 일본의 식자들에게 근대적 진보 개념을 정립시키는 데 있어서 결정적인 역할을 했다. 그 이후 일본에서는 가토 히로유키, 중국에서는 옌푸와 량치차오가 進化, 天演, 그리고 근대적 進步 개념을 창안·발전시키는 데 기여했다. 이 세 사람의 주요 저작들은 1882~1903년 사이에 출간되었고(가토 히로유키의 『人權新說』은 1882년, 옌푸의 『천연론』은 1898년, 량치차오의 『飮氷室自由書』는 1903년에 각각 출간), 이 저작들은 조선의 일부 지식인들을 통해서 간헐적으로 소개되다가 1908년 그 번역본이 출간되기에 이른다(김찬 역, 『人權新說』, 의진사, 1908; 김항기 역, 『飮氷室自由書』, 탑인사, 1908). 이렇듯 進化, 天演, 進步 개념은 20년 남짓한 기간 동안 조선에 동시다발적으로 유입되었을 뿐만 아니라 그 의미망이 명확히 구분되지 않은 상태에서 혼용될 수밖에 없었다. 위의 내용 중에서 일본의 進步 개념에 관한 논의는 박양신, 「진보 개념의 수용과 근대 일본-역사, 정치의식의 전환을 중심으로」, 『일본역사연구』 29, 일본사학회,

가능한 한 많은 텍스트를 수집하여 그와 유사한 의미망을 형성하고 있는 어휘들의 용례들을 비교 검토할 필요가 있다.

1900년대 조선의 지식인들은 evolution이라는 단어를 번역할 때 주로 두 가지의 역어, 즉 '天演'과 '進化'를 병용하였다. 이 두 가지 역어 중에서 용례가 더 많았던 것은 進化였다. 아래는 『대한자강회월보』, 『태극학보』 등의 잡지가 본격적으로 등장했던 1906년부터 경술국치 이전인 1909년까지, 신문 및 잡지에서 天演과 進化 개념이 활용된 문건의 수를 정리한 자료이다.

〈도표 1 : 1906~1909년 '天演'와 '進化' 활용 문건 수 비교 - 잡지〉[49]

	1906년	1907년	1908년	1909년	총계
天演	7건	8건	15건	8건	38건
進化	11건	31건	65건	36건	143건

〈도표 2 : 1906~1909년 '天演'와 '進化' 활용 문건 수 비교 - 신문〉[50]

	1906년	1907년	1908년	1909년	총계
天演	9건	14건	13건	12건	48건
進化	73건	24건	145건	48건	290건

2009, 101~131면을 참조.

49) 이 수치는 한국사데이터베이스에 구축된 '한국근현대잡지자료' 문헌들을 검토하여 얻은 결과이다. 대상 시기는 『대한자강회월보』가 발간된 1906년 7월부터 한일합방 이전인 1909년까지로 한정하였다. 검색 대상 잡지는 다음과 같다. 『대한자강회월보』(1906.7~1907.7), 『태극학보』(1906.8~1908.11), 『서우』(1906.12~1908.1), 『대한유학생회학보』(1907.3~1907.5), 『대동학회월보』(1908.2~1909.9), 『대한학회월보』(1908.2~1908.11), 『대한협회회보』(1908.4~1909.3), 『서북학회월보』(1908.6~1910.1), 『호남학보』(1908.6~1909.3), 『기호흥학회월보』(1908.8~1909.7), 『대한흥학보』(1909.3~1910.5)이다.

50) 이 수치는 한국언론진흥재단에서 구축한 빅카인즈(Bigkinds)의 신문 DB자료(1906.1~1909.12)를 검토하여 얻은 결과이다. 대상 시기는 1906년 1월부터 1909년 12월까지로 한정하였다. 검색 대상 신문은 『황성신문』, 『대한매일신보』이다.

위의 두 도표는 1906~1909년 잡지 및 신문에 발표된 문건들을 검토하여 얻은 결과이다. 먼저, 잡지에서 '天演'을 활용한 문건은 총 38건, '進化'를 활용한 문건은 총 143건이 확인된다. 이와 같이 1900년대의 잡지에서 進化의 용례는 天演의 경우보다 압도적으로 많은데, 신문의 경우에도 사정은 크게 다르지 않다. 신문을 검토해본 결과, 같은 시기에 '天演'을 활용한 문건은 총 48건, '進化'를 활용한 문건은 총 290건으로 확인된다. 이러한 결과로 볼 때 'evolution'의 역어로서 天演과 進化라는 두 역어가 경합하고 있었던 것은 사실이지만, 당대 지식인들은 天演보다 進化라는 역어를 더 선호했던 것으로 보인다. 이와 같은 결과가 나오게 된 이유를 해명하기 위해서, 먼저 진화론 수용에 있어서 결정적인 역할을 미친 옌푸·량치차오·가토 히로유키가 天演과 進化 개념어를 어떻게 이해하고 활용했는지 살펴볼 필요가 있다.

天演은 옌푸의 『천연론』(1898)에서 처음 소개되었던 역어이다.[51] 이는 '하늘이 운행하는 모습[天之所演者]'을 줄인 말로, '物競*struggle for existence*'과 '天擇*natural selection*'에 의해 끊임없이 변화하는 세계의 운용원리를 일컫는다. 사실 『천연론』이 번역될 무렵에는 이미 일본에서는 進化라는 용어가 evolution의 번역어로 널리 유포되고 있었다. 하지만 옌푸는 일본

---

51) 『천연론』은 T. H. Huxley의 『진화와 윤리(Evolution and Ethics)』(1894)를 번역한 책이다. 옌푸는 중국인으로서는 최초로 영국으로 유학할 수 있는 기회를 갖게 되었는데, 이를 계기로 그는 『사회학 연구』(1873)과 『종합철학체계』(1862~1893) 등 스펜서의 저작에 대한 관심을 갖게 되었다. 하지만 그 내용이 워낙 어렵고 분량 또한 방대한 나머지 번역의 뜻을 이루지 못했다. 그러던 중 그는 헉슬리의 『진화와 윤리』를 접하게 되었고, 이를 번역하여 『천연론』이라는 제목의 책으로 출간하기에 이른다. 옌푸는 단순히 『진화와 윤리』의 본문만 번역하지는 않았다. 스펜서의 입장에서 헉슬리의 관점을 논평하는 자신의 글도 포함시킴으로써, 스펜서의 논의를 우회적으로 소개하기도 했다. 이에 대해서는 조경란, 「진화론의 중국적 수용과 역사인식의 전환: 엄복, 양계초, 장병린, 노신을 중심으로」, 성균관대 박사논문, 1995, 40~44면; 嚴復, 양일모·이종민·강중기 역주, 「해제」, 『천연론』, 소명출판, 2008, 5~10면을 참조.

의 역어인 進化를 그대로 차용하지 않았고, 실제로 그가 창안한 天演이라는 역어는 進化 개념과는 다른 의미로 활용되었다.[52] 그가 evolution을 進化가 아닌 天演으로 번역했던 이유는 어디에 있을까. 옌푸는 '天'의 의미를 "누가 한 것도 아닌데 원인과 결과의 구체적 모습이 드러나고, 그러한 인과의 과정을 파악할 수 없을 때에는 공교롭게도 그렇게 되어가는 과정"이라고 말한 바 있다.[53] 그는 인위적인 조작 없이 저절로 되어가는 우주의 운용 원리를 설명하기 위해 '天'과 '演'을 조합한 번역어를 창안해냈다. 옌푸의 입장에서 인위적으로 조작할 수 없는 것은 物競과 天擇의 원리, 즉 생존경쟁과 자연선택이라는 원리이다. 그에 따르면 인간의 행위는 하늘이 부여한 생존경쟁·자연선택의 원리에 반드시 순응해야 하며, 인간은 이 법칙에 의거해 생존하고 발전해야 한다. 이는 인위적 행위가 생존경쟁과 자연선택이라는 天演의 이치와 충돌·갈등해서는 안 된다는 관점을 내포하고 있다. 이처럼 天演은 '태극(太極)'이

---

52) 『천연론』에서 쓰인 進化 개념의 용례와 관련하여 다음의 두 가지 사항에 대해 짚고 넘어가고자 한다. 첫째, 『천연론』 원문에서 進化 개념이 직접적으로 명시된 것은 하권의 [본론 17: 進化]에서였다. 그런데 『천연론』의 원문을 자세히 들여다보면, 하권의 본론 17장 제목에서는 '進化'라는 단어가 명시적으로 활용되었지만 본문에서는 '進化'가 아닌 '進'이라는 단어가 활용되었다는 사실을 확인할 수 있다. 따라서 이 책에서 『천연론』의 본문을 인용할 때에는, 편의상 옌푸가 쓴 '進'이라는 용어를 '진화(進化)'로 번역·활용하도록 한다. 둘째, 『천연론』에 쓰인 進化는 evolution이 아니라 오늘날의 development, improvement, progress의 의미, 즉 '현재보다 더 나은 상태로의 변화' 내지는 '(사회·문화·문명의) 진보'라는 의미에 가까웠다. 양일모를 비롯한 『천연론』의 역자들은 옌푸가 쓴 '天演'과 '進化'를 각각 '進化'와 '進步'로 번역하였는데, 이러한 번역어의 선택은 옌푸가 의도했던 문맥에도 부합한다. 앞으로 『천연론』을 인용할 시에는 가급적 번역문을 존중하되, 때에 따라 원전의 의미를 살리기 위해 옌푸가 사용했던 '天演'과 '進化'라는 용어를 그대로 가져다 쓸 것이다.

53) 王栻 主編, 「群學肄言」, 『嚴復集』 4冊, 中華書局, 1986, 345면; 양일모, 「동아시아의 사회진화론 재고 - 중국과 한국의 '진화' 개념 형성」, 한림대 한림과학원 편, 『두 시점의 개념사』, 푸른역사, 2013, 78면에서 재인용.

나 '리(理)'와 같은 우주의 궁극적 원리를 담지한 용어로, 한문맥의 관점에서 天의 원리를 해석한 창조적인 번역어에 해당되었다.[54)]

한편 옌푸의 『천연론』에서는 進化의 용례도 나타난다. 여기에서 주목할 것은 옌푸가 進化를 天演과 다른 의미망을 지닌 것으로 규정했다는 사실이다. 그는 "생물이 天演에 의해 進化하면 사회도 틀림없이 天演에 의해 進化한다"[55)]는 스펜서의 입장을 수용했는데, 여기에서의 進化는 天演이라는 운용 원리를 거쳐 생물 및 사회가 더 나은 상태로 도약하는 것을 의미한다. 이러한 인식은 '進化'라는 역어가 집중적으로 쓰인 『천연론』 하권의 [본론 17: 進化]에서 더 분명하게 확인할 수 있다. 본론 17장의 문맥을 검토해보면 天演은 생존경쟁·자연선택을 통해 운용되는 '자연의 운행 원리'를 의미했던 반면, 進化는 인위적 노력에 의해 이루어지는 '사회 및 문명의 발달 과정'을 의미했다.[56)]

> "태고 적부터 오늘날에 이르기까지 살펴보면, <u>문명의 進化 과정은 자연을 얼마나 극복하느냐에 따라 성과가 결정되었다.</u> (……) 오늘날 변화를 논하는 이들은, 세상의 운세가 반드시 날로 형통하여 인간 사회가 반드시 지선의 경지에 이를 것이라고 말한다. 그러나 <u>天演의 원리에 따라 그</u>

54) 한상철, 「근대 초기 지식인들의 '문명-서양' 인식-번역어 '天演'과 '進化'를 중심으로」, 『현대문학이론연구』 51, 현대문학이론학회, 2012, 430면.

55) 嚴復, 앞의 책, 222면.

56) 참고로 헉슬리의 "Evolution and Ethics: And other Essays" 원문과 옌푸의 『천연론』 원문을 비교해보면, 옌푸의 進化라는 어휘가 progress나 improvement와 같은 어휘와 일대일로 대응되지 않는다는 사실을 확인할 수 있다. 옌푸는 'social progress', 'ethical progress of society', 'civilization' 등을 번역할 때 모두 進化라는 어휘를 활용하였다. 이러한 점으로 미루어보아 그가 進化를 사회 및 문명의 발전과 연계된 개념으로 파악하고 있었을 것이라 추정할 수 있다. 헉슬리의 원저작은 T. H. Huxley, *Evolution and Ethics: And other Essays*, BiblioBazaar, 2012, pp. 68~71을 참조.

주장을 살펴보면, 반드시 다 그렇게 되는 것은 아니다. 더욱이 사실을 따져 보면, 인류가 현재 당면한 국면이 어찌 우연히 이루어진 것이겠는가? 수백만 년의 치열한 생존경쟁을 거치면서 용광로처럼 제련되어 이러한 세상이 이루어진 것이다."[57] (강조와 밑줄은 인용자)

위 인용문은 옌푸가 天演과 進化라는 개념어를 어떻게 다르게 이해하고 사용했는지를 잘 드러내주고 있다. 위의 내용에서 天演은 생존경쟁으로 운용되는 '하늘의 원리'를 의미한다. 반면 進化는 '문명'이라는 단어와 교접하고 있는 것에서 유추할 수 있듯 '문명의 발달'을 의미한다. 위 내용에 따르면 進化는 자연의 원리, 즉 天演의 원리를 얼마나 극복할 수 있느냐에 따라 그 성패가 결정된다. 고로 인류의 역사는 단순히 天演의 원리에 따라서만 발전하고 전개되는 것이 아니다. 오히려 그것은 "용광로처럼 제련되어" 구성되는, 다시 말해 인간의 의지적 노력을 통해 발전하고 변화할 수 있는 것이다. 이러한 점에 비추어볼 때, 옌푸에게 있어서 天演은 인간이 어찌할 수 없는 생존경쟁과 자연선택이라는 자연적 원칙을 설명하기 위해 고안된 개념어였던 반면, 進化는 인위적 노력을 통해 사회 및 문명이 '더 나은 상태'로 나아간다는 의미를 함축한 개념어였다.

天演과 進化를 서로 다른 의미의 개념어로 활용한 사례는 량치차오의 글을 통해서도 확인된다. 량치차오는 그의 스승 캉유웨이가 역사 발전의 법칙을 설명하기 위해 사용했던 '삼세설(三世說)'[58]을 수용하면

57) 嚴復, 앞의 책, 231~233면.

58) 캉유웨이는 공자의 법통을 이어받아 거란세(據亂世)－승평세(升平世)·태평세(太平世)－대동세(大同世)의 순서로 역사가 발전한다고 보는 삼세설을 주장하였다. 그에 따르면 거란세는 전쟁이 일어나고 무력으로 통일하는 일이 발생하는 시대인 반면, 대동세는 국가간의 전쟁이 없고, 가족의 사사로움도 없으며, 군대를 육성하는 일이 없는 시대이

서, 향후 중국이 大同의 사회로 나아갈 것이라는 낙관론을 펼쳤다. 이 과정에서 그는 가토 히로유키가 창안한 '進化' 개념을 적극적으로 사용했다. 그가 스승의 그늘에서 벗어나 進化라는 용어를 활용하게 된 데에는 14년간의 일본 망명의 영향이 컸다. 그가 일본에 간 시점은 무술변법운동이 실패한 1898년으로, 이미 이 시기 일본에서는 다윈과 스펜서의 주요 저작들이 다수 번역된 상태였다.[59] 동경대학에서 모스(E. Morse)가 생물진화론을, 페놀로사(E. Fenollosa)가 사회진화론을 각각 소개하는 등 당시 일본에서 진화론은 과학뿐만 아니라 정치사회 분야를 지배하는 담론으로 간주되었는데, 이 시기 량치차오는 일본에 체류하면서 가토 히로유키(加藤弘之)나 아루가 나가오(有賀長雄)의 진화론을 적극적으로 수용했다.[60] 이를 기반으로 그는 『清議報』와 『新民叢報』와 같은 잡지에 진화론적 세계관을 소개하는 글을 지속적으로 발표한다. 여기에서 흥미로운 점은, 량치차오 또한 옌푸와 마찬가지로 天演과 進化라는 역어를 모두 활용하고 있을 뿐 아니라 두 역어의 의미망도 다르게 규정했다는 사실이다.[61]

다. 이렇듯 캉유웨이는 생존경쟁과 약육강식의 시대에서 평화와 공존의 시대로 역사가 발전할 것이라는 낙관적 입장을 취하고 있다. 캉유웨이의 삼세설에 관한 논의는 康有爲, 이성애 역, 『대동서』, 을유문화사, 2006, 35면과 514~515면을 참조.

59) 당시 일본은 다윈과 스펜서의 다수 저작들을 활발하게 번역하고 있었다. 당시 일본에서 출간된 다윈의 저작은 『인간의 유래』를 번역한 『人祖論』(神津專三郎 譯, 山中市兵衛 刊, 1871), 『종의 기원』을 번역한 『生物始源: 一名種源論』(立花銑三郎 譯, 經濟雜誌社 刊, 1896) 등이 있었고, 스펜서의 저작은 『代議政體論』(鈴木義宗 譯, 翠濤軒 刊, 1878), 『斯氏教育論』(尺振八 譯, 文部省 刊, 1880), 『萬物進化要論』(杉本清寿·西村玄道 譯, 民德館 刊, 1884), 『哲學原理』(山口松五郎 역, 加藤正七 刊, 1884) 등이 있었다.

60) 량치차오가 가토와 아루가의 진화론을 수용했다는 주장은 사토 신이치(佐藤愼一)에 의해서 제기되었다. 이에 대해서는 佐藤愼一, 「梁啓超と社會進化論」, 『法學』 59巻 6号, 東北大學法學會, 1996을 참조.

61) 『신민설』은 『신민총보』에 1902년 2월부터 1906년 1월까지 연재된 글로, 총 20절로 구성되어 있다.

① "공공관념은 배우지 않아도 알고 생각하지 않아도 할 수 있는 것이다. 天演界의 우열은 이 관념의 강약에 의해 갈라진다. (……) 物競과 天擇의 세계에 처해서 인간의 노력으로 자연의 법칙을 이기려 한다면, 이러한 방법 말고는 다른 방법이 없기 때문이다." (강조와 밑줄은 인용자)

— 「第十三節. 論合群」[62)]

② "進化라는 것은 천지의 공례이다. (……) 경쟁이 進化의 어머니라는 이 주장은 이제 거의 철칙이 되었다." (강조와 밑줄은 인용자)

— 「第十一節. 論進步(一名論中國群治不進之原因)」[63)]

③ "문명의 국민이 완비된 정부와 건실한 권리를 갖춰 공과 사의 進步를 도모하고자 하는 것 또한 그것(욕망 : 인용자 주)이 반드시 필요하기 때문이다. 그렇다면 욕망은 모두 필요에서 생겨날 뿐이며 필요한 일과 물건이 많을수록 그 욕망 역시 왕성하며, 문명의 정도도 더욱 높다. 이것이 민족의 進化가 성공하고 실패하는 숲이다." (강조와 밑줄은 인용자)

— 「第二十節. 論政治能力」[64)]

위의 인용문을 통해 량치차오가 활용했던 天演와 進化 개념의 의미망을 가늠해볼 수 있다. ①에 따르면 '天演界'는 곧 '物競[생존경쟁]'과 '天

62) 梁啓超, 이혜경 주해, 『신민설』, 서울대출판문화원, 2014, 339~340면. 원문은 "公共觀念者, 不學而知, 不慮而能者也, 而天演界之優劣. (……) 蓋深知夫處此物競天擇界, 欲以人治勝天行, 舍此術末由也."

63) 같은 책, 258~261면. 원문은 "夫進化者, 天地之公例也. (……) 競爭爲進化之母, 此義殆旣成鐵案矣."

64) 같은 책, 627~628면. 원문은 "文明國民之求一完備之政府, 穩實之權利, 以謀公私之進步, 亦其必要者也. 然則凡慾望皆生於必要而已, 而其必要之事物愈多, 則其慾望愈繁, 而文明之程度愈高, 此民族進化得失之林也."

擇[자연선택]'의 원리로 운용되는 세계를 말한다. 이로 보아 량치차오는 옌푸가 활용했던 것과 동일한 맥락에서 天演을 이해·활용하고 있는 것으로 보인다. 『음빙실자유서』에서도 "물경천택(物競天擇)과 우승열패(優勝劣敗)는 진화론의 법칙이다."[65]라는 량치차오의 진술을 확인할 수 있는바, 그는 물경천택이라는 옌푸의 개념과 우승열패라는 가토 히로유키의 개념을 모두 수용하고자 했다. 이와 같이 량치차오는 가토 히로유키로부터 지대한 영향을 받았지만, 옌푸의 학문적 자장에서 크게 벗어나 있지는 않았던 것으로 파악된다.

다음으로 량치차오는 『신민설』의 11절에 해당되는 「論進步(一名論中國群治不進之原因)」(『신민총보』, 1902.6.20~7.5)에서 처음으로 天演이 아닌 進化라는 용어를 쓰는데, 인용문 ②가 바로 그 용례에 해당된다. "경쟁이 進化의 어머니"라는 말에 주목해볼 때, 량치차오의 進化 개념은 경쟁이라는 天演의 대법칙에 따라 도달할 수 있는 '더 나은 상태'를 의미하는 것처럼 보인다. 여기에서 말하는 '더 나은 상태'는 구체적으로 무엇을 의미하는가. 그 답은 ③을 통해 확인할 수 있는데, 여기에서 進化는 민족 및 종족의 보존과 발전을 의미하는 개념으로 활용되고 있다. 아울러 그는 "문명의 정도"가 높아짐에 따라 민족 및 종족의 보존과 발전이 가능해진다고 강조하고 있다. 이러한 문맥들을 종합해볼 때, 량치차오는 進化 개념을 '문명의 정도에 따라 민족 및 종족이 더 나은 상태로 나아가는 것'으로 규정하고 활용했음을 알 수 있다.[66] 정리하자면 량치차오

---

65) 梁啓超, 강중기·양일모 외 역, 「자유를 방기하는 죄(放棄自由之罪)」, 『음빙실자유서』, 푸른역사, 2017, 73면. 여기에서 확인할 수 있듯 량치차오는 물경천택 개념에 대해서는 옌푸의 번역을, 우승열패 개념에 대해서는 가토 히로유키의 번역을 각각 따르고 있다.

66) 참고로 옌푸의 『천연론』에서는 進步 개념의 용례가 거의 확인되지 않았던 것에 반해, 량치차오의 『신민설』에서는 進步 개념이 적극적으로 활용되고 있다는 점도 부기해두도록 한다. 『신민설』의 본문을 헤아려본 결과, 進步가 활용된 횟수는 총 44회에 달한다.

는 天演을 (옌푸와 마찬가지로) "생존경쟁과 자연선택이라는 **자연적 원칙**"으로 이해했던 데 반해, 進化에 대해서는 "민족 및 종족이 **인위적 노력**에 통해 문명화의 길로 나아가는 과정" 그 자체를 의미하는 개념어로 이해하고 있었다.

그렇다면 동아시아에서 처음으로 evolution을 進化로 번역했던 가토 히로유키는 進化를 어떤 의미로 받아들이고 있었을까. 량치차오에게도 영향을 끼친 바 있는 그는, 『인권신설』(1882)을 출간하기 전부터 이미 '인위도태'와 '자연도태'라는 생물학적 개념을 인간 사회에 적용할 수 있는지 여부에 대해 논의한 바 있다.[67] 그리고 그가 남긴 『인권신설』은 일본 최초의 생물진화론에 관한 저술로 알려진 『動物進化論』(1883)보다 더 이른 시기에 발표되었는데, 이는 동아시아권에서 진화론을 얼마나 선구적으로 받아들였는지를 잘 보여주는 대목이라 할 수 있다.

『인권신설』에서는 進化의 용례가 다수 확인된다. 『인권신설』 제6조에는 "進化主義라 하는 것은 동식물의 생존경쟁과 자연도태의 작용에 의해 점점 進化함을 이르는 것이다."[68]라는 문장이 기술되어 있는데, 이 문장은 가토가 쓴 進化의 개념을 이해하는 데 있어서 중요하게 간주될 필요가 있다. 이에 따르면 가토는 進化를 "동식물의 생존경쟁과 자

이는 량치차오가 天演과 進化와는 다른 맥락에서 進步를 사용했음을 시사한다. 이 책에서는 天演과 進化의 개념적 차이를 설명하는 데 초점을 맞추고 있으므로, 량치차오의 進步 개념에 대한 구체적인 논의는 차후의 과제로 남겨두도록 한다.

67) 가토 히로유키는 월간지 『東洋學藝雜誌』의 1호(1981.10)부터 2호(1981.11)까지 총 2회에 걸쳐 「인위 도태에 의하여 인재를 얻는 기술을 논한다(人爲淘汰ニヨリテ人才ヲ得ルノ術ヲ論ズ)」라는 논문을, 3호(1882.1)부터 6호(1882.3)까지 총 3회에 걸쳐 「자연 도태법 및 이를 인류에 적용한다면 어떠할지에 대해 논한다(自然淘汰法及ビ之ヲ人類ニ及ボシテハ如何ヲ論ズ)」는 사설을 각각 연재했다. 이 내용은 鈴木修次, 『日本漢語と中国: 漢字文化圈の近代化』, 中央公論社, 1981, 175면.

68) 加藤弘之, 『人權新說』, 谷山楼, 1882, 13면. 원문은 "進化主義トハ盖シ動植物カ生存競爭ト自然淘汰ノ作用ニヨリ漸々進化スルニ隨テ."

연도태의 작용"에 의한 결과로 인식하고 있다. 이러한 進化의 의미는 앞서 논의했던 량치차오의 進化 개념이 내포한 의미와도 유사하다. 즉, 가토는 량치차오와 유사한 관점에서 進化 개념을 '생존경쟁과 자연선택이라는 天演의 원리를 통해 더 나은 상태로 나아가는 것'이라는 의미로 이해하고 활용했던 것이다. 물론, 가토가 말한 進化 개념에서도 인위성의 의미가 내포되어 있다고 봐야 할 것이다. 가토의 進化는 進步와 開化가 조합되어 만들어진 신조어였던 만큼,[69] 그 개념에는 이미 '인위적 노력을 통한 사회 및 문명의 발전'이라는 의미가 내포되어 있다고 보는 것이 합당할 것이다.[70]

지금까지 옌푸, 량치차오, 가토 히로유키의 용례를 통해 天演과 進化 개념이 가진 의미망의 차이가 어떠했는지를 확인해보았다. 먼저, 이 세 사람 중 옌푸와 량치차오는 天演과 進化 개념을 모두 활용하였다. 옌푸는 '天'을 강조했던 한문맥의 관점에서 天演이라는 개념을 새롭게 창안했고, 이를 '생존경쟁'과 '자연선택'을 포괄하는 자연법칙의 의미로 이해하고 활용하였다. 아울러 그는 『천연론』에서 進化라는 개념어도 활용하였다. 여기에서의 進化는 天演의 원리를 통해 사회 및 문명이 더 나은 상태로 나아가는 것을 의미했다. 량치차오는 이러한 옌푸의 天演과 進化 개념의 의미망을 그대로 수용하였다. 이처럼 량치차오와 옌푸는 天演을 자연적인 법칙에 해당되는 것으로, 進化를 인위적 노력에 의한 사회 및 문명의 발달을 의미하는 것으로 각각 활용하였다. 그에 따라 이들은 생존경쟁과 자연선택의 법칙을 설명할 때에는 天演 개념을

69) 우남숙, 「사회진화론의 동아시아 수용에 관한 연구: 역사적 경로와 이론적 원형을 중심으로」, 『동양정치사상사』 10-2, 한국동양정치사상사학회, 2011, 125면.

70) 가토는 사회 혹은 학식 등이 더 나은 상태로 나아간다는 의미를 강조할 때에는 "社會ノ進步"나 "人智ノ進步"와 같이 進步 개념을 별도로 활용하였다. 인용된 부분은 加藤弘之, 앞의 책, 5면과 31면을 각각 참조할 것.

활용했지만, 인위적 발전 과정을 설명할 때에는 進化 개념을 활용했다. 다음으로 가토는 동아시아권에서 처음으로 進化라는 개념어를 창안·활용했다. 그가 『인권신설』을 집필할 때에는 아직 『천연론』이 출간되기 이전이었기 때문에 『인권신설』에서 天演 개념의 용례는 확인되지 않는다. 대신 그는 evolution의 역어로서 進化 개념을 적극적으로 활용한다. 進化 개념의 용례를 검토해본 바, 그가 말한 進化는 량치차오의 경우와 마찬가지로 '인위적 노력을 통한 사회 및 문명의 발달 과정'을 의미하는 것으로 활용되었다.

요컨대 옌푸와 량치차오가 활용했었던 天演은 생존경쟁과 자연선택이라는 변치 않는 하늘의 원리를 의미하는 개념어였다. 반면에 옌푸·량치차오·가토가 동시에 활용했던 進化는 '인위적 노력을 통해 더 나은 상태로 나아감'이라는 의미를 내포하고 있다는 점에서, 오늘날의 발전이나 진보와 같은 의미를 담지하고 있는 개념어로 활용되었다.

이러한 내용을 토대로 1900년대에 天演보다 進化의 용례가 두드러진 이유를 설명할 수 있다. 첫째, '天'이라는 한자어가 잘 함축하고 있듯 天演은 변하지 않는 하늘의 이치가 강조된 개념어였던 반면, 進化는 '더 나은 상태로 나아감'이라는 의미를 농후하게 내포한 개념어였다. 그에 따라 進化라는 역어는 天演보다 사회 및 문명의 변화를 논하기에 더 적합한 용어로 간주되었던 것이다. 옌푸와 량치차오, 가토 히로유키의 문헌들에서 天演과 달리 進化가 사회 혹은 문명이라는 단어와 쉽게 교접될 수 있었던 것도 바로 그 이유 때문이었다. 둘째, 天演이 인위적으로 변화시킬 수 없는 우주적 질서를 의미한 개념어였다면, 進化는 인위와 인공에 의한 변화의 가능성을 내포하고 있는 개념어였다. 실제 옌푸는 '하늘에 맡겨 다스린다[任天爲治]'는 스펜서의 약육강식 논리를 받아들이기는 했지만, 그렇다고 해서 天運에 모든 것을 맡기는 운명론적 관점을 취하지 않았다. 그는 오히려 인간의 의지와 노력을 통해 '하늘과 승패를 겨룬다[與天爭勝]'는 헉슬리의 관점을 취함으로써, 인위적 행위를 통해 긍정적인 방향으로의 변화가 가능하다는 입장을 고수했다.[71] 民智의 開明을 통해서만이 열강 사이에서 그 지위를 보전받을 수 있다는 량치차오의 주장[72]도, 결국은 인위적 행위를 강조하는 옌푸의 사유체계를 계승한 데에서 비롯된 것이다.

당대 조선의 지식인들도 天演과 進化 개념을 병용했으면서도 문맥에 따라 이를 상이하게 활용하였다. 지식인 담론장에서 天演은 생존경쟁과 우승열패라는 주어진 환경 자체를 설명하는 데 주로 활용되었던 것에 반해, 進化는 인간에 의한 발전과 변화를 설명하는 데 활용되는 경우가 많았다. 단적인 예로 김성희의 「文明論」을 들 수 있다. 이 텍스트는 두 개념을 동시에 쓰고 있는 몇 안 되는 문헌 중 하나여서 天演과 進化 개념에 대한 당대의 인식이 어떠했는지를 판단하는 데 적절한 참고자료가 될 수 있다.

① "이로써 백 년이 채 되지 못한 사이, 풍조의 기세를 타고 <u>진화(進化)</u>의 단계를 밟아서, 파리 민주정치의 분위기가 열리고 베를린 연방이 철혈정책을 펴고, (…) 일본 무사도는 죽음을 기원하는 혼을 세웠다. 이는 모두 찬란하게 증기가 이슬을 맺게 하며 황산이 결정을 만드는 것 같아서, 천지에 뻗어나 일월과 다투어도 막을 수 없는 것이 문명의 정신이다."[73] (강조와 밑줄은 인용자)

---

71) 李澤厚, 임춘성 역, 『중국근대사상사론』, 한길사, 2005, 437면.

72) 梁啓超, 강중기·양일모 외 역, 앞의 책, 168면.

73) 松堂 金成喜, 「文明論」, 『대한자강회월보』 6, 1906.12, 9면. 원문은 "以之不百年間에 挾風潮之勢ᄒᆞ고 踐進化之階ᄒᆞ야 啓巴里民政之風氣ᄒᆞ고 伸伯林聯邦之銕血ᄒᆞ고 (…) 竪日本武士道祈死之魂ᄒᆞ니 此皆熖熖然如蒸氣之發露ᄒᆞ며 如硫酸之結晶ᄒᆞ야 亘天地爭日月而

> ② "사람 및 문물의 '문명/야만'이 반드시 시세 간의 경쟁을 통해 결정된다는 것은 역시 **천연(天演)**의 공리이라."[74] (강조와 밑줄은 인용자)

①의 내용에서 進化는 '인위적인 힘에 의한 변화'라는 의미로 활용되었다. 파리의 민주정치, 베를린 연방의 철혈정책, 일본의 무사도 등이 모두 진화의 사례로 제시되고 있는데, 이는 모두 인위적으로 형성한 정치·문화 등의 범주에 포함되는 것들이다. 이처럼 進化라는 용어는 인간이 인위적으로 형성한 정치·사회·문화의 발달을 내포한 것으로 이해되었다. 한편, 같은 글에서 김성희는 evolution의 또 다른 역어인 天演을 進化와는 다른 의미로 활용하였다. ②에서 天演은 생존경쟁과 약육강식이라는 세계의 운용 질서를 의미하고 있다. '인위적 변화'라는 의미를 농후하게 함축하고 있는 進化 개념과 달리, 여기에서의 天演은 인간과 문물 모두가 처한 자연적 질서 그 자체를 의미하는 것으로 이해된다.

이러한 김성희의 관점은 여타 지식인의 글에서도 쉽게 찾아볼 수 있다. 예컨대 설태희는 "생존경쟁과 약육강식은 天演의 공례이다. 현재 동서세계에 우월한 자가 되기 위해 힘쓰는 자는 자기의 자유권을 확충하고 있음에도 불구하고 누군가를 침탈하지 않으면 만족하지 아니하니, 그 나아감이 한계가 없고 그 욕망이 제한이 없어, 남이 포기한 나머지를 엿보고 탐내는 것은 필연적인 형세이다."[75]라고 언급한 바 있는데,

---

不可遏이 是乃文明之精神也라."

74) 松堂 金成喜, 앞의 글, 10면. 원문은 "其於民物之文野에 必有時勢之競爭은 亦天演之公理也라."

75) 福城樵夫 梧村 薛泰熙, 「抛棄自由者爲世界之罪人」, 『대한자강회월보』 6, 1906.12, 19면. 원문은 "生存競爭에 弱肉强食은 天演公例라 現今東西天下에 務爲優者擴充己之自由權而滔滔然不奪則不厭ᄒᆞ니 其進이 無界線ᄒᆞ고 其望이 無限際ᄒᆞ야 窺耽人之抛棄餘地者ㅣ此는

여기에서도 天演은 국제사회에서 강자가 약자를 침탈하는 약육강식의 질서를 의미하는 것으로 활용되었다. 또한 "항상 天演에 의존하고 인위적인 운동력이 없으면 하늘의 감응력이 거의 사라질 것이다."[76]이라는 표현에서 확인할 수 있듯이, 天演은 인위적인 운동력이 내포되어 있지 않은 개념으로 간주되었다. 이와 같이 1900년대 문맥에서 進化는 인위적인 노력에 의해 변화할 수 있다는 의미를 내포하고 있는 역어였다면, 天演은 인위적인 노력이 배제된 개념이면서 동시에 생존경쟁과 우승열패라는 자연적 질서 자체를 의미하는 역어였다.

이러한 의미망의 차이로 인해 조선의 지식인들은 天演보다 進化를 더 선호했던 것으로 보인다. 을사늑약이 체결된 이후, 半식민지가 되어버린 조선의 변화 가능성을 강조하기 위해서는 天演이라는 용어보다는 進化라는 용어의 차용이 불가피했다. 앞서 확인했던 바, 天演은 변하지 않는 하늘의 운용 원리를 내포한 용어였다면 進化는 인위적 노력을 통해 더 나은 상태로 변화할 수 있다는 의미를 내포한 용어였다. 따라서 조선이 당면했던 위기 상황을 극복할 수 있다는 점을 강조하기 위해서는 天演 개념보다 進化 개념이 더 유용했던 것이다. 1910년 경술국치 이후 天演의 용례가 거의 확인되지 않는다는 사실도 이러한 맥락에서 설명될 수 있다.[77] 독립을 꿈꿨던 지식인이라면 조선의 식민지화는 '天'

必然之勢也니"

76) 坡山樵夫 南宮濬, 「非刷新이면 文明을 不可致오 非文明이면 人類를 不可保라」, 『대한자강회월보』 10, 1907.4, 8면. 원문은 "一向天演的에 付하고 人爲的예 運動力이 無하면 天에 感應力이 或幾乎息하리로다."

77) 한일합병조약이 공포된 이후(1910년 8월 이후)에 발간되었던 『소년』과 1910년대의 지성계를 이끌었던 『학지광』과 『청춘』의 본문을 일일이 검토해본 결과, 天演의 용례는 확인되지 않았다. 1920년대 이후에 『개벽』이나 『동광』, 『삼천리』 등의 잡지에서 天演의 용례가 확인되고는 있지만, 그 문건의 수가 10건이 채 되지 않을 정도로 사용 정도가 미미하다.

의 논리, 즉 마땅히 받아들여야 할 자연적 원칙으로 해석되어서는 안 되었다. 오히려 그들에게 있어서 식민지화는 인위적 노력을 통해서 반드시 극복되고 갱신되어야 할 부정의 상태로 간주되었다. 進化 개념은 바로 이러한 인식이 투영된 용어였고, 이 용어에 내포된 의미를 기반으로 대다수의 지식인들은 인위적인 진화의 방법에 대한 논쟁을 지속해왔던 것이다.

1.2 '인위적 진화' 개념의 전유 양상

앞서 天演과 進化의 용례에서 확인했던 것처럼 天演은 생존경쟁과 자연선택으로 운용되는 자연 원칙이 강조된 개념이었다. 그에 반해 進化는 광의로는 '더 나은 상태로의 변화'를, 협의로는 '인간 의지의 개입을 통해 사회 및 문명이 더 나은 상태로 나아감'을 내포한 개념이었다. 이렇듯 進化 개념은 天演 개념보다 '인위성'의 의미를 더 농후하게 담지하고 있었다. 한말의 지식인들은 생존경쟁과 자연선택의 원리를 받아들였으면서도, 인위적 노력을 통해 약자가 강자로 도약할 수 있다는 점을 더욱 강조하고자 했다. 왜냐하면 인위적인 방식으로 사회가 진화한다는 '인위적 진화'의 논리는, 조선이 독립국가로서의 지위를 회복할 수 있는가라는 문제와 긴밀하게 연동되는 것이었기 때문이다.

1905년 11월 18일 을사조약(제2차 한일협약)이 강제로 체결되었다. 조약서 본문은 "일본 정부와 한국 정부는 두 제국을 결합하는 공동의 이익을 공고히 하기 위해 한국이 실제로 부강해졌다고 인정할 수 있을 때까지 이 목적을 위해 아래에 열거한 조목들을 약속해 정한다."[78]라는 문장

78) 日本 外務省 編, 『日本外交文書: 自明治38年1月 至明治38年12月』 第38卷 第1冊, 日本國際連合協會, 1958, 532~533면. 원문은 "日本國政府及韓國政府는 兩帝國을 結合ᄒᆞ는 利

으로 시작된다. "한국이 실제로 부강해졌다고 인정할 수 있을 때"라는 문구는 일본이 제시한 조약 초안에는 없었으나, 조약의 유효 기간이나 외교권 환부에 대한 규정을 두자는 한국 측 주장을 무마하기 위해 마련한 수식어였다.[79] 이 문구에 제시된 '부강'의 개념적 기준이 모호하다는 점도 문제적이지만, 그보다 더 중요한 것은 이러한 문구가 당대 지식인들에게 보호조약에 대한 낙관적 믿음을 심어줬다는 데에 있다.

조약문이 공개된 직후 국내 주요 인사들의 저항은 실로 만만치 않았다.[80] 그러나 지식인 담론장에서는 실력을 양성하면 독립할 수 있다는 온건하면서도 낙관적인 주장이 점차 부각되고 있었다. 가령 한국이 부강한 상태에 이르면 일본이 우리의 독립을 부인할 권리가 없다는 주장이라든지,[81] 외교는 일본에게 맡기고 우리는 오로지 內政의 개량과 진보에만 전력을 다해 부강의 내실을 다지자는 주장,[82] 그리고 일본의 보호력을 이용하여 국가실력을 양성하면 피보호국인 일본이 반동의 힘으로 自退할 것이라는 주장[83] 등은 모두 을사늑약이 언젠가는 폐기될 것이라는 낙관적 전망 속에서 배태된 것이다.

이러한 전망은 약자가 인위적인 노력을 통해 언젠가는 강자로 도약

害共通의 主義를 鞏固케 홈을 欲ᄒᆞ야 韓國의 富强之實을 認할 時에 至할가지 此目的으로써 左開條款을 約定홈."

79) 윤병석, 「을사5조약의 신고찰」, 『일본의 대한제국 강점』, 까치, 1995, 61면.

80) 을사늑약 체결 직후 前 참판 홍만식, 前 대사헌 송병선, 특진관 조병세, 민영환 등의 정치 인사가 자결한 데 이어, 前 첨사 이상설은 충격을 받아 땅에 몸을 던지고 바위에 머리를 부딪쳐 거꾸러지는 등의 광태(狂態)를 부리고, 최익현은 박제순을 비롯한 五賊을 처형하라는 상소를 올렸으며, 지방 곳곳에서는 의병이 궐기하는 등의 격렬한 저항이 있었다. 을사늑약 직후의 국내 정황은 황현, 임형택 외 역, 『역주 매천야록(하)』, 문학과지성사, 2005, 253~372면을 참조.

81) 「我韓의 國是」, 『대한민보』, 1909.6.13.

82) 尹孝定 편, 「本會會報」, 『대한자강회월보』 1, 1906.7, 24면.

83) 「의병」, 『만세보』, 1906.6.29.

할 수 있다는 '인위적 진화'의 논리를 전제하고 있다. 이 논리는 자연적 진화 개념에 인위적인 요소를 가미했다는 점에서 일견 '생존경쟁'과 '자연선택'의 법칙을 비판하는 것처럼 보이기도 하지만,[84] 사실상 이는 진화론적 사유를 기반으로 한 것이었다. '인위적 진화'라는 것은 어디까지나 약자가 더 번성하고 부강해질 수 있는 방법으로 제시된 것이지, 약육강식의 논리 자체를 거부하기 위해서 고안된 것은 아니었던 것이다. 따라서 독립을 상상하고 현실화시키고자 했던 당대 지식인들에게는, 인위적 노력을 통해서 약자가 더 번성하고 부강해질 수 있다는 논리를 정당화시킬 만한 근거들이 필요했다. 당대 지식인들은 실제적 사례를 통해서 그 근거를 마련하였다. 그 중 하나가 인위적 방법을 통해 약자가 더 많이 생존하고 번성했던 생물학적 실례였다면, 다른 하나는 인위적인 노력을 통해서 독립을 쟁취했던 국가적 실례였다.

먼저, 1900년대 발표된 글 중에서 '인위' 혹은 '인공'의 노력을 통해서 생산력이 증대되었다는 글이 적지 않게 소개되고 있다는 점에 주목할 필요가 있다. 1906~1910년 잡지에 발표된 자료 중에서 이와 관련된 대표적인 글 몇 편을 추려 주요 내용을 발췌하자면 다음과 같다.

① "농업은 반드시 종자를 선별하고, 그 다음으로는 기계를 닦고 토지를 개량하는 등의 일을 해야 한다. (…) 그 업종의 제도는 자연적인 생산에 인공적인 요소를 더하여 우월한 것이 살아남는 효과를 얻는 고로"[85]

---

84) 인위적 행위가 '생존경쟁'과 '자연선택' 등의 자연법칙을 거스른다는 관점은 『천연론』을 통해서도 제기된 바 있다. "논리학에 따르면, 서로 반대되거나 모순되지 않는 일을 같은 것이라고 한다. 앞 편에서 논한 인위적 행위[人治]와 자연의 운행[天行]은, 논리학에서 분명 상반되고 모순되는 일로서, 창으로 방패를 찌르면 서로 부딪쳐 결국 합치될 수 없는 것과 같다. 이처럼 논리학도 때로 틀릴 경우가 있는 것인가?"-嚴複, 양일모·이종민·강중기 역주, 앞의 책, 73면.

85) 松堂 金成喜, 「殖産部」, 『대한자강회월보』 6, 1906.12, 41면. 원문은 "農必選種이니 其次

② "자연적 토지를 인공적으로 개량하는 것은 하늘과 사람이 밀접한 관계가 있다는 점을 말하는 것으로"[86)]

③ "달걀이 부화하는 데에는 두 가지 방법이 있으니 하나는 자연부화법이라고 칭하고 다른 하나는 인공부화법이라 칭하나니 (…) 인공부화법은 계란을 인공으로 적당한 운도를 일정한 시일 간에 공급하여 부화시키는 것이라."[87)]

④ "바로 선 가지와 줄기는 그 세력이 강하고 발육이 왕성하나, 휘어진 가지와 줄기는 세력이 약하고 쇠하니라. 이러한 자연적 원리를 이용하여 인공으로 사직법(빗심기: 인용자 주)을 행하여 수목의 기세를 약하게 하느니라."[88)]

⑤ "가잠(집에서 치는 누에: 인용자 주)은 그렇지 아니하여 그 형태와 생활이 유충일 때에는 체구가 거대하게 성장하지만 보호경계의 색채가 없어서 다른 사물과 견줄만한 형태를 모두 상실하여 체질상 저항력이 약하며 (…) 누에의 알은 고온 다습한 것에 저항력이 약하니 인위적 힘이 없으면 생존하기가 불능한 것이라."[89)]

ᄂᆞᆫ 器械修造土地改良等이라 (…) 本業의 制度ᄂᆞᆫ 天然的生産에 人工的을 加ᄒᆞ야 優勝ᄒᆞᆫ 效果를 得ᄒᆞᄂᆞᆫ 故로"

86) 松堂 金成喜, 「農業에 土地改良」, 『대한자강회월보』 7, 1907.1, 37면. 원문은 "天然的土地에 人工의 改良은 天與人의 密接ᄒᆞᆫ 關係가 此에 在ᄒᆞᆫ 故로"

87) 金鎭初, 「養鷄說」, 『태극학보』 17, 1908.1, 49면. 원문은 "雞卵을 孵化ᄒᆞᄂᆞᆫᄃᆡᄂᆞᆫ 二法이 有ᄒᆞ니 一은 自然孵卵法이라 云ᄒᆞ고 一은 人工孵卵法이라 稱ᄒᆞ나니 (…) 人工孵卵法은 雞卵을 孵卵器에 入ᄒᆞ고 人工으로 適當ᄒᆞᆫ 溫度를 一定ᄒᆞᆫ 時日間에 供給ᄒᆞ야 孵化ᄒᆞᄂᆞᆫ 거시라."

88) 金志侃, 「果樹剪定法 (前號續)」, 『태극학보』 22, 1908.6, 42면. 원문은 "直立ᄒᆞᆫ 枝幹은 其 勢力이 强ᄒᆞ고 發育이 盛ᄒᆞ나 傾斜ᄒᆞᆫ 枝幹은 勢力이 弱ᄒᆞ고 衰ᄒᆞ나니라. 如此ᄒᆞᆫ 自然的 原理를 利用ᄒᆞ야 人工으로 斜植法을 行ᄒᆞ야 樹勢를 弱ᄒᆞ게 ᄒᆞ나니라."

89) 金載汶, 「蠶學說」, 『대한학회월보』 8, 1908.10, 28면. 원문은 "家蠶은 不然ᄒᆞ야 其 形態

당시 잡지에 소개된 문헌(1906~1909년)만 보더라도, 인위적 방법을 통해서 농업 및 임업 등의 생산성을 증대시켰다는 글은 총 40건을 상회할 정도로 많다. 언뜻 보기에 문학 연구와는 무관해 보이는 이러한 글들에 주목해야 하는 이유는, 진화론을 기반으로 한 자연과학적 인식론이 근대 초기 새로운 담론 질서를 구축하는 데 있어서 상당한 영향력을 미쳤기 때문이다.[90] 물론 이 글들은 식산흥업을 목적으로 소개된 글이기는 하지만, 자연적인 상태일 때보다 '인공적 방법' 혹은 '인위적 방법'을 가미할 때 비로소 더 번성할 수 있다는 점을 강조하고 있다는 점에서 주목되어야 한다. ①은 농업 일반에 관한 내용, ②는 토지 개량에 관한 내용, ③은 양계(養鷄)에 관한 내용, ④는 임산(林産)에 관한 내용, ⑤는 양잠(養蠶)에 관한 내용을 각각 담고 있다. 이 글들은 공통적으로 인공·인위의 방식을 통해 자연상태에서 약자가 더 번성하고 부강해질 수 있다는 논점을 내포한다.

이처럼 인위적 선택과 자연적 선택의 복합적인 상호작용의 결과가 곧 진화라는 점이 입증됨에 따라, 지식인들 사이에서 인위적 진화 개념 개념에 대한 신뢰감은 확산되었다. 인위적 진화에 관한 자연과학적 증

生活이 幼蟲에 在하야는 體軀가 肥大히 成長하나 保護警戒의 色彩가 缺하야 他物에 擬ᄒᆞᆫ 形態를 全失하야 體質上 防害에 抵抗力이 弱하며 (…) 蠶卵은 溫濕에 忍耐力이 弱하니 非人爲的이면 不能生存者也라."

90) 1900~1910년대 진화론에 입각한 자연과학적 담론이 사회학·심리학·윤리학·문학 전반에 걸쳐 영향을 미쳤던 것에서도 확인되는 바, 당대 여타의 학문 분야는 자연과학으로부터 창출된 언술 규약에서 벗어나기는 어려웠다. 가령 동경사범대학 생물학과 출신이면서 「다정다한」, 「춘몽」, 「월하의 자백」, 「마굴」 등의 소설을 발표했던 장응진, 진화론적 인식론을 토대로 자신의 문학관을 지속적으로 발화했던 이광수 등은 자연과학적 인식론을 기반으로 하여 창작활동을 해왔던 대표적인 문인들에 해당된다. 이들을 토대로 볼 때, 학문분과의 분화가 여전히 진행 중에 있었던 1900~1910년대에는 자연과학적 인식론이 당대 문인의 사유체계를 구성하는 데 있어서 지대한 영향력을 미쳤다고 볼 수 있다.

례들은 인위적 노력에 의해 사회 및 문명의 진보가 가능해진다는 신념을 강화하는 데에도 기여했다. 그래서일까. 진화론은 자연과학뿐만 아니라 사회과학을 아우르는 지배적인 패러다임으로 자리를 잡게 된다. 이는 인위적 진화 개념이 사회학이나 교육학 등의 여러 분과 학문에도 적용되었다는 사례를 통해서도 확인할 수 있다. 예컨대 "자연적인 사회는 사회적 존립을 유지하기 어려운 동시에 인류생존의 조건과 개인존립의 목적을 달성하기 어려운 고로, 점차 人意的인 요소를 가미하여 자연적 사회의 완전을 企圖"[91]해야 한다는 진술에서 엿볼 수 있듯 사회 운영에 있어서 인위적인 요소가 가미되어야 한다는 인식이 있는가 하면, '인위교육'을 통해 타인에게 교훈과 감화를 베푼다면 문화의 진보에 이를 수 있다는 입장[92] 또한 거듭 강조되었다. 이 가운데 동경사범대학 생물학과 출신이었던 장응진[93]은 우승열패와 적자생존의 생물진화 법칙이 인간 사회에도 그대로 적용될 수 있다고 말하면서,[94] 인간이 인위적 노력을 통해서 더 나은 사회를 구성할 수 있는 존재임을 천명하고 있다는 점에서 특히 주목된다.

> 자연도태에 의거하여 부적자는 종적을 멸하게 하고 적자는 생존번식케 하는 것이 좋은 계책일 듯하니, 인류는 다른 동물과 달라서 고상한 정신이 있는 것이라. 만일 人道를 유린하고 인권을 멸시하며 박애의 정신을 잃게 되면 금수초목과 하등의 차이가 있으리오. 따라서 국가와

---

91) 李得季, 「我韓社會觀」, 『대한흥학보』 6, 1909.10, 10면.

92) 李膺鍾, 「學典」, 『기호흥학회월보』 10, 1909.5, 23면.

93) 波田野節子, 최주한 역, 앞의 책, 100면.

94) 張膺震, 「進化學上 生存競爭의 法則」, 『태극학보』 4, 1906.11, 7~10면. 원문은 "優勝劣敗ᄒᆞ야 適者生存ᄒᆞ고 不適者 滅亡ᄒᆞᄂᆞᆫ 自然淘汰ᄂᆞᆫ 生物進化의 一大原因이니 (……) 人類社會의 進化ᄒᆞᄂᆞᆫ 狀態도 ᄯᅩᄒᆞᆫ 優勝劣敗의 大法則은 免치 못ᄒᆞᆷ이로다."

> 사회의 문명이 진보할수록 智力의 발달과 겸하여 도덕과 위생의 관념이 진보하고 의학의 심오함을 연구하여, 弱者와 病者라도 모두 인공으로 돕고 보호하여, 인류 전체의 행복 쾌락을 얻게 하는 것을 목적으로 삼아야 하나니.[95)]

장응진은 동경 고등사범학교 재학 중에 『태극학보』의 초대 회장으로 올라섰던 인물로, 『태극학보』 1호~16호까지 1년 4개월 동안 총 20여 편이 넘을 만큼 많은 글을 남겼다.[96)] 그는 위의 글에서 자연계와 인간계의 운용 방식을 구분하여 설명하고 있다. 이에 따르면 자연계는 자연도태의 원리에 따라 부적자는 도태되고 적자만이 번식하는 방식으로 운용되는 반면, 인간계는 '人工'의 힘을 통해 약자와 병자를 보호함으로써 행복과 쾌락을 증진시키는 방식으로 운용된다. 이처럼 장응진은 인간이 자연도태의 원리에 종속된 존재가 아니라 '고상한 정신'을 통해서 열악한 현재의 상태를 극복하고 개선시켜 나갈 수 있는 존재임을 천명하고 있다.

다음으로 伊太利(이탈리아)·米國(미국)과 같이 통일·독립을 쟁취한 나라들은 '인위적 진화' 개념의 정당성을 확보하는 데 있어서 중요한 역사적 실례로 간주되었다. 伊太利는 지형적으로 유사한 반도국가라는 점에서 조선의 유비 대상으로 자주 거론되기는 했는데,[97)] 당대 지식인들

---

95) 張膺震, 앞의 글, 9면. 원문은 "自然淘汰에 一任ᄒᆞ야 不適者로 蹤跡을 滅케 ᄒᆞ고 適者로 ᄒᆞ여금 生存蕃殖케 홈이 得策일 듯ᄒᆞᄂᆞ 吾人人類ᄂᆞᆫ 他動物과 異ᄒᆞ야 高尙ᄒᆞᆫ 精神이 有ᄒᆞᆫ 者라. 만일 如此히 人道를 蹂躪ᄒᆞ고 人權을 蔑視ᄒᆞ며 博愛의 精神을 失墮ᄒᆞ면 禽獸草木과 何等의 差異有가 ᄒᆞ리오. 故로 國家와 社會의 文明이 進步홀수록 智力의 發達과 兼ᄒᆞ야 道德과 衛生의 觀念이 進步ᄒᆞ고 醫學의 精蘊을 研鑽ᄒᆞ야 弱者와 病者라도 一體人工으로 扶護ᄒᆞ야 一般人類의 幸福快樂을 求得홈으로 目向ᄒᆞᄂᆞ니"

96) 장응진이 『태극학보』에 남긴 글의 목록은 김윤재, 「백악춘사 장응진 연구」, 『민족문학사연구』 12-1, 민족문학사학회, 1998, 183~184면을 참조.

이 주목한 것은 독일·프랑스·스페인 등의 인접국가의 침입을 수차례 받는 등의 위험을 무릅쓰고 통일의 기반을 마련했다는 점이었다. 가르발디, 카부르, 마치니 등의 영웅적 인물이 반복적으로 호명되었던 이유도 바로 거기에 있었다.[98] 한편, 米國은 독립국가로서의 지위를 획득했을 뿐 아니라 문명국으로 도약한 대표적인 국가로 호명되었다. 그간의 많은 연구들은 20세기 초엽의 각종 저작들에서 문명국으로서의 미국 이미지가 강조되었다고 밝힌 바 있지만,[99] 적어도 경술국치 이전까지는 독립국으로서의 미국 이미지도 동시에 부각되고 있었다.

> 금일 한국의 열패 상태도 우리로 인한 것이요, 후일 한국의 부흥 또한 우리로 인한 것이라. **이태리의 중흥과 북미의 독립이 모두 자기의 손에서 나온 것일 따름**이며, 훗날 동포의 안락과 행복이 압제와 학살의 끝에

---

97) 다음과 같은 내용이 그 대표적인 예에 해당된다. "夫三韓半島ᄂᆞᆫ 面積이 希臘半島 보다 大ᄒᆞ고 伊太利亞半島보다 小ᄒᆞ나 其 地形은 伊太利亞와 恰似ᄒᆞ야 「東洋의 伊太利亞」라 可稱할이로다." - 傍聽人 李承瑾, 「英雄會場에 快論半島文明」, 『대한학회월보』 7, 1908. 9, 48면; "要컨ᄃᆡ 半島ᄂᆞᆫ 文明의 發生地오 文明의 橋梁이라 謂ᄒᆞ갯도다. (…) 希臘의 人文이 潛轉默移ᄒᆞ야 西으로 羅馬에 入ᄒᆞ야 一大文明을 復作ᄒᆞ엿스니 伊太利亦半島也라." - 岳裔, 「地理아 人文이 關係」, 『대한흥학보』 10, 1910.2, 28~29면.

98) 한국사데이터베이스에서 1906~1910년 출간된 한국근현대잡지자료를 검토해본 결과, 이들이 거명된 문헌 건수는 총 65건에 달했다.

① 마치니(Mazzini) : 총 42건(瑪志尼 40건, 馬志尼 2건)

② 카부르(Cavour) : 총 13건(加富爾 5건, 嘉富耳 5건, 加富耳 2건, 加富伊 1건)

③ 가르발디(Garibaldi) : 총 10건(加里波的 4건, 이 외에 加里波地·加厘波地·加厘波的·加利波的·迦里波地·加尼波的 각각 1건)

99) 이와 관련된 연구는 다음을 참고하였다. 김경일, 「식민지 시기 신여성의 미국 체험과 문화 수용: 김마리아, 박인덕, 허정숙을 중심으로」, 『한국문화연구』 11, 이화여대 한국문화연구원, 2006, 45~91면; 차혜영, 「식민지 시대 미국 유학생의 장소표상과 주체 구성 - 고학 체험기를 중심으로」, 『현대문학이론연구』 39, 현대문학이론학회, 2009, 25~50면; 장세진, 『상상된 아메리카』, 푸른역사, 2012, 78~88면; 장노현, 「신소설의 외국지명에 숨겨진 세계인식의 지형도」, 『현대문학의 연구』 47, 한국문학연구학회, 2012, 97~125면.

> 서 시작된 것이 어찌 아니며, 조국의 독립 영광이 위급과 멸망의 끝에서 시작되는 것이 어찌 아니겠는가.[100] (강조와 밑줄은 인용자)

윗글의 필자는 조선이 열패 상태에 놓이게 된 원인이 우리 자신에게 있다고 진단하면서, 이태리와 미국이 압제와 학살 속에서도 중흥 및 독립의 역사를 쟁취했다는 사실을 강조하고 있다. 이처럼 이들 국가는 적자생존과 약육강식의 국제 정세 속에서도 자강을 인위적인 노력을 통해서 도약할 수 있는 역사적 실례에 해당되었고, 그런 의미에서 조선이 지향해야 할 대표적인 국가 모델로 간주되었다. 신채호가 번역한 『伊太利建國三傑傳』(1907)이나 이해조가 번역한 『華盛頓傳』(1908) 등도 모두 그러한 인식을 기반으로 한 문학적 결과물이라 평가될 수 있는 것들이었다.

1900년대 조선에서 진화론이라는 제국주의적 담론 체계가 유통되고 발흥할 수 있었던 것은 역설적이게도 '(半)식민지'라는 특수한 조건 때문이었다. 진화론이 제시한 '강자'와 '약자'라는 이분법적 상상구조로 볼 때, 국제 질서 속에서 식민지 조선은 분명 약자 및 부적자라는 범주 안에 묶일 수 있는 미성숙한 국가임에 틀림없었다. 물론 진화론에 입각해서 본다면 약자는 자연적 도태의 길을 걷는 것이 당연했지만, 당시 조선의 지식인들은 진화론을 그러한 체념의 언어로만 활용하지 않았다. 그들은 '인위적 진화' 관념을 기반으로, 조선이 인위적으로 노력한다면 강자로 도약하여 독립에 이를 수 있을 것이라는 신념을 갖게 되었

100) 黃菊逸, 「告我青年」, 『태극학보』 15, 1907.11.24, 46~47면. 원문은 "今日 韓國之殘敗도 吾人爲之요 後日 韓國之興復도 吾人爲之라. (……) 伊太利之中興과 北美之獨立이 皆自同吾人之手而已他日同胞之安樂幸福이 豈不始於壓制虐殺之末이며 祖國之獨立榮光이 豈不本乎危急滅亡之端乎아."

다. 그리고 조선이 식민의 상태를 모면하기 위해서 강자로 도약하기 위한 방법을 스스로 모색해야 한다고 주장하였는데, 그 구체적인 방법으로 제출된 것이 바로 敎育과 殖産이었다. 이처럼 진화론은 약자와 부적자로서의 '自己'를 인식하게 했을 뿐 아니라, 그러한 자기 인식으로부터 벗어나 강자와 적자로서의 '自己'를 상상하게끔 했다.

약자가 강자로 올라설 수 있다는 주장이 정당화되려면 그에 부합하는 근거가 필요했다. 상기한 바와 같이 당대 지식인들은 생물학적 실례와 국가적 실례를 통해 조선도 국가 간 생존경쟁에서 낙오되지 않고 살아남을 수 있다고 믿었다. 그들이 '인위적 진화' 개념에 경도될 수 있었던 것은, 무엇보다 그 개념이 天演의 원칙에 따라 조선이 약자로 도태되는 것을 방관하는 데 그쳐서는 안 된다는 점을 상기시켜주었기 때문이다. 그리고 그것은 한말~식민지 초기 내내 敎育과 殖産을 기반으로 하는 새로운 행위 윤리를 고안하는 데 있어서 가장 핵심적인 개념으로 기능했다.

'인위적 진화' 개념은 정치·도덕·운명·자연 등의 측면에서 그간 '天'이 수행했던 역할을 근본적으로 부정한 것도 아니었고, 인간의 주체적인 노력과 무한한 개발 능력을 부정한 것도 아니었다. 자연선택과 약육강식이라는 天演의 원리를 수용했다는 점에서, 또 인간의 노력을 통해서 강자로 도약할 수 있다는 人爲의 원리를 수용했다는 점에서 그러하다. 그런 의미에서 이 개념은 '天'의 원리에 입각한 전통적인 관념과 '人爲'의 원리에 입각한 근대적 관념의 절충적인 성격을 띤 것이기도 하다. 실제로 1900년대는 다음과 같은 두 가지의 주장, 즉 실업에 종사하고 물질을 개량하고 노동하기를 게을리 하지 않으면 조선은 결국 순환하는 天運에 의해 본래의 상태를 회복할 것이라는 입장[101]과 인간사의 흥망성쇠를 天運으로 설명하려는 태도를 '악습'으로 규정하려는 입장[102]

이 병치되고 있었던 시대였다. 즉, 인간의 역사를 '天'의 원리로 설명하려는 인식과 '人爲'의 원리로 설명하려는 인식이 충돌하고 공존했던 시대가 바로 1900년대였다는 것이다. 이러한 상황 가운데 등장한 '인위적 진화' 관념은 그 상반된 두 입장을 모두 납득시킬 수 있었다. '인위' 및 '인공'의 노력을 통해 自强을 실현할 수 있다는 주장이 유학의 명맥을 유지하고 있었던 박은식·신채호와 같은 식자들뿐만 아니라 이인직·장응진 등과 같은 신진 지식인들 모두에게 폭넓게 수용될 수 있었던 것도 바로 그 이유 때문이었다. 이러한 '인위적 진화' 개념은 1910년대에 들어서면서 이광수를 중심으로 한 와세다대학 유학생들을 통해 보다 세공된 개념으로 활용되게 된다.

2. 약육강식론에 대한 비판담론의 맹아 : 改新儒學 담론을 중심으로

2.1 '仁義'를 통한 대동사회로의 진화

앞서 살펴봤듯 1900년대 진화론의 논리적 정당성은 여러 가지 생물학적 사례들을 통해 입증되고 있었다. 이에 더하여 제국주의 열강이 약소국들을 점령하고 있었던 국제 정세는 약육강식과 적자생존의 논리가 단순히 생물학의 영역뿐만 아니라 정치사회학의 영역에도 적용될

---

101) 會員咸益謨, 「過去現在로 推將來」, 『서북학회월보』 16, 1909.10, 10면. 원문은 "農工商實業에 從事ᄒᆞ야 物質을 改良ᄒᆞ고 至於勞働ᄉᆡᆺ지라도 不厭不倦ᄒᆞ며 相併相進ᄒᆞ야 分分錢錢이라도 塵合泰山되여 吾人의 擔負ᄒᆞᆫ 巨款의 國債ᄅᆞᆯ 報償ᄒᆞ야 埃及의 債主逼迫으로 財政紛亂된 舊跡을 明鑑不蹈ᄒᆞ면 循環ᄒᆞᄂᆞᆫ 天運이 엇지 我韓에 不復ᄒᆞ리오."

102) 姜邁, 「謹將東皇之訓諭ᄒᆞ야 告我同學諸君」, 『대한흥학보』 9, 1910.1, 3면. 원문은 "人事의 盛衰得失을 空漠ᄒᆞᆫ 天運에 付與ᄒᆞᄂᆞᆫ 惡慣을 釀成ᄒᆞ야"

수 있음을 명징하게 확인시켜주었다. 그러한 가운데 조선에서는 1910년 한일합병조약이 공포된다. 을사늑약 조문에 명시된 대로 "한국이 실제로 부강해졌다고 인정할 수 있을 때"까지 조선의 외교권을 일시적으로 박탈하겠다던 일본은, 그 단서 조항을 삭제한 채 1910년 8월 29일 한일합병조약을 공포했다.[103)]

한일합병조약은 약자가 필멸한다는 진화론적 사유가 조선에도 적용될 수 있음을 확인케 한 일대 사건이었다. 그에 따라 약육강식과 적자생존의 논리를 강조하는 진화론은 경술국치 이후에도 강력한 사상적 파급력을 갖게 된다. 하지만 진화론적 입장에 근거한 자강의 논법은 어디까지나 독립의 가능성을 염두에 두었을 때 보다 강력한 담론적 효력을 발휘할 수 있는 것이었다. 을사늑약이 체결된 이후부터 한일합병조약이 체결되기까지 제국 일본이 감행했던 일련의 사건들, 이를테면 통감부 설치(1906) - 고종 황제의 강제 퇴위(1907) - 한일신협약 체결(1907) - 군대해산(1907) - 사법권 박탈(1909) 등은 자강론의 담론적 효력에 대한 의구심을 불러일으키기에 충분했다.

1900년대 진화론의 핵심테제라 할 수 있는 '약육강식'과 '적자생존'의 논리를 비판적으로 사유했던 흔적은 박은식이나 변영만과 같은 개신유학자들의 글에서 찾아볼 수 있다.[104)] 이 두 사람은 1900년대 여느 지식인들과 마찬가지로 계몽교육과 식산흥업을 기반으로 하는 자강론을 주장했지만, 경술국치 이전부터 약육강식과 적자생존의 논리의 맹점을

---

103) 한일합병조약 원문은 「日韓合併條約」, 『황성신문(호외)』, 1910.8.29.

104) 改新儒學에 관해서는 윤사순의 논의를 참조하였다. 그에 따르면 개신유학은 유학을 폐기하지 않되, 이것을 시대에 맞게 개신하여 존속시키려 했던 일련의 학문적 경향을 일컫는다. 이러한 개신유학의 흐름에 동조했던 이들이 바로 박은식, 장지연, 신채호, 정인보 등이다. 개신유학에 관한 논의는 윤사순, 『한국유학사(하)』, 지식산업사, 2012, 297~376면 참조.

지적하고 진화론에 대한 비판적 거리를 확보했다는 점에서 주목된다. 여기에서는 두 사람에 대한 연구가 상당한 정도로 논의가 축적되어 있다는 점을 감안하여 그간 논의에서 간과되어 왔던 지점들, 즉 진화론에 대한 인식의 변화 양상과 진화론에 대한 비판 양상 등을 중점적으로 논의할 것이다.

> "지금 시대는 생존경쟁을 天演이라 논하고, 약육강식을 公例라 칭하는지라. (……) 독립의 지위에 오르고자 한다면, 우리 국민 개개인이 분발하는 마음과 인내하는 마음으로 국력을 양성하는 사업을 하는 데 있어서 어떤 어려움도 두려워하지 아니하고, 일심으로 나아가 自助로써 하늘의 도움을 얻은 이후에야 자강은 따라오고 독립은 이룰 수 있는 것이다. 만일 다른 열강의 일이 어찌되느냐에 따라 나를 원조해줄까 희망하면, 그것은 비단 망상일 뿐 아니라 실로 막대한 불행이라 할 것이다."[105]

박은식은 세계가 생존경쟁과 약육강식의 법칙으로 운용된다고 보고, 조선이 독립하기 위해서는 自助의 노력이 필요하다고 보았다. 여기에서 自助란 교육을 통해 무지몽매한 상태로부터 벗어나야 한다는 것을 의미한다. 위의 글이 발표된 지 2개월 뒤에 박은식은 민족의 盛衰와 국가의 存亡을 결정하는 것은 '지식의 明昧'와 '세력의 强弱'이라고 말하면서,[106] 교육을 통한 실력 양성만이 조선의 독립을 가져다줄 것이라

105) 謙谷 朴殷植, 「自强能否의 問答」, 『대한자강회월보』 4, 1906.10, 1~3면. 원문은 "現今時代는 生存競爭을 天演이라 論ᄒᆞ며 弱肉强食을 公例라 謂ᄒᆞᄂᆞᆫ지라. (……) 獨立地位에 超登코져ᄒᆞ면 我全國人民이 個個奮發心과 忍耐性으로 國力을 養成ᄒᆞᄂᆞᆫ 事業에 對ᄒᆞ야 百難을 不顧ᄒᆞ고 一心進就ᄒᆞ야 自助로ᄡᅥ 天助를 得ᄒᆞ기로 目助을 삼은 然後에야 自强을 可致오 獨立을 可復ᄒᆞ려니와 萬一 他列强의 如何事機로 我를 援助ᄒᆞᆯ가 希望ᄒᆞ면 非但 妄想이 될 뿐더러 實로 莫大ᄒᆞᆫ 不幸이라."

고 확신했다. 사실 박은식의 주장은 1900년대 담론장을 지배했던 자강론에 입각한 것이었다. 앞서 언급했듯이 자강론이 약육강식과 적자생존의 논리를 전제로 삼고 있다는 점을 고려해볼 때, 박은식의 사유체계는 진화론적 사유를 근간으로 삼고 있다고도 볼 수 있다. 하지만 문제는 그리 간단치만은 않다. 박은식은 량치차오의 『變法通議·學校總論(未完譯)』과 『國民十大元氣論·愛國論』을 번역하는 등 '대동사상'을 기반으로 자신의 사상체계를 구축해나갔고,[107] 1900년대 후반부터는 양명학을 적극적으로 받아들이면서 인간평등론과 만물일체설을 주장하기도 했다. 따라서 여기에서 중요하게 제기될 수 있는 문제는, 진화론에 입각한 자강론과 공동체적 연대를 강조했던 대동사상 사이의 거리를 박은식이 어떻게 메우고 있느냐 하는 것이다. 이는 박은식이 어떠한 윤리적 성찰 없이 생존경쟁과 약육강식의 진화론적 세계관을 긍정했는가 하는 문제와 결부되어 있는 것이기도 하다.

박은식의 자강론과 대동사상 간의 이론적 간극을 해명하기 위해서는 그가 말한 자강의 의미가 무엇인지를 우선적으로 논의할 필요가 있다. 박은식은 민족의 지식 정도에 따라 그 사회의 진보 여부가 결정된다고 주장하면서 문명국과 야만국을 구분하는 기준이 결국 지식에 있음을 분명히 했다.[108] 아울러 그는 민족 지식을 확장하고 증진시키기 위해 "國民敎育을 日新又新케 하여 國家로 維持하며 種族을 保全"[109]해야 한

106) 朴痒鎔, 「敎育이 不興이면 生存을 不得」, 『서우』 1, 1906.12, 7면.

107) 이에 대해서는 김종현, 「대한제국시기 중국 양계초를 통한 근대적 민권 개념의 수용」, 『중국근현대사연구』 21, 중국근현대사학회, 2004, 121~153면을 참조.

108) 朴殷植, 「社說」, 『서우』 15, 1908.2, 10면. "蓋世界上何國을 勿論ᄒᆞ고 其民族의 智識程度를 隨ᄒᆞ야 社會가 進步됨은 自是公例인 故로 野蠻之族은 社會가 不成ᄒᆞ고 文明之國은 社會가 最盛홈이 是也라."

109) 朴殷植, 「務望興學(2)」, 『대한매일신보』, 1916.1.7. 이 글은 『朴殷植全書(下)』에 실려 있다. 전집에서는 이 글의 출처를 『황성신문』 광무 10년 1월 16~17일로 밝히고 있지만,

다고 언급하였다. 이는 교육을 통한 지식의 확충을 꾀함으로써, 국제질서상 후진적 위치에 놓여 있는 조선이 문명국의 반열에 오르게 될 것이라는 전망을 토대로 한 것이었다. 또한 "勤勞生活이 卽 人民의 自由ᄒᆞᄂᆞᆫ 原因이오 國家의 自立ᄒᆞᄂᆞᆫ 基礎로다."[110]라는 말에서 엿볼 수 있는 것처럼, 그는 여타의 자강론자와 마찬가지로 民智의 계발뿐만 아니라 식산의 기반이 되는 '근로'를 강조하고 있다.

이와 같은 내용을 토대로 볼 때, 박은식이 주장했던 자강론은 1900년대 여느 지식인들이 주장했던 것과 큰 차별성을 갖는다고 보기는 사실상 어렵다. 하지만 그의 자강론은 어디까지나 약육강식과 적자생존이라는 현실원칙을 인정하되 '강자' 내지는 '문명국'을 진화의 정점으로 설정하지 않았다는 점에서 그 사상적 독자성을 갖는다고 볼 수 있다.[111] 그렇다면 그가 생각한 진화의 정점은 무엇이었을까. 아래는 박은식이 대동교 창립을 기념하여 남긴 강연 내용이다.

> "어린아이가 우물에 빠지는 것을 보면 두렵고 측은한 마음이 반드시 생기니 이것은 나의 인(仁)이 어린아이와 일체됨이요, 금수의 슬피 우는 것을 보면 불인지심(不忍之心)이 반드시 생기니 이것은 나의 인(仁)이 조

이는 잘못된 것이다. 확인 결과, 이 글은 『대한매일신보』 1916년 1월 6일부터 7일까지 총 2회 연재되었다.

110) 朴殷植, 「人民의 生活上 自立으로 國家가 自立을 成홈」, 『서우』 8, 1907.7, 3면.

111) 그런 의미에서 1900년대 자강론자를 모두 진화론 및 사회진화론자로 규정하는 태도는 적절치 않다. 이러한 필자의 주장과 관련하여, 박정심이 언급한 다음의 내용은 시사하는 바가 크다. "자강사상은 사회다윈주의의 경쟁과 적자생존으로부터 지대한 영향을 받았다. 자강론자들은 모두 서구 근대문명을 수용해야 우리도 그들처럼 적자가 될 수 있다고 생각했다. (……) 자강기 지식인들이 사회다윈주의를 동일하게 수용했음에도 불구하고 문명화를 통한 자강과 민족적 생존을 어떻게 이해하느냐에 따라 서로 매우 다른 양상을 띠기도 했다." - 박정심, 『한국근대사상사』, 천년의 상상, 2016, 186면.

금(鳥禽)과 일체됨이요, 초목이 꺾이는 것을 보면 불쌍한 마음이 생기니 이것은 나의 인(仁)과 초목이 일체됨이요, 기왓돌이 훼손된 것을 보아도 애석한 마음이 반드시 일어나니 이것은 나의 인(仁)과 기왓돌이 일체됨이 아닌가. 그러므로 만물을 일체로 하는 인(仁)은 사람이면 누구나 가지고 있건마는."[112)]

위 인용문은 진화론적 사유에 대한 박은식의 비판적 인식을 내포하고 있을 뿐 아니라 조선 사회가 지향해야 할 진화의 정점이 무엇인지를 드러내고 있다는 점에서 주목되어야 한다. 앞서 언급했듯이 박은식은 량치차오의 사상적 영향을 받아 대동사회가 도래하기를 꿈꿨다.[113)] 여기에서 말하는 대동이란 『禮記』에 출전을 두는 단어이자 그 이후에도 동아시아 유교사상사에서 핵심적인 키워드로 사용되었던 용어로,[114)] 이는 차별 없이 모두 합동하여 화평하게 잘 다스려지는 세상을 의미한다. 위에 인용된 글은 仁의 근본이라 할 수 있는 측은지심에 의해 대동사회가 도래할 것이라는 희망 섞인 전망이 기술되어 있다.[115)] 박은식은 인간

112) 謙谷 朴殷植, 「孔夫子誕辰紀念會講演」, 『서북학회월보』 17, 1909.11, 30면. 원문은 "孺子의 入井을 見ᄒᆞ면 怵惕惻隱의 心이 必有ᄒᆞ니 此 其仁이 孺子와 一體됨이오 鳥獸의 哀鳴觳觫을 見ᄒᆞ면 不忍의 心이 必有ᄒᆞ니 此 其仁이 鳥獸와 一體됨이오 草木의 摧折을 見ᄒᆞ면 憫恤의 心이 必有ᄒᆞ니 此 其仁이 草木과 一體됨이오 至於瓦石의 毁壞를 見ᄒᆞ야도 顧惜의 心이 必有ᄒᆞ니 此 其仁이 ᄯᅩᄒᆞᆫ 瓦石과 一體됨이 아닌가. 然則 天地萬物 一體의 仁은 人皆有之언만은"

113) 박정심, 「박은식 대동사상의 개념과 현실적 구현」, 『동양철학연구』 27, 동양철학연구회, 2001, 278면.

114) 신현승, 「신유학의 대동사상과 仁의 공동체」, 『동아시아문화연구』 66, 한양대 동아시아문화연구소, 2016, 114면.

115) 측은지심이 인의 근본임을 먼저 언급했던 것은 맹자였다. "惻隱之心, 仁之端也; 羞惡之心, 義之端也; 辞讓之心, 礼之端也; 是非之心, 智之端也." - 孟子, 성백효 역, 「公孫丑章句(上)」, 『孟子集註』, 전통문화연구회, 2001, 104면.

이라면 누구나 갖고 있는 마음이 곧 仁이라고 말하면서, 仁이란 인간을 비롯한 모든 만물에 대해 일체감을 갖는 것이라고 보았다. 이렇듯 그는 인간이 본원적으로 갖고 있는 측은지심의 감정에 주목하여, 인간이 競爭과 强食의 논리를 극복하고 대동사회로 나아갈 수 있다고 주장했던 것이다. 이러한 내용을 토대로 볼 때 박은식은 진화론에 내포된 비윤리적 태도, 즉 약자를 경쟁 및 절멸의 대상으로 간주하려는 태도에 대해서만큼은 비판적인 입장을 취하고 있었던 것으로 보인다. 그리고 국제사회에서 조선이 강자로 등극하는 것을 궁극적인 목표로 설정하지 않고, 상호간의 경쟁이나 전쟁이 없는 대동사회를 진화의 종착지로 설정했다. 이는 약육강식과 적자생존 논리에 대한 비판적 시각이 거의 부재했던 1900년대의 상황 속에서 제출된 것으로, 유교적 맥락에서 진화론을 비판했던 대표적인 시각 중 하나라고 평가된다.

사실 박은식은 1909년 이전까지만 하더라도 그는 교육과 식산을 기반으로 한 자강론에 크게 기대고 있었다.[116] 그가 민지(民智)와 근로(勤勞)

116) 박은식의 사상적 변환기에 대해서는 여러 논자들이 서로 다른 견해를 제출한 바 있다. 먼저, 김기승은 박은식의 사상적 변화 과정을 ① 1898년 이전의 주자학 수학기, ② 1898~1905년까지의 동도서기론적 입장의 채택 시기, ③ 1906~1911년 간의 자강론과 대동사상의 제창 시기, ④ 1911년 중국 망명 이후 '세계인권의 평등주의'를 내걸고 국혼유지론을 전개한 시기로 구분하였다. 다음으로 최재목도 ① 주자학 수학기(1859~1898), ② 언론활동과 민중계몽기(1898~1910), ③ 망명 및 독립운동기(1910~1925)로 구분한 바 있다. 마지막으로 김현우는 그와 다른 관점에서 ① 다산학을 통한 서구 담론의 수용기(1898~1905), ② 양명학과 유교의 종교화를 도모한 시기(1905~1910), ③ 독창적 양지론과 민족주의(1910~1920)로 구분하여 박은식의 사상적 변모 양상을 논하였다. 이 세 사람은 1906~1911년의 시기를 어떠한 분절 없이 설명해내고 있다는 점에서 공통된 입장을 취한다. 하지만 적어도 진화론에 관한 입장의 변화를 토대로 볼 때, 1909년을 박은식 사상에 있어서 중요한 변곡점으로 보는 것이 타당하지 않을까 한다. 이상의 논의는 김기승, 「백암 박은식의 사상적 변천과정 - 대동사상을 중심으로」, 『역사학보』 114, 역사학회, 1987, 1~2면; 최재목, 「박은식의 양명학과 근대 일본 양명학과의 관련성」, 『일본문화연구』 16, 동아시아일본학회, 2005, 267~268면; 김현우, 「박은식의 사상 전환

를 강조했던 것도 바로 그러한 맥락에서 비롯된 것이다. 하지만 그는 「儒敎求新論」을 통해 유교의 개혁을 주장[117]하고 대동교에 가담[118]하던 1909년 이후부터, 진화론에 대한 극복 의지를 보다 적극적으로 드러낸다. 1910년에 집필한 『王陽明先生實記』에서도 생존경쟁의 논리가 다시 한 번 비판의 대상으로 호명된다.

> 옛날부터 성현들이 仁義의 가르침으로 천하의 인심을 바꾸고자 했다. 그러나 후세의 풍속과 기풍이 더욱 사치한 데로 쏠리고, 인욕이 더욱 횡행하여 그것을 채울 마음이 천지를 가득 메웠다. 게다가 현 인류의 생존경쟁이 오직 지식과 기능의 우열만 注視하니, 拔本塞源論이 물정에 어둡고 절실하지 못할 수도 있겠다. 그러나 성현은 천하의 다툼에서 구하고자 하는 것을 마음으로 삼았으니, 어찌 지식과 기능을 가지고 경쟁의 전쟁터에서 싸워 민생의 화를 덜어내는 데 보탤 수 있겠는가? 이것이 바로 성인의 뜻이 仁義가 되는 이유이다.[119]

속에 나타난 양명학의 성립 배경과 전개 양상」, 『국학연구』 24, 한국국학진흥원, 2014, 157~186면을 참조.

117) 박은식은 「유교구신론」에서 유교가 불교나 기독교처럼 번성하지 못했던 이유를 세 가지 관점에서 비판하고 있다. 첫째, 유학파의 정신이 제왕의 편에만 서 있어서 인민사회에 보급되지 못했다는 점. 둘째, 열국을 돌아다니면서 천하를 바꾸려는 주의를 따르지 않고, '내가 학생을 찾는 것이 아니라 학생이 나를 찾아야 한다'는 식의 소극적인 자세를 고수한다는 점. 셋째, 한국 유가는 간소하고 적절한 가르침을 필요치 아니하고 오로지 지리멸렬하고 산만한 공부만 해왔다는 점이 바로 그것이다. 이에 대해서는 謙谷生, 「儒敎求新論」, 『서북학회월보』 10, 1909.3, 12~18면을 참조.

118) 대동교는 1909년 8월 31일 이범규의 집에서 발기회가 개최되고, 그 후 1909년 9월 11일에 총회를 열어 대동교 창립기념식을 거행하였다. 이후 박은식은 대동교의 임원(종교부장)으로 활동했다. 대동교 발기 및 창립에 관한 내용은 김순석, 「박은식의 대동교 설립운동」, 『국학연구』 4, 한국국학진흥원, 2004, 189~190면 참조.

119) 『王陽明先生實記』는 1910년 저술되었고, 그 후 잡지 『소년』 22호에 전문이 실렸다. 인용된 부분의 원문은 박은식, 「王陽明先生實記」, 『소년』 22, 1911.5, 118~119면; 번역은

『王陽明先生實記』는 각 장별로 왕양명의 철학을 개괄하고, 이에 대한 박은식의 논평을 덧붙이는 형식으로 글이 구성되어 있다. 위의 인용문은 그 논평에 해당되는 부분이다. 이에 따르면, 현 인류는 성현이 내세웠던 仁義의 가르침을 따르지 않고 오로지 생존경쟁의 논리에 입각하여 지식과 능력의 우열만 따지고 있다. 박은식은 이러한 생존경쟁의 논리가 결국 민생의 어려움을 야기한다고 말하면서, 성인의 뜻에 따라 仁義의 길을 걸어야 한다고 주장하고 있다. 그가 진화론적 세계관을 극복하기 위해 내세운 것은 仁義의 회복이다. 이미 앞서 살펴봤듯이 仁義란 측은지심이라는 본원적 감정을 토대로 만물과의 일체감을 형성하는 것을 말하는 바, 박은식은 仁義를 회복할 때라야 비로소 대동사회로의 진화가 가능하다고 보았던 것이다.

지금까지 살펴본 것처럼 박은식은 진화론이 주류 담론으로 기능했던 1900년대 후반에 이미 진화론의 맹점을 지적하고 있었다. 그는 생존경쟁의 논리가 팽배한 조선 및 세계의 질서가 향후 '대동'의 질서로 재편될 것이라고 전망하면서, 競爭의 논리가 아닌 仁義의 논리가 지배하는 세계로 나아가야 한다고 주장했다. 이러한 측면에서 박은식은 진화론이 당대 현실을 운용하는 원리임을 인지하고 있었지만, 진화론에 내포된 非仁義的 태도에 대해서만큼은 비판적 입장을 취했다고 볼 수 있다. 물론 그의 논의는 식민지적 현실을 극복하기 위한 구체적인 실천 전략을 포함하고 있지 않다는 점에서 한계가 있다. 그럼에도 불구하고 그의 논의는 진화론이 담론장을 지배하고 있었던 현실 속에서 이를 비판하고 극복할 수 있는 도덕적 근거를 제시했다는 데에 그 의의를 찾을 수 있을 것이다.

박은식, 이종란 역, 『왕양명실기』, 한길사, 2010, 287면을 참조.

2.2 평등의 원리로서의 '靈' 개념과 도덕률의 재정립

변영만은 박은식과 마찬가지로 자강론의 입장을 기반으로 삼아, 경쟁과 열패의 세계 질서를 극복하기 위해서는 교육 증진을 도모해야 한다고 주장하였다. 사실, 변영만은 유학자로 자처한 바도 없었고 한국유학사에서 그리 주목받는 인물도 아니었다.[120] 그래서 그의 사상적 계보를 개신유학의 맥락에서 해석하는 것이 과연 타당할지에 대해 논란이 있을 듯하다. 하지만 그가 이건창과 함께 당대 최고의 한문학자로 평가받고 있었던 이남규의 문하에 출입했던 제자였다는 점,[121] 영남의 대문장가 조긍섭과 학문적으로 교류해왔다는 점 등을 고려해본다면, 그의 사상적 뿌리가 유교에 있음을 쉽게 부인할 수는 없을 것이다.

변영만은 1908년 12월에 판사로 보임되었지만, 1909년 7월에 한일 정부 간에 '사법 및 감옥 사무위임' 조약이 체결되면서 사법권이 일본에 넘어가자 그 해 음력 10월에 사임한다.[122] 그가 경술국치 이전까지 남긴 글은 총 19편 이상으로 확인된다.[123] 그 가운데 『法政學界』에 발표한 「商業的 奮鬪」(13호, 1908.6)와 「工業에 就ᄒᆞ야 論함」(16호, 1908.9), 『기호흥학회월보』에 발표한 「大呼教育」(1호, 1908.8) 등의 글은 변영만이 교육 및 식산을 기초로 한 자강론에 서 있음을 잘 드러내고 있다.

"이십세기의 세계는 거리낌 없이 剽竊이 일어나는 도적굴이오, 백주

---

120) 황종연, 「낭만적 영성의 탄생」, 『한국문학연구』 47, 동국대 한국문학연구소, 2014, 14면.

121) 이남규에 대해서는 권오영, 「이남규의 학맥과 유학사상」, 『조선시대사학보』 44, 2008, 137~173면을 참조.

122) 1900년대 후반~1910년대 초반까지의 변영만의 행적에 관해서는 최기영, 『한국 근대계몽사상 연구』, 일조각, 2003, 56~68면; 김진균, 「변영만의 비판적 근대정신과 문예추구」, 성균관대 박사논문, 2004, 18~25면을 참조.

123) 최기영, 위의 책, 65면.

대낮에 분장을 한 마귀의 극장이라. (……) 이에 대응하는 유일한 수단은 자신의 실력을 굳고 확실하게 하고, 경쟁의 무대에 굳건히 서서, 분투적인 생활로 열패의 경계를 벗어날 뿐이라 할지로다. 그러하나 이러한 결과는 결코 공상적이면서 막연한 담론으로 가히 이를 수 있는 것이 아니니, 이를 실행하는 유일한 방법은 진실로 善美한 교육을 완전히 실시하고 자격과 능력을 도야함에 있다 할 진저, 교육. 교육. 이 교육을 크게 외치노라. 여기 計育을 크게 외치노라."[124]

위의 글에서 변영만은 20세기의 세계를 도적과 마귀가 거리낌 없이 출몰하는 약육강식의 세계로 규정하면서, 이러한 세계에서 살아남는 유일한 방법은 교육뿐이라고 주장했다. 그런데 흥미로운 점은, 그가 비슷한 시기에 이미 진화론에 대한 비판적인 인식을 드러내고 있었다는 사실이다.

"나는 결코 종교를 비호하고자 하는 사람이 아니오, 단순히 진화론자의 교만한 입을 제어하고자 하노니, 가령 내가 진화론자를 향하여 묻기를 우주가 어떻게 성립되었는가 하면, (진화론자들이) 반드시 답하여 말하기를 "우주는 어떤 물질의 하나의 작은 점으로부터 진화한 것이 멈추지 않아 성립하였다."고 할 것이다. 그러면 내가 그에 대하여 다시 질문하니 "즉 하나의 작은 점은 어떻게 하여 진화한 것인가?" 함이 바로 그것이다."[125]

124) 卞榮晩, 「大呼敎育」, 『기호흥학회월보』 1, 1908.8, 15면. 원문은 "二十世紀의 世界ᄂᆞᆫ 公然剽竊의 盜賊窟이오 白晝扮裝의 魔劇場이라 (……) 此를 接應ᄒᆞᄂᆞᆫ 惟一 手段은 自身의 實力을 堅確케 하고 競爭의 舞臺에 屹立ᄒᆞ야 奮鬪的 生活로 劣敗的 界線을 求脫ᄒᆞᆯ 섇이라 ᄒᆞᆯ지로다. 然이나 如此ᄒᆞᆫ 結果ᄂᆞᆫ 決코 空想漠論으로 可히 得致ᄒᆞᆯ 者ㅣ 아니니 此ᄅᆞᆯ 實行ᄒᆞᄂᆞᆫ 不二法門은 善美ᄒᆞᆫ 敎育을 完全實施ᄒᆞ야 國民의 資格及能力을 陶鑄皷發ᄒᆞᆷ이 亶在ᄒᆞ다 ᄒᆞᆯ진뎌. 敎育 敎育. 余ㅣ 敎育을 大呼ᄒᆞ노라 余ㅣ 計育을 大呼ᄒᆞ노라."

125) 卞榮晩, 「學界瑣談」, 『법정학계』 10, 普成專文學校 校友會, 1908.3. 원문은 "余가 決코

위의 글에서 변영만은 '하나의 작은 점'에서 모든 생물이 유래한다는 진화론의 '공통유래설'에 대해 비판적 관점을 취한다. 그에 따르면 진화론은 진화를 야기한 최초 물질이 탄생하게 된 원인에 대해서 어떠한 해명도 없이, 하나의 공통된 생물에서 진화가 이루어진다는 주장만 반복하는 낭설에 불과하다. 그는 다윈 진화론의 다섯 가지 핵심적 논의—① 진화는 항구적이고 불변하는 입장과는 반대되는 개념이다. ② 진화는 적합성이 낮은 개체들이 개체군에서 제거된다는 자연선택의 방식으로 이루어진다. ③ 진화는 불연속적이거나 도약적인 방식으로 진행되는 것이 아니라 점진적인 방식으로 진행된다. ④ 진화는 특정 개체군의 종 분화를 야기한다. ⑤ 모든 생물은 공통의 조상으로부터 유래한다—중 하나인 '공통유래설'을 비판하고 있다는 점에서, 진화론의 담론적 한계를 보다 근본적인 수준에서 지적한 것이라 평가된다. 그는 이러한 인식을 기반으로 모든 생물을 우열의 관계로 파악하는 진화론을 극복하고, 모든 만물이 평등한 지위에 놓여 있음을 역설한다.

변영만은 1909년에 쓰인 「如是觀 上篇」에서 우주의 삼라만상이 모두 '이오씨(氤氳氏, 오늘날의 조물주에 해당되는 용어: 필자 주)'에 의해 생성되고 운용된다는 점을 강조하면서, 만물을 귀천·우열의 관점으로 평가하거나 재단해서는 안 된다고 주장한다. 그는 이러한 평등성의 관념을 정당화하기 위해 萬象 안에는 공통적으로 '靈'이 내재되어 있다는 입장을 내세운다.

> "대개 흙이 낳은 것이 풀과 나무이고, 강과 바다가 낳은 것이 물고기와 조개이며, 풀과 나무가 낳은 것은 과실이고, 물고기와 조개가 낳은

宗教를 庇護코자 하는 者가 아니요, 單히 進化論者의 驕髯를 摧折코자 하노니, 假令 余가 進化論者를 向하여 問하기를 宇宙가 何由로 如斯히 成立되었는가 하면, 반드시 答하여 日 "宇宙는 某物質의 一微点으로부터 進化不已하여 成立하였다" 할지라. 然則 余가 此에 對하여 問할 一言이 更有하니 "卽 一微点은 何로 從하여 進化한 者인가" 함이 是라."

것은 알과 씨이고, 사람과 짐승이 낳은 것은 그 자손이다. (……) 그런즉 새와 짐승, 나무와 돌 같은 것이 더 천한 존재가 되지 않으며, 둥근 머리와 평평한 발바닥을 지닌 부류(인간을 지칭함: 인용자 주)가 더 귀한 존재가 되지 않는다. (……) 靈은 우리의 안에 있는 것에 그치는 것이 아니라, 실로 萬象의 안에 보편적으로 들어 있는 것이다."[126]

위의 인용문에서 주목할 것은, 靈이 인간뿐만 아니라 萬象 안에 보편적으로 깃들어 있다는 대목이다. 인간을 '만물의 靈長'으로 보는 것은 天地人 三才/三極 사상에 기반한 유교의 보편적 입장에 해당된다.[127] 그렇다면 인간의 지위를 "새와 짐승, 나무와 돌" 등과 같은 생물/사물의 지위로 격하시킨 변영만의 인식론은 문제적인 것임에 틀림없다. 그가 전통적인 유가 철학의 관점으로부터 벗어나 인간의 존재론적 위상을 낮게 보고자 했던 것은, 우주의 운동 원리를 약육강식이나 적자생존의 논리로 설명하려는 진화론적 태도에 근본적인 의구심을 갖고 있었기 때문이었다. 변영만의 시각에서 볼 때, 인간이 모든 사물 위에 군림한다는 인식론은 萬象이 "서로 다투게 되고 서로 독을 끼치게 되어, 서로 소멸 붕괴되는[消崩]"[128] 결과를 초래한다. 이처럼 그는 모든 만물의 우열을 따지는 관점이 세계의 분쟁을 야기하고, 이러한 분쟁으로 인해 세계가 곧 소멸하게 될 것이라고 전망했다. 이러한 관점은 인간과 인간 사이의 위계를 설정하려는 태도에 대한 비판으로 이어진다. 변영만은 "가령 사람이 물(物)과 과연 평등하지 않다고 한다면 우리들이 또한 어떻게

126) 변영만, 실시학사 고전문학연구회 역주, 「如是觀 上篇」, 『변영만 전집(상)』, 성균관대 대동문화연구원, 2006, 647~648면.

127) 최재목, 「王陽明 良知論에서 '靈明'의 意味」, 『양명학』 31, 한국양명학회, 2012, 9면.

128) 변영만, 「如是觀 上篇」, 위의 책, 649면.

서로 평등한 것이 되겠는가?"라고 반문하면서, "천 명의 사람은 반드시 천 가지로 다른 것이다."[129]라고 주장한다. 요컨대 변영만은 인간과 사물, 인간과 인간의 관계를 차별의 관점이 아니라 차이의 관점으로 파악해야 한다는 입장을 피력함으로써 약육강식과 적자생존에 입각한 消崩의 논리를 극복하고자 했다.

변영만이 내세운 '靈' 개념은 모든 사물과 인간의 동등한 위상을 강조하기 위해 제출된 개념이었다. 이 개념이 다소 형이상학적이고 신비주의적 특성을 지녔다는 점을 부인하기는 어렵다. 하지만 당대 지식인들이 약자필멸의 진화론적 논법에 깊이 침윤되어 있었다는 점을 고려해볼 때, 변영만이 제시한 '靈' 개념은 특히 주목될 필요가 있다. 앞서 살펴본 것처럼 변영만은 '강자/약자'라는 이분법적 논리를 뒤흔들고, 약육강식과 적자생존이라는 진화론의 사상적 프레임을 넘어서기 위해 '靈'이라는 개념을 내세웠다. "靈은 우리의 안에 있는 것에 그치는 것이 아니라, 실로 萬象의 안에 보편적으로 들어 있는 것이다."라는 변영만의 테제는, 강자와 약자 모두에게 존재론적 독자성을 부여하기 위해 마련된 것이었다. 교육과 식산을 통해 강자로 도약해야 한다는 자강론의 목소리가 주류를 형성하던 그 시점에, 변영만은 문명화의 정도에 따라 강자와 약자를 구분 짓는 진화론적 사유 체계를 넘어서고자 했던 것이다.

이러한 변영만의 인식은 새로운 도덕률을 설정해야 한다는 주장으로 이어지게 된다. 「如是觀 下篇」의 내용을 보면, 변영만이 '靈' 개념을 왜 내세웠는지를 좀 더 선명하게 확인할 수 있다. 그는 인간이 선천적으로 소유한 '자연지성(自然之性)'은 변하지 않는 반면에, 인간이 후천적으로 소유하게 된 '사성지습성(史成之習性)'은 시대와 지역에 따라 변화된다고

---

129) 변영만, 「如是觀 上篇」, 앞의 책, 649면.

말한다.[130] 그는 천연지성과 사성지습성의 차이를 설명하기 위해 '웃음'과 '곡(哭)'을 예로 들어 설명한다. 그에 따르면 먹고 자는 것에 쾌락을 느끼는 자는 자연스럽게 웃음을 짓지만, 사지가 고통스러운 자는 매양 哭을 하게 된다. 변영만은 이를 각각 '직락(直樂)'과 '직고(直苦)'라고 표현하는데, 이는 사고(思考)를 거치지 않고 생성되는 '직접적'이고 '즉각적'인 감정에 해당된다. 그는 이러한 감정이 본연지성에 해당되는 것이므로, 이러한 감정을 '선/악'이라는 잣대로 평가할 수 없다고 말한다. 그렇다면 '사성지습성'은 어떠한가. 변영만이 위의 예를 통해 설명하기를, '곡락(曲樂)'과 '곡고(曲苦)'가 바로 사성지습성에 해당된다. 즉, 직접적이고 즉각적으로 표출하는 감정이 아니라 별도의 사고(思考)를 통해 굴절·조율되어 표출된 감정이 곧 사성지습성이라는 것이다. 변영만에 따르면 지역이나 시대에 따라 선악의 기준이 다르기 때문에, 이 사성지습성 또한 그 지역과 시대에 따라 다르게 평가될 수밖에 없다.

이처럼 변영만은 지역이나 시대에 따라 선악의 기준이 다르게 설정되고, 그러한 기준에 따라 사성지습성에 대한 평가도 달라진다고 보았다. 따라서 선악의 기준을 새롭게 설정한다면 결국 사성지습성 또한 변화되게 마련이라는 것이, 변영만이 세운 논리의 골자이다. 그가 인간뿐만 아니라 萬象 안에 '靈'이 보편적으로 깃들어 있다고 말한 이후 '사성지습성'에 관한 서술을 이어간 이유도 바로 그 때문이다. 그에 따르면 본래

130) '사성지습성'이라는 용어는 변영만이 창안한 것이다. 「如是觀 下篇」의 문맥을 보면, 이 용어는 역사적·사회적으로 형성된 도덕적 습성을 지칭하는 것으로 판단된다. 필자가 과문한 탓에 여기에서 상론하기는 어렵지만, 변영만이 제시한 '천연지성'과 '사성지습성'은 성리학에서 중요하게 다뤄지는 '본연지성(천지지성)'과 '기질지성'을 변용한 개념이며, 좀 더 구체적으로 말해 율곡이 「答成浩原」에서 주장한 '인심도심설'과도 긴밀하게 연동되는 것이라고 할 수 있겠다. 이에 관해서는 김형찬, 「氣質變化, 욕망의 정화를 위한 성리학적 기획-栗谷 李珥의 心性修養論을 중심으로」, 『철학연구』 38, 고려대 철학연구소, 2009, 189~211면을 참조.

"선이란 것은 남과 내가 함께 쾌락에 이를 수 있는 것을 말함이고, 악이란 것은 남과 내가 서로 고통에 이를 수 있는 것을 말함"[131]이다. 그러나 당대의 현실은 어느 한쪽의 쾌락을 위해 다른 한쪽이 침탈을 당해도 된다는 그릇된 도덕률에 의존하고 있어서, 누군가에겐 쾌락이던 것이 다른 누군가에겐 고통이 되고 만다. 이처럼 변영만은 자신의 쾌락을 위해 타인이 고통에 이르러도 된다는 세계의 폭압적 질서를 비판적으로 바라보면서 새로운 도덕적 규준이 수립되어야 한다고 역설하고 있다.

변영만의 '사성지습성'이라는 개념은 "선악은 정해진 본질이 없다."[132]는 명제를 정당화하기 위해서 창안된 것이다. 이 명제는 선악의 경계 자체를 허물어야 한다는 회의주의적 전략에 입각한 것이라기보다는, 선악의 규준을 다시 세워야 한다는 創新의 전략에 의거한 것이라고 봐야 옳다.[133] 아래의 인용문은 그러한 변영만의 시각을 보다 선명하게

131) 변영만, 「如是觀 下篇」, 앞의 책, 656면.

132) 같은 책, 656면.

133) 이와 관련하여 김진균과 류준필의 논의가 특히 주목된다. 김진균은 지역과 시대에 따라 선/악의 도덕적 기준이 달라진다는 변영만의 입장을 도덕적 상대주의로 평가했다. 변영만이 중국의 사상가 장태염(장병린)의 영향을 받아, 선악에 대한 상대주의적 관점을 수용하게 되었다는 것이 그 근거로 제시되고 있다. 반면에 류준필은 변영만이 '자연적 본성=쾌락'의 입장에서 선악의 실질을 혁신하고자 했다는 점을 근거로 들어, 변영만은 상대주의자가 아니라고 주장한다. 즉, 변영만이 쾌락이라는 보편적 규준을 설정했다는 점에서 상대주의자로 규정되어서는 안 된다는 것이다. 이 가운데 필자의 관점은 류준필의 것에 더 가깝다. 다만, "쾌락(고통)을 근거로 선악 규범의 상대성을 인정한다는 점에서 변영만은 상대주의자가 아니"라는 류준필의 주장에 대해서는 몇 가지의 논거가 더 필요할 것으로 판단된다. 본문에서 상세히 논하겠지만, 필자가 보기에 변영만은 쾌락과 관련하여 다음과 같은 두 가지 사항을 전제하고 있다. 첫째, 모든 개체가 靈을 동등하게 갖고 있듯 쾌락을 추구하려는 성향 또한 동등하게 갖고 있다. 둘째, 특정 개체의 쾌락이 증대되었느냐가 아니라 전체의 쾌락이 증대되었느냐에 따라 선악을 판별해야 한다. 이 두 가지 사항을 전제로, 변영만은 갑의 쾌락을 위해 을의 쾌락이 희생되는 결과가 초래되는 것은 올바르지 않다는 결론에 도달한다. 이렇듯 변영만은 '개체 간의 평등성을 기반으로 한 쾌락의 최대화'를 선악의 보편적 규준으로 설정하고 있다는 점에서, 그의

드러내고 있다.

> "갑이란 자가 자기의 웃을 수 있는 양이 다 차게 되면 그 형세는 간혹 침탈이 을이란 자에게 미치게 되어, 을이란 자로 하여금 곡을 하지 않을 수 없게 만들고, 을이란 자도 기회를 타서 갑이란 자를 곡하지 않을 수 없게 만든다. 이에 사람의 무리는 서로 해를 끼쳐 웃음과 곡이 번갈아 일어나게 되고 천하는 드디어 시끄러워 편안한 시각이 없게 된다. 그 중에 지각과 감성이 조금 뛰어난 분이 있어서 깊이 걱정하기를, '이런 식으로 따라가서 지금의 습속을 변화시키지 않으면, 우리들은 장차 모두가 곡하면서 서로 병들게 하는 데에 이르지 않겠는가. 이는 그대로 길러서는 안 될 일이다.'라고 하였다. 이에 마음을 쓰고 애를 태우며 그 관념을 바꾸고 상황을 변경시킬 계책을 세워서 무리들에게 외친다. "사람의 본성은 박애(博愛)이다." "서로 싸우는 것은 하늘이 벌주실 일이다." "서로 침탈하지 않으면 함께 살 수 있다." "서로 양보하면 서로 온전해진다."라고 하였다. 이것이 교리와 정치제도, 도덕 따위들이 생기게 된 발단이다.[134]

갑이 을을 哭하게 만들고, 후일에 을이 갑을 哭하게 만드는 인간의 역사. 변영만은 이러한 '침탈의 습속'을 변화시키지 않으면 갑과 을 모두가 병드는 역사만이 반복될 뿐이라고 말하고 있다. 변영만의 관점에서 인간이 서로를 침탈하고 병들게 하는 이 '침탈의 습속', 즉 진화론적

사유를 도덕적 상대주의라고 보기에는 무리가 있다고 판단된다. 류준필, 「변영만의 문예론과 그 사상적 기저」, 『대동문화연구』 55, 성균관대 대동문화연구원, 2006; 김진균, 「1910년을 전후한 시기 변영만의 한문산문에 드러난 근대적 사유와 그 맥락: 「如是觀」, 「人性論」을 중심으로」, 『영남학』 14, 경북대 영남문화연구원, 2008을 각각 참조.

134) 변영만, 「如是觀 下篇」, 앞의 책, 655면.

사유체계를 극복할 때라야 비로소 인간의 사성지습성도 변화될 수 있다. 앞서 말했듯이 사성지습성은 선악의 기준이 어떻게 설정되느냐에 따라 변화될 수 있다. 따라서 "관념을 바꾸고 상황을 변경시킬 계책"을 모색하자는 것, 이것이 바로 생존경쟁과 약육강식의 논리를 극복하기 위해 변영만이 내세운 주장이었던 것이다.

이제 변영만이 나와 남이 동등한 '靈'을 가졌다는 평등의 논리를 앞세웠던 이유가 좀 더 선명하게 파악되리라 판단된다. 정리하자면, 변영만은 "① 모든 만물은 동등한 靈을 부여받고 있을 뿐 아니라, 쾌락을 추구하는 自然之性도 동등하게 갖고 있다. → ② 반면, 史成之習性은 선악의 기준이 어떠하냐에 따라 변화될 수 있다. → ③ 따라서 생존경쟁과 약육강식이라는 준칙이 박애와 상호불가침과 같은 새로운 준칙으로 대체될 때, 비로소 史成之習性도 변화될 수 있고 모든 만물이 부여받고 있는 靈과 自然之性 또한 보호받을 수 있다."는 논리 구조를 통해서 진화론적 관점으로부터 이탈하고자 했다. 즉, 나와 타인이 동등한 靈과 自然之性을 갖고 있기 때문에 모두가 동등한 쾌락을 누려야 하며, 이를 위해서 생존경쟁과 약육강식이라는 도덕준칙이 아니라 박애와 상호불가침이라는 도덕준칙이 새롭게 설정되어야 한다고 봤던 것이다.

지금까지 살펴본 바와 같이 변영만은 '사성지습성'이라는 개념을 내세워 진화론적 도덕률에 대해 비판하고자 했다. 그는 새로운 도덕률의 정립을 통해서 사성지습성에 대한 평가도 달라질 수 있고, 그러한 평가에 따라 그릇된 사성지습성 또한 변화될 수 있다고 보았다. 이는 침탈의 주체가 웃는 것[笑]을 善으로 평가하고 침탈의 객체가 우는 것[哭]을 惡으로 평가하는 진화론적 도덕관 자체를 부정하기 위해 내세웠던 논리였다. 그는 모든 개체가 동등한 존재론적 지위를 갖고 있다는 인식에 입각하여, 진화론에 입각한 도덕률을 넘어서는 새로운 도덕률을 제창해야 한다고 보았다. 이러한 변영만의 인식은 진화론이라는 과학적 담론을 쇄신하고 극복해야 할 현실원칙으로 간주하고, 이를 윤리적 차원에서 비판했다는 점에서 재평가될 필요가 있다.

제Ⅲ장
'大戰' 이후 : 윤리적 진화의 길, 진화론과 同情 담론의 접속

1. 세계대전에 대한 진화론적 해석과 인위적 진화 개념의 발전

1.1 제1차 세계대전의 발발과 정신문명 지향의 의미

1914년에 발발하여 1918년까지 이어진 1차 세계대전은 서구 문명에 대한 근본적 회의감을 불러일으킨 사건으로 잘 알려져 있다. 하지만 전쟁이 발발했던 초기만 하더라도 대다수의 지식인들은 그렇게 인식하지는 않았던 것으로 판단된다. 그들에게 있어서 1차 세계대전은 국제사회에서 약육강식의 법칙이 공고하게 작동하고 있음을 웅변해주는 사건으로 이해되고 있었다. 먼저, 『매일신보』에 게재된 문헌들은 이를 잘 입증해주고 있다. 1차 세계대전에 관한 글이 『매일신보』에 본격적으로 게재된 것은 사라예보 암살사건이 일어난 지 약 한 달이 지난 7월 30일이었다.[135] 「墺塞戰爭은 何故로 起ᄒᆞᄂᆞᆫ가」라는 제목으로 실린 이 기사에서는 오스트리아와 세르비아 간의 전쟁이 발발한 원인, 동맹국의 대립 양상 등의 정보가 비교적 상세히 소개되어 있다. 그 이후 『매일신보』는

135) 물론 그 이전에도 「東西電報-動員大練習(英國)」(1914.7.21), 「軍機를 漏泄 (獨墺)」(1914.7.25), 「墺最後通牒」(1914.7.28) 등 1차 세계대전과 관련된 『매일신보』 기사가 여러 차례 게재된 바 있지만, 이들 기사들은 전쟁 상황에 대한 단편적 사실을 기술하는 데 초점을 맞추고 있다.

이례적으로 8월 4일부터 8월 24일까지 3면 전체를 '歐洲戰亂'이라는 제하의 기사로 배치하고, 그 이후 9월 1일부터 11월 5일까지는 '世界的大戰亂'이라는 제목으로 변경하여 전쟁의 진행 상황을 속보로 전달하였다. 이 가운데 8월 4일부터 8월 13일까지 총 9회에 걸쳐 실린 「歐洲의 戰亂과 東洋의 安危」라는 사설은 1차 세계대전에 관한 초기의 인식이 어떠했는지를 단적으로 보여주고 있다.

> "今回의 歐洲戰亂은 威力充實에 對한 好□(글자 판독 불가: 인용자 주)의 教訓이며 特히 歐洲의 前後에 黃人에 對흔 激烈흔 運動이 起훌 것을 豫想ᄒᆞ면 帝國은 自今으로 威力充實에 盡力치 안이치 못훌지로다."[136]

위의 인용문은 1차 세계대전을 바라보는 『매일신보』의 시각이 어떠했는지를 잘 반영하고 있다. 위 글의 필자는 이번 전쟁을 통해 향후 黃人에 대한 '격렬한 운동'이 일어날 것이라고 예측하면서, 제국 일본을 중심으로 하여 황인종이 단결해야 구주전란의 위기를 극복할 수 있다는 입장을 갖고 있었다. 공교롭게도 이 글이 발표된 지 이틀이 지난 시점에 일본은 어전회의를 통해 對獨 참전을 결정하였고, 8월 23일에는 공식적으로 대독 선전포고를 감행하였다. 그 이후 9월 2일에는 일본군이 산동반도에 상륙하여 독일-오스트리아군을 몰아내고 靑島를 점령하는 등 제국주의적 절차를 밟아나갔다.[137] 이렇듯 『매일신보』는 1차 세계대전을 통해 제국 간의 대결 구도가 결국 인종 간의 대결 구도로 변모할 것이라고 전망함으로써, 일본의 세력권이 동아시아 전반에 확대되는

---

136) 「歐洲의 戰亂과 東洋의 安危 (9)」, 『매일신보』, 1914.8.13, 1면.

137) 이 시기 일본의 동향에 대해서는 이만열, 『한국독립운동의 연표』, 한국독립운동사편찬위원회, 2009, 153면을 참조.

것에 대한 정당성을 확보하고자 했다.[138] 이는 약육강식과 적자생존의 진화론적 논리를 인종 단위에 적용한 인식론에 해당된다.

물론 세계대전을 인종 간 생존경쟁의 구도로 해석했던 『매일신보』와는 세부적인 논점이 다르긴 하지만, 『학지광』이나 『청춘』 또한 세계 질서가 약육강식의 논리로 운용되고 있다는 하나의 증례로서 1차 세계대전을 인식하고 있었다. 세계대전의 발발 초기에 "靑年이여 奮發ᄒᆞ라 强者ᄂᆞᆫ 勝ᄒᆞ고 勝ᄒᆞᆫ 者ᄂᆞᆫ 웃고 춤추며 소리ᄒᆞ고 意氣가 揚揚ᄒᆞ나 그러나 父母兄弟여 靑年이여 弱者ᄂᆞᆫ 敗ᄒᆞ고 敗ᄒᆞᆫ 者ᄂᆞᆫ 울며 ᄇᆡ곱푸고 한숨쉬며 ᄀᆡ갓고 도야지 갓치 울이 안에 屈服ᄒᆞ리로다!"[139]와 같이 강자로 도약해야 한다는 갱생의 목소리가 발화되었고, 그 이후에도 "進化論이라 하면 現代 모든 學術의 어미라 할 만한지라. 실로 人生에게 새 길을 주엇다 할 만한 大學說이니"[140]와 같은 인식은 공공연하게 드러나고 있었다. 이는 유럽 문명국 간의 전쟁이 발발했음에도 불구하고 여전히 약육강식과 적자생존의 진화론적 인식론이 그 효력을 상실하지 않았음을 보여주는 단적인 근거들에 해당된다. 특히 이 시기 『학지광』과 『청춘』에 나타난 흥미로운 특징 중 하나는, 진화론적 세계관을 기반으로 하여 새로운 도덕을 수립해야 한다는 주장들이 점차 부상하고 있었다는 사실이다.

---

138) 이와 관련하여 이태훈은 1910~1920년대 초 『매일신보』에 게재된 1차 세계대전 관련 문헌들을 검토한 바 있다. 그에 따르면, 이 당시 『매일신보』에서는 1차 세계대전을 인종적 대결의 시각으로 바라보는 문헌들이 주로 제출되었다. 이에 대해서는 이태훈, 「1910~1920년대 초 제1차 세계대전의 소개양상과 논의지형」, 『사학연구』 105, 한국사학회, 2012, 190~206면을 참조.

139) 張德秀, 「新春을 迎ᄒᆞ야」, 『학지광』 4, 1915.2, 7면.

140) 飮氷客, 「冷罵熱評-怪惡한 헷 驕慢」, 『청춘』 7, 1917.5, 72면.

① "'우리 人間은 生物의 한 分子니라' 말하노라. 그럼으로 人間은 生物生存의 法則을 써러져서는 決코 生活하기 不能하리니 우리의 是非正邪는 이 法則을 中心삼아 表示되고 우리의 道德은 이 法則에 依支하야 實現되리라."[141]

② "試觀 六合하라. 時潮는 强者를 相爭하난도다. 道德이 무엇이며 文明이 무엇인고. 宗教가 또한 何物이며 色々凡事가 모다 무엇이냐? 吾儕는 道德이 無用物임을 强者의게 學得하야스며 文明의 利用을 亦是强者의게서 見得하엿도다."[142]

①에서는 인간이 생물의 한 분자에 불과하기 때문에 그 시비정사를 따지지 말고 생존경쟁의 법칙을 도덕적 규준으로 설정해야 한다고 주장하고 있다. 위에는 인용되지 않았지만, ①의 필자는 이 글에서 "자기가 남으로부터 원하는 바를 먼저 베풀고, 자기가 싫은 일은 남에게 시키지 않아야 한다(己所欲施於人하며 己所不欲物施於人)."는 공자의 도덕론이 '假道德'에 불과하다고 말하고, 자기 생명을 보존하려는 욕망 자체가 '眞道德'으로 설정되어야 한다고 피력하였다. 이렇듯 그는 1차 세계대전으로 인해 발생한 도덕적 공백 상태를 약육강식이라는 생물학적 법칙으로 메우고, 진화론이 인간의 절대적인 도덕규범을 설정하는 토대가 되어야 한다고 선언하였다. ①의 필자가 '생물생존의 법칙'을 도덕의 새로운 규준으로 설정해야 한다고 주장했다면, ②의 필자는 도덕과 문명과 종교의 가치를 송두리째 부정하고 오로지 강자가 되어 살아남는 일에 몰두해야 한다고 역설하고 있다. ②의 필자는 그간 문명화의 모델로 삼아

141) 李相天, 「새 道德論」, 『학지광』 5, 1915.5, 18면.

142) 鄭忠源, 「아々 兄弟여」, 『학지광』 6, 1915.7, 37면.

왔던 歐洲의 국가들이 생존경쟁을 벌이고 있는 역사적 광경을 목도하면서, 재래의 가치 규준들이 그 효력을 모두 상실했다고 단언한다. 이는 모든 도덕적 규범을 부정하는 회의주의적 입장에 해당되는 것처럼 보이기는 하지만, 사실상 강자 중심의 도덕규범을 제창하고 있다는 점에서 ①의 견해와 큰 차이를 보이지 않는다. "道德은 强者에게 복종하는 弱者의 義務라."[143] 혹은 "저 해라서 임검이 되고 여러 行星이 臣下 됨이 무슨 道德과 倫義가 거긔 잇스리오. 조고마한 져 水星도 힘만 어드면 임검되어 太陽조차 거느릴지로다."[144]와 같은 언명에서도 확인될 수 있는 바, 진화론적 사유에 입각한 '新도덕론'은 세계대전이 종료되기 이전까지 지속적으로 제출되고 있었다.

『학지광』과 『청춘』의 필진들이 진화론적 사유에 여전히 경도되어 있었던 것은 사실이지만, 그렇다고 해서 경술국치 전후에 제출되었던 자강론의 논법을 그대로 답습한 것은 아니었다. "슯으다 自强이란 말이 半島에 提唱되기는 十數年 以前의 일이나, 此를 徹底하게 實現치 못하고 此를 끗잇게 貫徹치 못한 것은 果然 무슨 까닭이더뇨? 나는 이에 對하야 말하노니, 그 原因은 其時 이 말을 提唱하던 이의게 스사로 强하여야 될 줄은 죠곰 알앗으나, 엇더케 强하여야 할 것과 이 强을 致할 만한 精誠잇는 人物이 업섯던 것에 在치 안앗던가 하노라."[145]라는 현상윤의 진단처럼, 기존에 제출되었던 자강론은 구체적인 실행 방법에 대한 고찰로 이어지지 않았다는 점에서 그 한계를 노정하고 있었다. 즉, 교육제도 확충 및 식산흥업과 같은 인위적 진화의 방법만으로는 조선(인)이 강해질 수 없다는 한계의식에 봉착하게 되었던 것이다.

---

143) 春園, 「爲先 獸가 되고 然後에 人이 되라」, 『학지광』 11, 1917.1, 34면.
144) 盧文熙, 「힘」, 『청춘』 13, 1918.4, 106면.
145) 玄相允, 「强力主義와 朝鮮靑年」, 『학지광』 6, 1915.7, 48면.

그에 따라 『학지광』과 『청춘』에서는 조선(인)이 국제 사회에서 강자로 진화하기 위한 새로운 기획안들이 제출되기에 이른다. 특히 물질문명의 범주에 포획되지 않은 '生命'이나 '自我', '靈', '(感)情' 등과 같은 개념어들이 지속적으로 강조되었다.[146] 여기에서 유의할 점은, 이들 개념들이 주로 강자로 도약하기 위한 유심론적 방법을 주창하는 데 활용되었다는 사실이다. 생명·자아·영·정 등은 개체의 존재론적 가치를 강조하는 개념어에 해당된다는 점에서 약자필멸의 진화론적 관점을 극복하기 위해 기획된 어휘처럼 보인다. 그러나 『학지광』이나 『청춘』에서 이들 개념어들은 어디까지나 물질적 범주뿐만 아니라 정신적인 범주에서도 강자가 되어야 한다는 점을 촉구하기 위해 활용되었다.

① "人類가 即 人類 以外에 動物보다 其靈性이 速히 發揮되고 其智性이 速히 發展되여 進化力이 速홈은 生世 以後로붓터 自然혼 中에셔 何物이든지 間斷이 無히 研究自覺ᄒᆞ며 一步一步를 進ᄒᆞ면셔 知코자 ᄒᆞᄂᆞᆫ데 在ᄒᆞ다 홀지니"[147]

② "震天動地하난 歐洲大戰이여 最後勝利를 得할 者ㅣ 其誰也오 吾人의 近觀眼으로 觀察할진ᄃᆡ 名譽잇ᄂᆞᆫ 最後勝利者ᄂᆞᆫ 其他 物質에도 原因ᄒᆞ깃스되 養成ᄒᆞ고 準備ᄒᆞ엿든 攻擊的 精神 即 白兵主義를 實行無缺하난 者-라고 吾人은 斷言ᄒᆞ노라"[148]

146) 『학지광』에 나타난 '生命'이나 '靈', '自我' 등의 개념을 고찰한 연구로는 이철호의 『영혼의 계보 - 20세기 한국문학사와 생명담론』(창비, 2013)이 대표적이다. 이철호는 한국문학의 근대성 연구와 관련하여 '개인의 내면'을 강조해왔던 그간의 논의를 계승하면서, '내면'과 유사한 맥락에서 사용된 '生' 혹은 '生命'과 같은 어휘들의 용례에 관심을 기울였다. 특히 그는 『학지광』에서 근대적 개인의 내면적 각성을 강조했던 장덕수·이광수 등의 관점이 에머슨의 범신론적 신비주의에 상당 부분 기대고 있음을 논증하였다.

147) 李周淵, 「人보다 己를 知홈이 必要홈」, 『학지광』 3, 1914.12, 15면.

①에서는 인류가 여타의 동물과 다르게 '靈性'을 발휘하고 '知性'을 진보함으로써 진화를 속히 이룰 수 있는 존재라고 말한다. 여기에서 중요하게 거론되고 있는 것이 바로 '自覺'인데, 인간은 이러한 자각을 통해서 점진적인 진화의 길로 나아갈 수 있다는 것이다. 앞서 Ⅱ장에서 살펴본 바, 인간이 靈性을 발휘함으로써 진화할 수 있다는 논점은 1900년대 문맥에서는 쉽게 찾아볼 수 없었던 것이기도 하다. 물론 기독교적 맥락에서 인간을 영적 존재로 간주하려는 인식론이 태동했던 것은 사실이지만, 영성의 발휘를 통해서라기보다는 청교도적 윤리의 수용을 통해서 조선(인)이 진화할 수 있다는 논법이 주류에 속했다.[149] 이처럼 세계대전을 거치면서 교육 및 식산을 통한 진화가 아니라 영성의 발휘를 통한 진화가 새롭게 강조되었다. 이를 뒷받침하는 것이 인용문 ②이다.

---

148) 文義天, 「生活인가 싸홈인가」, 『학지광』 5, 1915.5, 37면.

149) 여기에서는 상세히 논의되지 못했지만, 필자는 1910년대의 기독교적 맥락에서 '영(성)'을 어떻게 이해했는지를 판별하기 위해 1911년 1월 31일부터 1915년 2월 28일까지 발간되었던 『그리스도회보』를 열람한 바 있다. 이를 통해서 두 가지의 경향성을 발견할 수 있었는데, 하나는 약육강식과 적자생존의 논리를 수용하려는 인식이 주류를 형성하고 있었다는 사실이다. 예컨대 "풍속이 음란ᄒᆞ면 다른 민죡이 업수히 녁이고 하ᄂᆞ님이 믜워ᄒᆞ사 그 민죡은 멸망ᄒᆞ고야 마ᄂᆞ니라."(「조혼의 폐단」, 『그리스도회보』 1-5, 1911.3.30, 1면)와 같이 풍속개량을 하지 않은 민족은 멸망하게 된다는 주장이 있는가 하면, "오늘날 죠션동포형뎨 ᄌᆞ미시여 이 세계가 엇던 세계뇨. 인류의 경ᄌᆡᆼ(競爭)세계가 아닌가 이ᄯᅢ가 엇던 ᄯᅢ뇨 일한이 병합ᄒᆞᆫ ᄯᅢ가 아닌가 대져 경ᄌᆡᆼ이란 것은 분ᄌᆡᆼ하ᄂᆞᆫ 것을 닐ᄋᆞᆷ이 아니라 서로 닷토아 압흐로 나아가ᄂᆞᆫ 것을 닐ᄋᆞᆷ이니"(「시간을 앗길 것」, 『그리스도회보』 1-7, 1911.4.30, 1면)와 같이 인류가 생존경쟁을 벌이는 시대 속에서 경술국치는 불가피했다는 식의 논조가 대두되기도 했다. 두 번째로 흥미로운 사실은 靈性의 확충을 통해서가 아니라 청교도적인 풍속 개량을 통해 진화할 수 있다는 논점이 주류를 형성하고 있었다는 사실이다. 기독교가 "풍쇽을 ᄀᆡ량ᄒᆞ야 세계의 진화(進化)를 찬죠ᄒᆞ며 아편과 술과 잡긔와 담ᄇᆡ금ᄒᆞᄂᆞᆫ 일을 권쟝"(「외보」, 『그리스도회보』 1-27, 1912.2.29, 3면)하고 있다는 내용이나 "이 세상에셔 인ᄉᆡᆼ에 유익ᄒᆞ고 풍교를 진화(進化)ᄒᆞᆷ에 뎨일 공을 만히 일운 종교는 우리 긔독교라 ᄒᆞ노라."(「긔독교회가 이 셰샹 풍교(風敎)에 유죠ᄒᆞᆫ 것이 무엇이뇨」, 『그리스도회보』 1-32, 1912.5.15, 1면)와 같은 내용 등이 그 근거라 할 수 있다.

②의 필자는 물질뿐만 아니라 정신적으로 무결점의 사람만이 구주대전이 일어나는 현 시대에서 승리될 수 있다는 주장을 제기하였다. 이와 같이 1914년 1차 세계대전 직후부터 급부상했던 어휘는 바로 靈, 정신과 같은 무정형의 개념어들이었다. 그리고 이 개념어들은 강자가 되기 위한 새로운 덕목을 제창하기 위해 활용되었다. 强力의 길을 가기 위해서는 물질과 정신의 양 방면의 문명화를 도모해야 한다는 입장[150]이나 인간이 굴복적인 노예 상태로부터 벗어나기 위해서는 물질적 생활에만 골몰하지 말고 '내적 생명'과 '내적 생활'을 갖기 위해 경주해야 한다는 주장[151] 등은 모두 그와 같은 맥락에서 제출된 것들이다.

이렇듯 1차 세계대전이 진행되고 있었던 1914~1918년까지 생명·자아·영과 같은 무정형의 개념어들은 정신문명의 구축을 주장하기 위해 활용되었다. 이 개념어들이 에머슨이나 오이켄, 베르그송의 철학이 그 이론적 토대가 되었을 뿐 아니라 다이쇼 데모크라시의 조류에 편승하면서 나타난 것임에 틀림없지만,[152] 적어도 『학지광』과 『청춘』의 문맥들

150) 玄相允, 앞의 글, 45면.

151) 秋松生, 「吾人의 理想」, 『학지광』 6, 1915.7, 59~60면.

152) 예를 들어 장덕수는 「意志의 躍動」(『학지광』 5, 1915.5, 44~45면)에서 에머슨의 영어 원문을 그대로 인용한 바 있고, 현상윤도 「東京留學生活」(『청춘』 2, 1914.11, 113면)에서 동경유학생들이 "워쓰워드의 시집이며 에머쏜의 논문이며 투르게네끄의 소설이며 오이켄, 베륵손의 철학" 등에 심취해 있었다고 밝혔으며, 이광수의 자전적 소설 「金鏡」(『청춘』 6, 1915. 3, 124면)에서도 역시 "나는 '벩손의 철학'이라는 책을 한 四十頁 닑었다."는 서술이 있다. 이러한 내용들은 『학지광』과 『청춘』의 주요 필진들이 에머슨의 신비주의와 베르그송 및 오이켄의 생철학에 기대고 있었음을 짐작케 한다. 아울러 『학지광』 세대가 다이쇼 데모크라시 조류에 편승했다는 주장은 여러 논자들에 의해 제기된 바 있다. 특히 다이쇼 데모크라시의 대표적 이론가인 요시노 사쿠조[吉野作造]는 1913년 9월부터 김우영과 송진우, 장덕수, 김성수, 백남훈, 최두선, 현상윤 등과 만났고, 이들 중 상당수가 『학지광』과 『청춘』의 주요 필진으로 활동하였다. 요시노와 재일조선인 유학생과의 만남에 대해서는 松尾尊兌, 「吉野作造と朝鮮·再考」, 『朝鮮史研究會論文集』 35, 1997, 8면의 표를 참조. 아울러 『학지광』 세대와 다이쇼 데모크라시의 상관관계에

을 고려해보면 이 개념들은 진화론을 비판하는 데 있어서 아직 숙성된 어휘로 활용되지 못했다. 실제로 에머슨 수용의 계보에서 첫머리를 차지하고 있는 장덕수의 경우 "일본은 조선을 병합했다. 이는 사실이다. 부정할 수 없다. 일본인과 조선인 모두 그것을 승인해야 한다."[153]라는 입장을 내세우면서 한일합병의 강제적 체결을 받아들여야 한다고 주장했고, 『청춘』의 창간을 주도했던 최남선의 경우에도 과학의 발달뿐만 아니라 진보적인 정신이 결국 근대문명을 구축하는 데 일조할 것이라는 주장을 일관되게 전개하였다.[154]

『학지광』과 『청춘』의 필진들이 보편적으로 공유하고 있었던 정신주의는 '물질 대 정신', '이성 대 감성', '육체 대 영혼'이라는 인식론적 프레임으로부터 파생된 것이었다. 그러나 이러한 인식이 근대 문명 내지는 진화론적 사유에 대한 근본적인 비판의식을 담고 있었다고 속단하기는 어렵다. 여전히 그들의 사상적 준거점으로 기능했던 것은 약육강식과 적자생존의 논리로 점철된 진화론이었으며, 그들이 제출한 생명

대해서는 이경훈, 「『學之光』의 매체적 특성과 일본의 영향 1－『學之光』의 주변」, 『대동문화연구』 48, 성균관대 대동문화연구원, 2004, 99~143면을 참조.

153) 장덕수는 일본에서 발간되던 『第三帝國』에 「朝鮮靑年の衷情」이라는 글을 발표하였다. 『第三帝國』은 1913년 10월에 창간된 신생 잡지로, 우키다 가즈타미·사카이 도시히코·오스기 사카에 등이 필진으로 참여했을 정도로 일본 내에서 자유민권사상을 확산시키는 데 큰 기여를 하였다. 장덕수는 이 잡지의 기고문에서 일본의 식민통치가 조선민족의 존재 자체를 위협하고 있다고 비판하면서도, 일본이 입헌국가로 도약하기 위해 조선인들이 분기해야 한다고 촉구하고 있다. 이 글은 그가 동양평화론 내지 아시아연대론의 사상적 틀 내에 머물러 있음을 보여주는 사례에 해당된다. 張德秀, 「朝鮮靑年の哀情」, 『第三帝國』 5, 1914.2, 17면. 아울러 잡지 『第三帝國』의 사상과 독자에 관해서는 松尾尊兊, 오석철 역, 『다이쇼 데모크라시』, 소명출판, 2011, 131~155면을 참조.

154) 「勇氣論」, 『청춘』 11, 1917.11, 11면. "所謂 近代의 文明이란 것은 此를 形而下로 觀하면 科學과 및 그 應用의 發達이오 形而上으로 論하면 進步的 精神의 溢露라 할지라 文明의 復興은 그 曙光이오 宗敎의 改革은 그 先驅오 地理의 發見은 그 嚮導오 機械 發明, 産業革命은 그 主動이오."

·자아·영·정 등의 개념어는 어디까지나 낙후된 조선 사회의 갱생을 주장하기 위해 새롭게 도입한 어휘에 해당되었다.

이러한 조선 내부의 인식론적 흐름이 일본의 경우와는 사뭇 다르게 전개되었다는 점을 상기시킬 필요가 있다. 동아시아권역에서 선구적으로 진화론을 받아들이고 있었던 일본에서는, 이미 1900년대부터 식산흥업을 기반으로 하는 실리적 현실주의를 비판하려는 움직임이 일어나고 있었다. 이 시기 일본에서는 헤켈의 진화론에 대항하여, 윤리적 이상주의를 주장하는 독일의 신칸트주의 철학과 영국의 신이상주의 윤리학이 정력적으로 소개되고 있었다.[155] 그에 따라 순수한 개별적 자아를 강조하는 입장이 대두되었고, 이러한 입장은 1910년을 전후로 하여 일본 내에 급격하게 확산되었다.[156] 이러한 사적 흐름에서도 확인되는 바, 일본에서 생명·자아·영 등의 개념어는 진화론적 사유에 대한 비판을 위해 활용되었다. 하지만 조선 지식인의 경우에는 이 개념들을 진화론적 윤리관과 접속시켜 정신문명의 구축을 통한 강자로의 도약을 꿈꾸고자 했다. 진화론이 여전히 식민지적 현실을 해석하고 극복하는 데 있어서 중요한 인식론적 준거점으로 간주됨에 따라, 그들은 일본을 경유하여 유입된 생명·자아·영 등의 개념어를 활용하여 '강한' 정신문명의

155) 荒川幾男, 「1910년대의 세계와 일본의 철학」, 宮川透 외 편, 『일본근대철학사』, 생각의 나무, 2001, 139~142면.

156) 내적 생명을 강조했던 교토학파의 거두 니시다 기타로(西田幾多郎)는 이러한 일본의 철학적 흐름을 대변하는 인물이다. 1900~1910년대를 관통하면서 생명·자아·영 등의 개념들을 세공하는 데 기여하였다. 그는 1895년에 영국의 신이상주의 윤리학자 토마스 그린(T. H. Green)의 『倫理學序說』에 관한 논평 「ぐりん氏倫理學の大意」를 발표한 이후, 내적 생명의 철학을 집대성하여 『善の研究』(1911)을 출간하였다. 「ぐりん氏倫理學の大意」에 관한 언급은 김동기, 「일본근대철학의 형성과 번역」, 『시대와 철학』 16-1, 2005, 270면; 니시다 기타로의 생애 및 철학에 관해서는 허우성, 『근대 일본의 두 얼굴: 니시다 철학』, 문학과지성사, 2000을 참조.

구축을 지향했던 것이다. Ⅳ장에서 상론하겠지만, 이 어휘들은 1920년대 개조의 열풍에 힘입어 진화론을 비판하는 강력한 개념어로서 활용되게 된다.

이 개념들이 당시 진화론적 사유와 접맥되어 있다고 해서 그것의 문학사적 가치까지 폄훼할 필요는 없다.[157] 왜냐하면 이러한 개념어들은 과학으로 설명될 수 없는 어떤 잉여의 지점들을 가리키는 것이었고, 과학 너머에 위치한 예술의 존재론적 위상을 설정하는 데 결정적인 기여를 했기 때문이다. 최승구가 '情感的 生活'을 통한 자기 갱생의 길이 결국 물질적 삶의 변화를 촉진시킬 것이라는 점을 강조한 이래,[158] 최두선·안확·백대진·이광수 등이 발표한 문학론에서 생명·자아·영·정 등의 용어는 문학의 중요한 요건 중 하나로 항상 거론되고 있었다. 최두선과 백대진은 다소 추상적인 의미이기는 하지만 '문학적 생명'이라는 개념을 내세워 문학의 본질을 설명하였고,[159] 안확 또한 "文學은 美感想

157) 이와 관련하여 양문규는 1910년대 『학지광』에 나타난 정신적 이상주의가 갖고 있는 한계를 지적한 바 있다. 그는 이 당시의 지식인들이 물질적 토대조차 마련하지 못한 조선의 상태를 명확하게 인지하지 못한 채 일본 백화파의 정신적 이상주의에 감염되었다고 주장한다. 아울러 『학지광』에 나타난 기독교적 신앙 담론 또한 정치적 좌절로 인한 무력감을 이상적이고 관념적인 층위에서 해소하고자 했다고 비판한다. 요컨대 양문규는 경술국치 이후 '독립'이라는 정치적 목적의식을 상실한 지식인들의 인식론적 한계를 비판한 것으로 보이는데, 사실 이러한 지적에도 불구하고 필자는 1910년대의 정신적 이상주의가 1920년대 초에 대두되었던 개조, 자아, 개성 등의 문학적 개념들이 활성화될 수 있는 기틀을 마련했다고 본다. 양문규의 논의는 「1910년대 유학생 잡지와 한국근대소설의 형성–『학지광』의 담론들을 중심으로」, 『현대문학의 연구』 34, 한국문학연구학회, 2008, 141~169면.

158) 崔承九, 「情感的 生活의 要求 (나의 更生)」, 『학지광』 3, 1914.12, 16~18면.

159) 崔斗善, 「文學의 意義에 關하야」, 『학지광』 3, 1914.12, 27면. "文學에는 文學의 生命이 잇슬지오 더욱 그 生命은 그 文學이 價値가 잇스면 잇슬수록 그 生命이 더욱더욱 長久할지니"; 백대진, 「文學에 對한 新研究」, 『신문계』 4-3, 1916.3, 13면. "生命잇는 文章은 곳 文學이라."

을 文字로 表現하는 것이라 할지라."[160]라고 말하면서 문학이 과학의 영역에서 검출될 수 없는 '미학적 감각'에서 비롯된 것임을 명백히 하였다. 그리고 이광수도 「今日我韓靑年과 情育」과 「文學의 價値」[161]에서 거론했던 '정'과 문학의 관계에 관한 논의를 보다 세공하여, "文學이란 特定한 形式下에 人의 思想과 感情을 發表ᄒᆞᆫ 者ᄅᆞᆯ 謂ᄒᆞᆷ이니라."[162]라고 하였다. 이러한 일련의 논의들은 '예술의 자율성' 내지는 '미적 근대성' 프로젝트를 구성하는 데 있어서 중요한 인식론적 계기를 마련해주었고, 그 이후부터 문학은 비로소 자아의 운동성과 情의 표출이라는 의미를 담지한 것으로 이해될 수 있었던 것이다.

1.2 이광수의 '인위적 진화' 개념과 그 함의

재일유학생 통합단체였던 대한흥학회가 경술국치로 인해 해산된 지 3년 만에 조선유학생학우회가 결성되었다. 조선유학생학우회는 경술국치 이후 분립되어 있었던 유학생회 총 7개 단체를 연합하여 조직하여 만든 단체로,[163] 이 단체의 기관지가 바로 『학지광』이다. 『학지광』에서 활동한 주요 문인들은 적어도 147명 이상으로 확인되는데,[164] 이 가운데 1914~1919년에 활동했던 주요 문인들은 장덕수·현상윤·이광수·최두

160) 安廓, 「朝鮮의 文學」, 『학지광』 6, 1915.7, 64면.

161) 李寶鏡, 「今日我韓靑年과 情育」, 『대한흥학보』 10, 1910.2; 李寶鏡, 「文學의 價値」, 『대한흥학보』 11, 1910.3.

162) 春園生, 「文學이란 何오 (1)」, 『매일신보』, 1916.11.10, 1면.

163) 「學友會創立略史」, 『학지광』 3, 1914.12, 51면. "大同團結의 名義下에 鐵北親睦會, 浿西親睦會, 海西親睦會, 東西俱樂部, 三漢俱樂部, 洛東同志會, 湖南茶話會, 七團體가 會同ᄒᆞ야 和氣藹藹ᄒᆞᆫ 裏에 留學生總團體가 組織되니 此가 學友會新紀元이 되다."

164) 이 명단은 실명을 확인할 수 있는 작가만을 선별하여 정리한 것이다. 이에 대해서는 최덕교 편, 『한국잡지백년 1』, 현암사, 2004, 209~210면을 참조.

선·김여제·최승구·진학문 등이다. 최승구를 제외한 주요 필진들은 주로 와세다 대학 출신으로 구성되어 있었다. 『청춘』의 필진도 이와 다를 바는 없었다. 박영희의 회고대로,[165] 『청춘』의 주요 필진은 모두 1910년대 초·중반 와세다 대학 유학 경험이 있는 이광수·민태원·현상윤·진학문 등으로 구성되어 있었다. 와세다대학을 거쳐 간 대표적인 필진들을 정리하자면 다음과 같다.[166]

〈표 : 『학지광』과 『청춘』의 주요 필진 중 와세다대 출신의 입학년월〉

성명	예과 (편)입학년월	본과 입학년월	학과	비고
장덕수	1912.4 입학	1913.10	정치경제학과	
최두선	1913.3 입학	1914.9	철학과	
백남훈	1913.9 입학	1914.9	정치경제학과	
김여제	1914.3 입학	1915.9	영문과	
현상윤	1914.3 입학	1915.9	사학및사회학과	
이병도	1915.5 입학	1916.9	사학및사회학과	
이광수	1915.9 편입	1916.9	철학과	1919.2.18. 본과 퇴학
김명식	–	1915.9	정치경제학과	
민태원	–	1920	정치경제학과	
진학문	1913.3 입학	–	영문과	1913.10 예과 제적

165) 박영희, 「草創期 文壇側面史」, 『현대문학』 56, 1959.8. "『청춘』의 집필자라야, 내용의 대부분을 六堂이 쓰고 春園, 牛步(閔泰瑗), 小星(玄相允), 瞬星(秦學文) 등 5, 6인에 불과하였다."

166) 이는 波田野節子, 최주한 역, 『일본 유학생 작가 연구』, 소명출판, 2011의 부록(547~673면)을 기반으로 하여 작성된 것이다. 이 부록에 기재되지 않은 장덕수·민태원·진학문의 학적과 관련된 정보는 다음의 자료를 각각 참고하였다. 장덕수에 대해서는 최선웅, 「장덕수의 사회적 자유주의 사상과 정치활동」, 고려대학교 박사논문, 2014; 민태원에 대해서는 권문경, 「우보 민태원 연구」, 인하대 석사논문, 2009; 진학문에 대해서는 최태원, 「어느 식민지 문학 청년의 행방(1)–'몽몽' 시절 진학문의 일본 유학과 문학 수업」, 『상허학보』 50, 상허학회, 2017.

두 잡지의 주요 필진들이 와세다대 출신으로 구성되어 있다는 점을 새삼 강조하는 이유는, 1910년대 중반 와세다대에 재직 중이었던 우키다 카즈타미[浮田和民][167]와 오야마 이쿠오[大山郁夫][168] 등이 일본 지성계를 주도했었고, 이들이 『학지광』과 『청춘』의 필진들에게 미친 사상적 영향력이 결코 적지 않았다고 판단되기 때문이다. 특히 우키다는 진화론적 입장을 기반으로 한 윤리적 제국주의를 강조했던 학자로,[169] 경술국치를 반대하는 성명서를 발표한 바 있어서 당시 조선 유학생들에게 두루 지지를 받기도 했다.[170] 우키다의 직간접적인 영향을 받은 사람으로

---

167) 우키다 카즈타미는 이인직·이광수·현상윤 등에게 직간접적인 영향력을 행사했다. 이인직이 우키다의 영향을 받았다는 주장은 다지리 히로유키(田尻浩幸)에 의해 처음 제기되었고, 구장률이 이 논의의 정당성을 실증적으로 확인시켜준 바 있다. 다지리는 이인직이 동경정치학교에 유학하던 시절에 國家學, 列强政治制度 등의 수업을 들으면서 사회진화론을 접했을 것으로 추정했다. 그 이후, 구장률은 이인직이 동경정치학교에서 수학할 당시 강사였던 우키다의 영향을 받았다고 말했다. 그러면서 이인직의 「사회학」(『소년한반도』 1~5, 1906.11~1907.3)이 우키다의 『社會學講義』(1901)를 요약·변용했다는 사실을 밝혀냈다. 이에 대한 논의는 田尻浩幸, 『이인직 연구』, 국학자료원, 2006, 41~43면; 구장률, 「신소설 출현의 역사적 배경」, 『동방학지』 135, 연세대 국학연구원, 2006을 참조.

168) 오야마 이쿠오는 미국 시카고대와 독일 뮌헨대에서 수학하고 돌아와, 1914년부터 일본 와세다대에 재직하면서 다이쇼 데모크라시 운동을 주도하였다. 특히 오야마는 일본 지성계에 독일식 '문화' 개념을 적극적을 확산시키는 데 기여하였는데, 1920년대 『개벽』지에서 표방했던 '문화', '문화운동'은 바로 그의 문화이론을 기반으로 전개되었다. 오야마 이쿠오의 다이쇼 데모크라시 운동에 관해서는 이수열, 「1910년대 大山郁夫의 정치사상」, 『일본역사연구』 28, 일본사학회, 2008; 오야마의 문화 개념에 관한 논의는 구인모, 『한국 근대시의 이상과 허상』, 소명출판, 2008, 83~118면과 柳父章, 박양신 역, 『한 단어 사전: 문화』, 푸른역사, 2013, 44~54면을 참조.

169) 우키다의 윤리적 제국주의에 대한 논의는 박양신, 「19·20세기 전환기 일본에서의 '제국주의'론의 諸相 - 서양사상과의 관련에서」, 『일본역사연구』 9, 일본사학회, 1999를 참조.

170) 백남훈, 「나의 一生」(증보판), 신현실사, 1973, 105면. 다만 여기에서 유의할 것은 우키다가 한일합병을 반대했다고 해서 제국주의를 부정한 것은 아니라는 사실이다. 그는 강권적 제국주의 논리에 대해서는 찬성하되 국제법 규정을 위반하는 제국주의에 대해서는 반대의 입장을 분명히 하였다. 그의 시각에서 볼 때, 한일합병은 국제법 규정을

는 현상윤과 이광수 두 사람을 우선적으로 거론할 수 있다. 현상윤은 와세다대 사학 및 사회학과 재학 시절 우키다 카즈타미의 수업을 직접 수강한 경험이 있고,[171] 이광수 역시 우키다의 영향력을 기반으로 하여 '인위적 진화'의 입장을 계승·발전시킨 대표적인 작가 중 하나였다.

이광수의 진화론적 사유는 우키다의 사상적 영향을 받은 흔적이 역력하다는 점에서 특히 주목된다.[172] 이광수는 와세다대 본과에 입학한 지 1개월 만에 발표한 「동경잡신」에서 "法學博士 浮田和民씨는 多年 太陽報 主筆이오 早稻田大學 敎授로 學界 政界에 名聲이 赫赫흔 者라. 余 氏를 仰慕흠이 久흐더니"[173]라고 밝힌 바 있다. 이것이 바로 이광수가 우키다에 대해 처음으로 언급한 부분인데, 여기에서 그는 우키다를 존경의 대상으로 삼은 지 오래되었다고 말하고 있다. 이광수가 어떤 연유에서 우키다를 흠모해 왔는지는 확인할 길이 없으나, 우키다가 경술국

위반한 비윤리적 제국주의 행태에 불과했던 것이다.

171) 현상윤이 와세다대학 고등예과와 본과에 입학한 시점은 각각 1914년 3월, 1915년 9월이었다. 하타노 세츠코가 공개한 현상윤의 1학년 학적부를 보면, 우키다가 강의한 서양사 과목을 수강한 흔적이 남아 있다. 학적부상에 '서양사'라는 과목명 옆에 '浮'라는 작은 글씨가 표기되어 있는데, 이는 서양사 과목 담당교수가 浮田和民였음을 추정케 하는 대목이다. 이처럼 현상윤이 우키다의 강좌를 들었다고 해서 그의 사상을 적극적으로 수용했다고 단언하기는 어려울 듯하다. 현재까지 확인된 현상윤의 글을 모두 확인해본 결과, 우키다에 대한 현상윤의 언급은 찾아볼 수 없었다. 그에 따라 이 자리에서 우키다와 현상윤의 상관관계에 관한 논의는 略하도록 한다. 현상윤의 와세다대학 1학년 학적부는 波田野節子, 최주한 역, 앞의 책, 656면.

172) 이광수와 우키다의 영향관계에 대해서는 박성진, 하타노 세츠코, 이재선 등의 논자들에 의해 밝혀진 바 있다. 따라서 여기에서는 두 사람의 영향관계에 대한 그간의 논의를 정리하되, 지금까지 논의에서 배제되어 왔던 이광수의 '인위적 진화' 개념에 대해 집중적으로 검토하고자 한다. 이광수와 우키다의 영향관계에 관한 논의는 박성진, 『사회진화론과 식민지사회사상』, 선인, 2003, 67면; 波田野節子, 최주한 역, 『무정을 읽는다』, 소명출판, 2008, 87~91면; 이재선, 『이광수 문학의 지적 편력』, 서강대학교 출판부, 2010, 297~338면 등을 참조.

173) 春園生, 「東京雜信」, 『매일신보』, 1916.10.20, 1면.

치에 반대한 인물이었다는 점에 매료되었을 가능성 혹은 직간접적인 경로를 통해 우키다의 사상을 접하고 이에 매료되었을 가능성 등을 모두 고려해야 할 것으로 판단된다.

사실, 이광수는 와세다대학 유학 이전부터 이미 진화론적 사유를 견지하고 있었다. 그가 1905년 경 손병희의 「삼전론」을 통해 세계질서가 우승열패와 약육강식의 원칙에 의해 운용되고 있음을 깨달았다고 고백하고 있거니와,[174] 이 시기 대표적인 자강론자라 할 수 있는 유근, 장지연, 박은식의 논설을 성경 현전과 같이 애독했다고 말한 바 있다.[175] 그뿐만 아니라 현 시대를 경쟁과 약육강식의 시대로 규정한 사례라든지[176] 오산학교 시절 학생들에게 다윈의 생물진화론을 들어 '우승열패'와 '적자생존'의 철칙을 말하여 가르친 사례[177] 등을 비추어볼 때, 이광수는 와세다대학 입학 전부터 이미 진화론에 깊이 심취해 있었다고 판단된다.

이러한 진화론적 인식은 와세다대학 본과에 입학한 1916년 9월을 기점으로 보다 세공되기에 이른다. 이광수의 1학년 학적부를 보면 그가 '진화론'이라는 과목을 수강했던 사실이 확인된다.[178] 현재로서는 누가 이 과목을 담당했는지는 확인할 수 없으나, 이광수는 이때부터 진화론에 대해 보다 정교한 인식을 갖게 된 것으로 추정된다. 그가 와세다대학 본과 입학 직후에 발표한 「동경잡신」에서 오카 아사지로(丘淺次郎)의 『진화론강화』를 추천도서목록에 포함시켰던 것도, 이 글이 발표된 직후에

---

174) 이광수, 「나의 고백」, 『이광수전집』 7, 삼중당, 1974, 221면.

175) 같은 책, 222면.

176) 李寶鏡, 「隨病投藥」, 『태극학보』 25, 1908.10, 33면. "然則 閉鎖保守時代는 已過ᄒᆞ고 開放競爭時代가 屈至ᄒᆞ야 弱肉强食이 日노 甚ᄒᆞ거늘 唯獨 閉鎖保守로 保全을 試圖ᄒᆞᆫ들 엇디 可히 得ᄒᆞ리오."

177) 이광수, 「나」, 『이광수전집』 6, 삼중당, 1974, 515면.

178) 波田野節子, 최주한 역, 앞의 책, 625면.

「敎育家 諸氏에게」, 「爲先 獸가 되고 然後에 人이 되라」 등 진화론에 대해 보다 전문적인 식견을 갖춘 글을 연이어 발표했던 것도 그와 무관하지 않아 보인다.[179)]

이광수가 우키다의 영향을 받았다는 결정적인 근거는 「신생활론」에서 찾아볼 수 있다. 「신생활론」은 이광수가 우키다를 "仰慕홈이 久ᄒᆞ더니"라고 말한 지 약 2년이 지난 시점에 발표된 글로, 이광수가 우키다의 사상을 수용했던 흔적이 남아있을 뿐 아니라 「민족개조론」에 개진된 진화론적 사유의 맹아가 보인다는 측면에서 중요하게 간주될 필요가 있다.

> 人類生活의 根本原理ᄂᆞᆫ 外界에 順應ᄒᆞᄂᆞᆫ 變化외다. (……) 그네를 그양 둔다 ᄒᆞ더라도 五十年, 百年 지나가ᄂᆞᆫ 동안에ᄂᆞᆫ 多少의 變化가 生홀 것이니, 이러ᄒᆞᆫ 變化를 無意識的 變化라 ᄒᆞ나니 動植物의 變化와 ᄀᆞᆺᄒᆞᆫ 部類에 屬홀 것이외다. 人類의 特色은 自己가 自己의 理想을 定ᄒᆞ고 自己의 努力으로 自己를 進化식힘에 잇습니다. 卽 다른 動物은 自然의 法則을 ᄯᆞ라 無意識的으로 進化ᄒᆞᄂᆞᆫ 것이로되 人類, 그中에도 文明을 가진 人類ᄂᆞᆫ 自己의 努力으로 自己가 意識히가면셔 進化ᄒᆞ나니, 이것을 人爲的 進化라고 홀 수 잇습니다.[180)]

이 글에서 이광수는 인간생활의 근본원리는 곧 '변화'에 있다고 말하

179) 「敎育家 諸氏에게」에서는 그간의 글에서 보이지 않았던 '개체보존' 및 '종족보존'이라는 용어가 빈번하게 활용되었고, 「爲先 獸가 되고 然後에 人이 되라」에서는 진화론의 핵심 논점인 '공통유래설'에 관한 내용으로 글이 시작되고 있다. 春園生, 「敎育家 諸氏에게」, 『매일신보』, 1916.11.26.~12.13.; 春園, 「爲先 獸가 되고 然後에 人이 되라」, 『학지광』 11, 1917.1, 32~35면.

180) 春園, 「신생활론」, 『매일신보』, 1918.9.8., 1면.

면서, 그 변화를 크게 두 가지로 구분하여 설명하고 있다. 하나가 특별한 인위적 노력 없이 오랜 시간에 걸쳐 변화하는 무의식적인 변화라면, 다른 하나는 자기 노력과 의식을 통해서 진화(변화)하는 의식적 변화 혹은 인위적 진화이다. 이렇듯 이광수는 동식물계의 진화를 무의식적 진화로, 인간의 진화를 인위적 진화로 각각 구분하여 설명하고 있다. 그렇다면 이광수가 생각한 의식적이고 인위적인 진화의 방법이란 무엇일까. 이에 대해 그는 "人爲的 進化의 二大 好實例는 實로 教育과 革命이외다."라고 답한다. 그에 따르면 교육은 수십 년 수백 년을 두고 얻을 지식을 단시일 내에 얻게 하는 수단이며, 혁명은 여러 세기와 시대를 거쳐 변화될 것을 단시간 내에 변화시키는 방법이다. 요컨대 이광수가 말한 인위적 진화란, 교육과 혁명 등의 인위적 방식을 통해 자연적이고 무의식적인 진화를 보다 빠른 속도로 촉진시키는 것을 의미한다. 이광수는 이 글에서 교육과 혁명에 대해 명확한 가치 평가를 시도하지는 않았다. 하지만 글 전면에 과학의 발달과 정신적 각성이 무엇보다 강조되고 있다는 점을 고려해볼 때, 그는 혁명보다 교육에 보다 큰 의미를 부여했던 것으로 사료된다.

이러한 이광수의 관점은 우키다의 『사회학강의』(1901)에 제시된 사회진화의 논법과 상당 부분 유사하다. 우키다는 사회진보가 생존경쟁과 자연도태의 결과에 의해 이루어진다고 말하면서, 진화의 방법으로는 자연진화와 혁명을 거론할 수 있다고 말한다.[181] 여기에서 주목할 것은 그가 자연진화와 혁명을 모두 부정적으로 평가하고 있다는 사실이다. 그에게 있어서 자연진화는 지나치게 더디게 진행된다는 점에서, 그리고 혁명은 지나치게 과격하고 폭력적이라는 점에서 비판되어야 한다.

---

181) 浮田和民, 『社會學講義』, 帝國教育會, 1901, 71면; 이 자료는 일본국회도서관에 접속하면 열람할 수 있다. http://dl.ndl.go.jp/info:ndljp/pid/798504

그렇다면 우키다가 생각한 가장 이상적인 사회의 진화 방법은 무엇이었을까. 그는 혁명이 일어나기 이전에 교육과 개혁이 선행되어야 한다고 주장한다.[182] 요컨대 우키다는 진화의 방법으로 크게 자연적 진화, 혁명, 교육이라는 방법을 제시하였다. 물론 그가 인위적 진화라는 용어를 직접적으로 사용하지는 않았지만, 진화의 방법으로 자연적 진화와 인위적 노력을 통해서 이루어지는 혁명 및 교육을 제시했다는 점에서 이광수의 관점과 일맥을 이루고 있다. 게다가 혁명보다는 교육을 통한 사회개선책을 강조한 우키다의 관점 또한 이광수가 지속적으로 차용·유지했던 사상적 기조이기도 하다.[183]

이와 같이 이광수는 와세다대학 유학 경험을 통해서 우키다의 진화론적 사유 체계를 수용하고 발전시켰다. 혁명보다 교육을 강조한 이광수의 관점은 1910년대 전후에 주조를 이루었던 자강론을 계승한 것이라고 평가될 수 있겠지만, 그렇다고 해서 그가 교육 및 식산을 강조하는 기존의 인식론에 머물러 있었던 것은 아니었다. 그가 기존의 관점을 갱신했다고 보는 이유는 크게 두 가지로 설명될 수 있다. 하나는 사회의 진화 및 진보를 논하는 데 있어서 약육강식과 적자생존의 논리만을 강조했던 기존의 진화론적 사유로부터 탈피하여 '동정'이라는 공동체적 윤리를 새롭게 제시했다는 점이다. 이광수는 동정을 기반으로 한 진화를 표방한 바 있고, 그 이후 많은 작가들은 "식민지 조선에서 동정이 실현 가능한가?" 내지는 "동정과 연대의 범위를 어떻게 설정할 것인가?" 등의 의제를 비평 및 소설에서 주요하게 다루게 된다. 다른 하나는

182) 浮田和民, 앞의 책, 74면.

183) 최주한은 이광수가 우키다의 진화론적 사유를 받아들인 것은 사실이지만, 오카 아사지로의 논의 또한 참조했을 것이라고 추정한 바 있다. 이에 대한 자세한 논의는 최주한, 『이광수와 식민지 문학의 윤리』, 소명출판, 2014, 265~275면.

1900년대에도 유통되었던 인위적 진화의 개념을 수용하되, 그 방법으로 혁명을 새롭게 제시했다는 사실이다. 앞서 살펴봤듯, 이광수는 우키다와 마찬가지로 혁명에 대해서 부정적 인식을 고수하고 있었다.[184] 하지만 그가 새롭게 제시한 혁명 개념은 약자로서의 조선이 혁명의 주체로 올라설 수 있는지에 관한 질문들을 활성화시키는 데 일조했다. 이광수가 일제에 맞서 혁명론을 내세웠던 신채호와 사상적 대립각을 세웠던 것도, 3·1운동을 '자연적 진화'로 지칭하면서 그 역사적 의의를 축소시켰던 「민족개조론」을 발표했던 것도, 결국 '혁명'을 인위적 진화의 방법으로 인정할 것인가라는 문제와 결부되어 있는 것이었다.

2. 약육강식 논리의 극복과 공존의 꿈: '同情'과 '民族自決'

2.1 동정 담론의 태동과 그 논의지형

1910년대 중반 이후 식민지기 지식인 담론과 소설의 영역에 나타난 주요한 특질 중 하나로, '동정'이 문학의 지배적 심성으로 부상했다는 점을 거론할 수 있다. 이에 관해서는 이미 여러 연구자들에 의해 논의된

---

184) 1920년 상해에서 『독립신문』의 편집국장으로 재직하던 시절, 이광수는 러시아 볼셰비키 혁명에 관한 강연을 한 바 있었다. 그는 러시아혁명을 경제혁명이라고 규정하고, "볼셰비즘은 將次 世界 全部에 올 革命"이라고 평가하였다. 그러면서 "이 經濟革命의 使命을 맛흔 자는 社會主義니 社會主義를 奉하는 貧民階級이 그 革命軍"이라고 주장하였다. 그 이후 1921년에 발표한 「中樞階級과 社會」에서도 "가장 分明히 中樞階級의 特色을 發揮한 것은 亞歷山大帝以後로 革命 前에 至하는 俄國의 인텔리겐치아(知識階級)외다." 라고 말하면서, 볼셰비키 혁명의 주체로서 러시아 인텔리겐치아가 가진 역사적 의미를 고평하기도 했다. 이런 점을 고려해볼 때, 이광수는 사회주의 내지는 혁명 자체를 거부했던 것은 아닌 것으로 판단된다. 이에 대해서는 Ⅳ장에서 구체적으로 살펴볼 것이다. 위 인용된 내용은 「留日學友俱樂部의 第一回講演」, 『독립신문』, 1920.3.18, 4면과 盧啞, 「中樞階級과 社會」, 『개벽』 13, 1921.7, 24면.

바 있지만,[185] 이 논의들은 이광수라는 특정 작가에 초점을 맞추거나 1920년대 이후의 시기를 주요한 논의 대상으로 삼고 있다. 따라서 2.1절과 2.2절에서는 그간의 논의와는 다른 맥락에서 이광수의 동정론에 내재된 특질을 검토해보고, 『학지광』과 『청춘』을 활용하여 '동정'에 관한 인식론적 분광을 살펴볼 것이다. 이를 통해서 '동정' 담론이 진화론의 맥락에서 어떠한 함의를 갖는지를 궁극적으로 밝히고자 한다.[186]

동정은 인간이라면 누구나가 가질 수 있는 초역사적이고 보편적인 감정으로 간주된다. 굳이 다 열거할 필요가 없을 만큼 근대 이전의 소설에서 동정은 인간이 마땅히 갖춰야 할 덕목으로 강조되고 있었고,[187] 오

---

185) 김성연, 「한국 근대문학과 同情의 계보: 이광수에서 『창조』로」, 연세대학교 석사논문, 2002; 김현주, 『이광수와 문화의 기획』, 태학사, 2005, 175~193면; 손유경, 『고통과 동정』, 역사비평사, 2008.

186) 이광수가 "同情이란 말의 意義는 자못 廣濶하고 複雜하야 一言으로 說盡할 수 업는지라"(「동정」, 『청춘』 3, 1914.12, 58면)라고 말한 바 있듯이, 당대에 유통되었던 동정의 개념적 범주를 명확하게 설정하기란 쉽지 않아 보인다. 그렇다고 해서 이 자리에서 동정 개념에 대한 그간의 논의를 모두 점검할 수는 없으므로, 동정 개념에 대해서는 김현주의 논의를 따르고자 한다. 김현주는 막스 셀러의 『동정의 본질과 형태들』을 참조하여, 동정 개념을 "자신의 상태나 감정에서 벗어나 다른 사람의 감정이나 정신 상태를 지각(의식)하고, 이해하고, 적극적으로 평가하거나, 나아가 칭찬하고 존경할 수 있는 능력 혹은 활동"이라고 정리하였다. 이러한 개념적 범주에 따르면 이광수가 제시한 공감이나 인류애 등이 모두 그에 포함된다고 할 수 있다. 이에 대해서는 김현주, 위의 책, 177면.

187) 주지하다시피 성리학적 전통에서 동정은 맹자의 측은지심과 접맥되어 있는 개념이로 간주되어왔다. 맹자는 측은지심을 인간의 선한 본성, 즉 본연지성에 기반한 감정으로 보았다. 이러한 성리학적 인식론을 기반으로 한 고전소설에서 '동정'을 중요한 덕목으로 간주했음은 물론이다. 그에 따라 최근 고전문학 분과에서도 '동정'이 소설 텍스트 속에 어떻게 투영되었고, 그것이 가진 사회적 의미가 어떠한지를 분석하는 연구가 대두되고 있다. 그 대표적인 예로 최기숙의 연구를 들 수 있다. 최기숙은 『심청전』을 분석하는 자리에서 심청이 살고 있는 마을 공동체에서 작동되는 '동정'의 메커니즘에 주목하면서, "『심청전』은 개인과 사회·공동체·이웃의 공생 규약으로서 공감에 기반한 돌봄의 가치를 제안했다."고 주장한 바 있다. 맹자의 측은지심과 관련된 내용은 예수백, 「맹자의 성선설과 정치이론」, 울산대학교 박사논문, 2017, 131~133면; 『심청전』에 나타난 '동정'에 관한 논의는 최기숙, 「『심청전』의 공감화 맥락: '공/사'의 경계 구분과 공생적 공공성」,

늘날의 소설 텍스트에서도 동정에 대한 우호적 태도는 쉽게 발견할 수 있다. 그렇다면 1910년대 비평 및 소설에서 보편적이고 본원적인 감정으로서의 동정을 읽어낸다는 것은 대체 어떠한 의미를 갖는가. 1910년대 작가들은 식민지 조선을 "도덕과 정의는 업고 모다 서로 먹고 서로 죽이는 빗"[188]만이 존재하는 공간이자, "서로 속이고, 서로 싸홈하자는 부르지짐"[189]이 난무하는 공간으로 묘사했다. 상호경쟁과 적자생존의 논리가 지배한 나머지 개체 간 연대의식이 상실되어버린 불안정성의 공간, 그것이 바로 1910년대 식민지 조선의 암울한 풍경이었던 것이다. 이러한 특수한 환경 속에서 급부상한 동정 개념은 분명 이전과는 다른 문맥에서 활용되고 있었다.

『학지광』과 『청춘』에서 '同情'이라는 용어가 처음 등장한 시점은 1914년 12월이다.[190] 먼저 장덕수는 "宇宙의 創造作用은 그 자체가 直히 爭鬪"라고 말하면서, 이러한 "어름갓흔 社會"에서 우리에게 필요한 것은 동정의 눈물과 사랑이라고 단언한다. 그에 따르면 인류 역사에서 '악마'는 항상 우리에게 "놈은 살거나 죽거나 自己나 잘 살앗스면 그만이지!"라는 말을 속삭이고 있다. 이러한 악마의 속삭임에 따라 인류 역사가 생존경쟁과 약육강식의 논리로 운용되었다는 것, 그것이 장덕수의 논지이다. 이러한 현실에서 우리가 구할 바는 무엇인가. 장덕수는 그 질문에 대해 "우리의 찬 가슴을 듸는 쌋듯훈 同情의 淚와 孤獨훈 우리 心靈을 慰勞ᄒᆞ는 아름다운 사랑이라."라고 답한다. 이 글에서 장덕수가 에머슨을 참조하여 "萬物이 各々 性質을 有훈다 홈은 同時에 自己表

『열상고전연구』 37, 열상고전연구회, 2013, 449~485면.

188) 沈天風, 「酒(술)」, 『매일신보』, 1914.9.12, 1면.

189) 瞬星, 「부르지짐(Cry)」, 『학지광』 12, 1917.4, 59면.

190) 張德秀, 「學之光第三號發刊에 臨ᄒᆞ야」, 『학지광』 3, 1914.12, 1~3면; 외배, 「同情」, 『청춘』 3, 1914.12, 57~64면.

現을 意味흔 것"이라고 주장했던 것을 비추어볼 때, 그가 언급한 동정은 에머슨의 범신론적인 입장에 입각해 제출된 개념어라고 볼 수 있다.

이처럼 장덕수가 에머슨의 사유에 기대어 동정을 인류 보편의 윤리로서 강조하고자 했다면, 이광수는 에머슨적 사유와 일정 정도 거리를 두고 있는 문명화론에 입각하여 동정의 효용성을 부각시키고자 했다. 이광수는 동정을 "人類가 다른 萬物에 向하야 소리쳐 자랑할 만한 極貴極重한 寶物"이라고 평하면서, 동정이야말로 인격의 정도를 측정하는 척도가 된다고 주장한다. 그는 "同情은 精神의 發達에 正比例"한다는 기조를 토대로 "예수, 孔子, 釋迦 등 諸聖과 린컨, 마지니, 나이팅겔 등 諸賢"을 정신적 발달을 이룬 대표적인 모델로 제시하였다. 이광수는 이러한 위인의 사례에서처럼 一國과 世界에 그 영향력을 행사할 수 있는 동정에의 길로 나아가야 한다고 강조했다. 여기에서 이광수의 동정론이 갖는 첫 번째 특성을 읽어낼 수 있다. 동정의 실천 범위를 단순히 일국뿐만 아니라 세계라는 추상화된 영역으로 확장시키고 있다는 것, 그것이 바로 이광수의 동정론이 가진 특질 중 하나이다. 그가 이 글에서 '동포'라는 일국적 범주의 용어보다 '인류'라는 세계적 범주의 용어를 더 빈번하게 활용되었던 것도 바로 그 이유에서이다.[191] 이광수의 이러한 인식에서 국경을 초월한 박애주의의 관점을 읽어내는 작업은 그리 어려운 일이 아니다. 이보다 더 중요한 것은, 이러한 이광수의 인식이 "강자로서의 제국이 약자로서의 식민지를 동정할 수 있는가?"라는 질문을 촉발시켰다는 사실이다. 이는 동정의 실천 주체에 관한 물음에 해당

---

191) 「동정」에서 人類라는 용어는 9번 활용되는 반면, 同胞라는 용어는 4번 활용된다. 심지어 이광수는 동포라는 용어를 쓸 때 "同胞(一國이나 全世界)" 내지는 "人類同胞"와 같이 표기함으로써, 동포가 단순히 민족 구성원을 지칭하는 것이 아니라 인류 전체를 지칭하는 것임을 강조하고자 했다. 이러한 맥락에서 볼 때, 이광수는 동정의 실천 범위를 단순히 일국적인 차원이 아니라 전세계적 차원으로 확장시켰다고 판단된다.

된다. 뒤에서 상론하겠지만, 현상윤이 이광수와 같이 문명화론을 주장했음에도 불구하고 그의 동정론에 대해서만큼은 끝까지 거부했던 이유도 바로 그 물음과 연관되어 있다.

이광수의 동정론이 갖는 두 번째의 특질은, 그가 약육강식을 비판하는 개념어로서의 '동정'을 '진화'라는 개념과 접맥시키고 있다는 점이다. 이광수는 아래와 같이 「동정」을 마무리하고 있다.

> 愛敬하는 靑年諸子—여 諸子는 將次 健全한 中流階級——卽 社會의 主人이 되어 腐敗 墮落한 낡은 空氣를 불어내고 淸凉 新鮮한 새 精神을 建設하야 <u>將次 우리 주장할 이 社會에게 善한 意味의 進化를 주어야 할 우리 靑年이니 造次顚沛에 大洋가튼 넓고 기픈 同情을 가질지어다.</u>[192] (강조와 밑줄은 인용자)

이광수는 조선의 청년들이 건전한 중류계급[193]이 되어 '선한 의미의 진화'를 이루기 위해서는 동정을 가져야 한다고 역설하고 있다. 이러한 맥락에서 볼 때 이광수는 동정이 정신의 발달, 즉 문명화라는 사회적 비전을 실현하는 중요한 수단일 수 있음을 강조하고자 했던 것으로 보인다. 여기에서 '동정'과 '진화'라는 개념이 조합되고 있다는 점에 유의해 본다면, 이광수의 동정론에 대해서는 다소 복합적인 해석이 불가피할 것으로 판단된다.

---

192) 외배, 앞의 글, 64면.

193) 이광수가 제시한 중류계급은 유산계급과 무산계급 중간에 위치하는 경제적인 의미의 중간계급이 아니라, 교육과 문화운동을 통해서 조성되는 지식인 계층을 지칭하는 것이다. 향후 이광수는 「중추계급과 사회」에서 이를 '중추계급'이라고 명명하였고, 이들을 주축으로 하는 사회가 구축됨으로써 비로소 조선의 후진성이 극복될 수 있다고 주장하게 된다. 魯啞, 「中樞階級과 社會」, 『개벽』 13, 1921.7, 24~31면.

동정이라는 감정은 이타성의 의미를 함축하고 있기 때문에 진화론의 핵심적 테제인 '생존경쟁'과 '약육강식' 논리에 대한 비판적 자질을 다분히 갖고 있다. 이광수 또한 동정을 통해 약자와의 공생이 가능하다는 점을 강조했다. 그런 의미에서 이광수의 동정론은 분명 약육강식의 논리를 극복하는 하나의 수단으로 간주될 수 있다. 하지만 동정을 통해 '선한 의미의 진화'를 이룰 수 있다는 이광수의 논법에서 확인할 수 있듯이, 동정이라는 이타적 감정의 중요성을 강조했다고 해서 이를 진화론적 사유 자체에 대한 거부라고 해석할 수는 없다. 이광수의 관점에는 동정을 통해 문명화된 인간, 선한 인격을 가진 인간으로 도약하고 진화할 수 있다는 신뢰가 내재되어 있다. 고로 이광수식 동정 개념은 한편으로 문명화된 인간으로의 진화를 지향한다는 점에서 충분히 '진화론적'이며, 다른 한편으로 약자와의 연대와 공생을 지향한다는 점에서 충분히 '反-진화론적'이다. 이러한 동정 개념의 양가성이 바로 이광수가 내세운 동정론의 두 번째 특질을 이룬다. 진화론에 입각한 문명화의 길과 반-진화론에 입각한 동정의 길이 이렇게 하나로 봉합될 수 있었던 것은, 그가 박애주의에 경도되어 어린 시절부터 숭앙해 마지않았던 톨스토이의 사유체계와 약육강식을 기반으로 한 다윈의 사유체계가 그의 인식을 동시에 지배하고 있었기 때문이다.[194]

이광수에 의해 제기된 동정 개념은 이후 당대 지식인들에게 있어서 중요한 화두로 간주된다. 이광수의 「동정」에 대해 가장 먼저 반응을

194) 이광수가 1912년 10월에 오산학교에서 쫓겨나게 된 이유도 톨스토이와 생물진화론을 동시에 학생들에게 가르쳤기 때문이라고 고백한 바 있다. "내라고 예수를 아니 믿는 것도 아니요, 예배당에서 강도도 아니하는 바가 아니지마는 웬일인지 저 자칭 진실한 신자패들은 나를 이단자로 몰기 시작했다. 그 중요한 원인은 내가 톨스토이를 좋아한다는 것과 학생들에게 생물진화론을 말하여서 양심을 타락케 한다는 것이었다." 이광수, 「나」, 앞의 책, 534면.

보인 이는 현상윤이었다. 1914년 12월, 현상윤은 이광수에게 보내는 편지글을 통해 「동정」, 「새 아이」, 그리고 「상해서」를 재미있게 읽었다고 고백한 바 있다.[195] 여기에서 그가 이광수의 「동정」을 거론한 것은 자못 흥미롭다. 그 이유는 현상윤의 논설에서 "人道의 基礎는 同情이니, 同情 없는 人道는 想像키 不能할 바라."와 같은 이광수적 시각을 읽어내기란 결코 쉬운 일이 아니기 때문이다. 현상윤은 이 글을 쓴 지 두 달 뒤에 「말을 半島靑年의게 븟침」을 발표하는데, 이 글에서 그는 세계의 운용 원리가 진화론에 있으므로 굳이 약자에게 도움을 줄 필요도 없고 약자 또한 동정을 기대해서는 안 된다고 단언한다.

> 諸君이여. 諸君은 일즉이 夏日野邊에 多數한 昆蟲이 저보다 强한 제비나 참새의게 잡혀 죽고 또 그 제비나 참새가 저보다 强한 새매나 독술이의게 멕혀 죽는 것을 구경한 일이 잇는가. 今日의 人類社會도 또한 이런 自然律 알에 支配를 밧고 世界의 存在도 또한 이런 法則 우에 建設되야 잇는 것이로다. 그럼으로 남의 同情업는 것을 셜어하지 안이하고 내의 힘업는 것을 셜어하는 것이 現代生活의 特徵이오, 남은 엇지 되얏던지 내 배나 잘 채우는 것이 現代人類의 道德이라.[196]

위 인용문은 진화론의 공리에 대단히 충실한 내용을 담고 있다. 강자

---

195) 玄相允, 「李光洙 兄의게」, 『小星의 漫筆(草稿本)』, 1914.12. 참고로 『小星의 漫筆(草稿本)』은 총 5권으로 구성되어 있다고 알려져 왔다. 하지만 제 5권의 소장처가 고려대 중앙도서관이라는 사실만 확인되었을 뿐, 1~4권의 소장처는 명확히 확인되지 않고 있다. 제 5권을 확인해본 바, 『小星의 漫筆(草稿本)』은 별도의 면수 표기가 되어 있지 않은 필기본의 형식을 띠고 있었다. 그에 따라 여기에서 인용할 때 별도의 면수 표기를 할 수 없었음을 미리 밝혀둔다.

196) 玄相允, 「말을 半島靑年의게 븟침」, 『학지광』 4, 1915.2, 16~17면.

가 약자를 잡아먹는 자연율이 세계 운용의 원리에도 명확하게 부합한다는 말이라든지 타인의 동정 없음을 논하기보다는 자기의 힘없음을 깨달아야 한다는 주장 등은 약육강식과 적자생존의 논리에 기반한 것임에 틀림없다. 심지어 현상윤은 남이 어떻게 되든지 간에 내 배를 잘 채우는 것이 곧 현대사회의 도덕이라고 말하고 있는데, 이는 그가 진화론적 원칙을 새로운 시대의 모럴로 받아들이고 있음을 짐작케 하는 대목이라 할 수 있다. 이후 3·1운동에 적극 가담했던 현상윤의 행적을 통해서도 유추할 수 있는 바, 그의 진화론적 사유는 당시 백대진과 같은 친일지식인이 보여줬던 진화론적 사유체계와는 분명 다른 문맥을 갖고 있었다. 현상윤의 인식은 식민지 조선(인)에 대한 자기 비판적 성격을 띠고 있다는 점에서 "弱한 者가 되얏거던 弱者로서 斷念ᄒᆞ여라. (……) 弱者가 되얏거던 一强族의 弱者로셔만 滿足ᄒᆞ여라."[197]라는 주장과 같은 맥락으로 해석될 여지가 있기는 하지만, 그렇다고 해서 그가 조선의 식민지적 상황을 체념적 태도로 받아들였던 것은 아니다.

그렇다면 그가 동정을 애써 부정하려 했던 이유는 어디에 있을까. 이 글에서 특징적인 것은, "半島의 일을 諸君이 안이고야 어느 뉘가 그 일을 擔當할 者 어대 잇으며 諸君이 우리와 兄弟되기만 不幸이지 어렵든지 苦롭든지 우리집 일을 諸君이 안이고야 다시 뉘가 이 일을 알으쳑하야주리오."[198]와 같은 문장에서 읽을 수 있듯, 누군가의 동정 없이 식민지 조선의 문제를 우리 스스로가 해결해야 한다고 강조했다는 점이다. 이는 이광수의 동정론과는 분명 다른 결을 지니고 있다. 앞서 살펴

197) 雪園生, 「忙中閑抄 - 神聖ᄒᆞᆫ 弱者」, 『매일신보』, 1919.9.14. 설원생이 백대진이라는 사실은 김복순에 의해 상세히 논증된 바 있다. 자세한 내용은 김복순, 『1910년대 한국문학과 근대성』, 소명출판, 1999, 181~182면을 참조.

198) 玄相允, 「말을 半島青年의게 붓침」, 앞의 글, 17면.

봤듯이, 이광수는 동정의 실천 범위를 '세계' 내지는 '인류'라는 추상적인 범주로 확장시켰다. 현상윤의 입장에서 볼 때, 이러한 이광수의 논법은 식민지적 문제를 타개할 만한 정치적 효력이 부재하고 있다는 점에서 문제적이다. 그에 따라 현상윤은 강자에 해당되는 일제에게 동정을 기대하는 길보다, 약자 조선이 스스로 강해질 수 있는 길로 나아가야 한다고 주장했던 것이다.

그가 우리 자신을 '약자'로 호명하고 약자필멸의 진화론적 논리를 '현대 인류의 도덕'으로 지칭했던 이유도 이제는 해명될 수 있을 것이다. 그는 「말을 半島青年의게 붓침」에서 다음과 같은 말을 덧붙인다. "애닯다. 諸君아. 나이 어리다 辭讓 말고 힘이 弱하다 辭讓 마라. 어린이의 쇠라고 쇠 안임은 안일지며 弱한 이의 힘이라고 힘 안임은 안일지온. 하물며 우리의 우에는 先覺이 别노 업스며 우리의 우에는 힘잇는 이가 别노 업나니, 어른 노릇도 우리가 하여야 하고 힘잇는 이의 노릇도 우리가 하여야 하겟슴에리오."[199] 이는 우리 스스로를 약자로 인식할지라도 그 때문에 스스로 위축되거나 나약해질 필요가 없다는 의미를 담고 있다. 즉, 현상윤은 비록 약한 힘일지라도 이를 기반으로 새로운 도약의 가능성을 모색해야 한다는 의지를 피력하고 있는 셈이다. 이와 같이 그가 제시한 것은 "나의 힘 없는 것"을 깨닫고 부족한 힘을 우리 스스로가 키워나가야 한다는, 이른바 자강의 문법이었다.

식민지 공간이 그저 생존을 위해 끊임없이 쟁투를 벌여야 하는 생존경쟁의 공간이라면, 약자로서의 '나(우리)'가 소멸되지 않고 삶을 영위할 수 있는 방법은 무엇일까. 이 질문에 대한 현상윤의 답은 「强力主義와 朝鮮青年」에서 찾아볼 수 있다.

---

199) 玄相允, 「말을 半島青年의게 붓침」, 앞의 글, 18면.

아아 弱者여 무엇을 吸々하게 니약이하지 말고, 世上을 이러니 져러니 妄評치 말아라 네의 怨望이 죠곰도 强者의 形勢를 엇지하지 못하고, 네의 呪詛가 죠곰도 힘잇는 者의 權威를 건드리지 못하나니, 차라리 弱者로 生겨난 네의 運命을 恨嘆할 망졍 夢寐間에라도 强者의 힘이나 抑勢를 猜疑하고 嗟怨치 말을지로다. 是로 以하야 이 世上에는 오직 强力이 有할 쑨이니, 强力 以外에 다시 무엇이 有하리오.[200]

현상윤에 따르면, 약자들은 '자아'를 실현하기는커녕 자신의 '생'을 유지할 수조차 없다. 약자는 그저 '비참'과 '불행'의 다른 이름일 뿐이다. 모든 개체가 생존경쟁의 장에서 각축을 벌이고 있는 시점에 동정을 기대해서도 안 되며, 또 기대할 수도 없다. 고로 약자의 삶이란, 누군가의 동정이나 연민을 통해서가 아니라 오로지 자기 자신을 강하게 정련시킴으로써 비로소 가능해질 수 있다. 바로 이러한 관점에서 현상윤은 강력이야말로 진화론적 세계에서 살아남기 위한 하나의 절대가치라고 주장했던 것이다.[201] 이러한 현상윤의 관점은 이광수식 동정론이 갖고 있는 정치적 한계를 비판하고, 식민지라는 당면 문제를 타개하기 위해 제출되었다는 점에서 주목될 필요가 있다. 하지만 그가 제출한 '강력주의'는 약육강식과 적자생존을 강조하는 진화론적 사유의 재판본임에 틀림없다. 더욱이 그의 입론은 약육강식 논리에 내재된 비윤리성에 대해 근본적인 성찰을 결여하고 있다는 점에서 나름의 한계를 내포하고 있는 것이기도 하다.

---

200) 玄相允, 「强力主義와 朝鮮靑年」, 『학지광』 6, 1915.7, 44~45면.

201) 힘을 강조하는 현상윤의 관점은 여타의 문헌들에서도 두루 확인된다. 이러한 관점이 농후하게 드러난 현상윤의 글로는 「왜 그러냐」(『小星의 漫筆(草稿本)』, 1914.1)와 「녀름의 野色」(『청춘』 15, 1918.9) 등을 대표적으로 거론할 수 있을 것이다.

이처럼 현상윤은 문명화론을 지향했다는 점에서 이광수와 같은 입장에 서 있기는 했지만, 문명화의 길을 걷는 데 있어서 동정이라는 보편적 윤리를 수반해야 하는지에 대해서는 이광수와 이견을 보이고 있었다. 그가 이광수의 동정론과 거리를 두고자 했던 것은, 이광수의 동정 개념이 지나치게 '인류'와 '세계'의 범주로 확장시켰다는 점 때문이었다. 현상윤의 입장에서 볼 때, 이광수의 관점은 식민지라는 현실을 도외시하는 입장에 해당되었다. 그에 따라 그는 동정을 거부하고 자강의 논리를 극단화하는 길로 나아가고자 했던 것이다.

사실상 『학지광』과 『청춘』의 필진들은 현상윤의 '反동정론'보다는 이광수의 '동정론'에 보다 많은 공명을 했던 것으로 보인다. 특히 이상천·박이규·변봉현 등은 이광수가 제시한 동정의 실천 범주를 '조선' 내지는 '민족'이라는 범주로 한정해냈을 뿐만 아니라, 식민지 조선의 와해된 공동체성을 복원하기 위한 대안으로 동정을 부각시켰다는 점에서 주목될 만하다. 먼저, 이상천은 세계가 비록 약육강식이라는 자연법칙에 따라 운용된다고 하더라도 同類끼리는 서로 동정하고 구제하려는 노력이 반드시 필요하다고 주장하고 있다.

> 嗚呼-라 事情과 處地를 갓치 한 者는 서로 사랑하며 서로 도아야만 하거늘 만일 그럿치 아니하야 同族이 相爭하고 南北이 分裂하야 村村이 서로 나뉘고 家家가 서로 나뉘면 自招한 罪는 누가 밧으리요. (……) 自己와 歷史를 갓치 하고 自己와 言語를 갓치 하고 自己와 居住를 갓치 하고 自己와 事情을 갓치 하고 自己와 骨肉을 갓치 한 同胞兄弟의 危急한 境遇를 自己가 救濟하지 아니하면 누가 救援하리요. (……) 이와 갓치 處地와 事情을 갓치 한 同類間에는 참아 하지 못하는 情誼가 잇스니 이는 動物의 本性이라.[202)]

앞서 이상천의 「새 道德論」에 대해 논한 바 있듯, 그는 '자기 생명의 보존'을 새로운 도덕으로 세워야 한다고 주장하였다. 이 글에서 생명을 보존하기 위해 '전쟁'도 불사해야 한다는 극단적 주장까지 제시된 것을 고려해 본다면, 그가 약육강식의 세계 질서를 부정할 수 없는 철칙으로 수용하고 있음은 충분히 짐작할 수 있다. 여기에서 주목할 것은, 그가 조선을 약육강식의 원칙에 따라 운용되는 세계 질서와 괴리된 공간으로 설정하고 있다는 사실이다. 위 인용문에 따르면 조선(인)은 역사·언어·거주를 같이 하고 있는 동족끼리 서로 동정하고 구제하는 공동체를 구축해야 한다. 그러한 연대의 공동체를 통해서 생존을 유지하는 것이 바로 동물의 본성이라는 것이다. 이로 보아 그는 이 세계를 두 가지의 자연법칙, 즉 약육강식의 법칙과 상호동정의 법칙이 동시에 작동하는 곳으로 간주했다고 판단된다. 전자가 제국주의적 세계 질서를 해석하고 설명하는 데 적용되는 법칙이라면, 후자는 조선 내부의 질서에 새롭게 적용해야 할 법칙에 해당된다. 이렇듯 그는 약육강식의 논리로 점철된 국제 사회와 동정의 논리로 운용되는 조선 사회를 구분하고, 조선 사회 내부에서만큼은 동정을 통해 민족적 결속력을 강화시켜야 한다고 서술하고 있다.

이상천의 주장은 동정의 실천 범주를 '조선' 혹은 '민족'으로 한정하고 있다는 점에서 그 특질을 찾을 수 있다. 이는 '세계' 혹은 '인류'라는 추상적인 범주를 동정의 실천 범주로 설정했던 이광수의 관점과도, 동정 자체를 거부했던 현상윤의 관점과도 거리를 둔 것이라고 평가된다. 동정의 효용성을 민족적 결속의 강화라는 측면에서 읽어내려는 이상천의 관점은 여타의 글에서도 쉽게 발견할 수 있다. 예컨대 "自己의 民族

202) 李相天, 「새 道德論」, 『학지광』 5, 1915.5, 20면.

부터 充分히 愛를 다하지 아니하면 隣邦과 世界를 愛한다 할지라도 此난 眞實한 愛가 되지 못할지라."[203]라고 하면서 인류에 대한 동정보다 자기 민족에 대한 동정을 갖는 것이 더 중요하다는 점이 강조되었는가 하면, "骨肉의 關連이 갓고 境遇가 갓흔, 우리의 형 아우 사이에 同情이 잇고 눈물이 이슬 것은 天眞한 情理로다."[204]처럼 혈통과 처지가 같은 민족끼리 서로 동정하는 관계를 형성해야 한다는 목소리가 발화되기도 했다.

정리하자면, 1910년대 중반의 지식인들은 국제 사회를 운용하는 약육강식의 질서가 식민지 조선 내부에 깊숙이 침투하고 있는 광경을 목도하고 있었다. 이러한 상황에서 그들은 동정 개념을 내세우면서 다음과 같은 두 가지의 비전을 갖고 있었다. 하나는 동정을 통해서 문명국가로 도약할 수 있을 것이라는 비전이다. 이에 대해서는 앞서 언급했던 이광수가 대표적인 예로 거론될 수 있는데, 그가 "우리의 同情을 試驗하라."라는 테제를 앞세웠던 것은 어디까지나 동정이 "精神의 發達에 正比例"한다고 보았기 때문이다.[205] 이러한 믿음을 기반으로 하여, 동정은 '조선=문명국가'라는 이상을 실현하는 데 있어서 중요한 감성으로 부각될 수 있었던 것이다. 다른 하나는 동정을 통해서 식민지 조선의 와해된 공동체성을 복원할 수 있을 것이라는 비전이다. 세계를 사랑하기 위해서 자기의 민족부터 사랑해야 한다는 윤리를 강조한 것이나, 같은 혈통에서 나온 형제 사이에서 발원하는 동정이 순수하고 천진한 것임을 주장한 것 등은 모두 그 맥락에서 해석될 수 있다. 이처럼 동정이라는 감정은 조선이 문명국가로 도약하기 위해 훈육되고 장려되어야

203) 朴珥圭, 「余의 直觀的 所感」, 『학지광』 6, 1915.7, 21면.
204) 邊鳳現, 「强者의 努力」, 『학지광』 7, 1916.3, 8면.
205) 외배, 앞의 글, 58면.

할 것으로 간주되었을 뿐만 아니라, 생존경쟁과 적자생존의 원칙에 의해 와해되어버린 식민지 조선의 공동체성을 복원하는 데 있어서 중요한 기제로 인식되었다.

다만, 동정 담론은 식민지 극복이라는 당면 과제를 즉각적으로 해결할 수 없다는 상황판단 속에서 제출된 대안이라는 점에 유의해야 한다. 이광수는 바로 이러한 입장을 전제 삼아 동정을 새로운 감정적 규율 기제로 내세웠다. 동정 개념은 생존경쟁과 약육강식의 단계를 거쳐 진화한다는 『종의 기원』의 논법을 넘어서는 것으로, 인간이 이타성의 발현을 통해서도 진화할 수 있다는 당대 지식인들의 신념을 내장하고 있다. 이광수는 이타성이 활성화되는 범주를 '조선'이 아닌 '세계'로, 이타성을 실현하는 주체를 '민족'이 아닌 '인류'로 각각 설정하였다. 따라서 그가 내세운 '동정을 통한 문명화' 전략은 식민지라는 특수한 역사적 조건으로부터 해방되어야 한다는 정치적 인식이 상당 부분 소거된 것이라고 봐야 옳을 것이다. 현상윤은 바로 이러한 이광수적 동정론의 맹점을 간파하고, '동정을 통한 문명화' 전략에 대해서 회의적인 입장을 표명한다. 그가 '反동정론'을 내세우면서 나아갔던 길은 바로 '자강에의 길'이었다. '강력'이라는 용어에 집약되어 있는 것처럼, 그는 약육강식과 적자생존의 논리를 극단화시키는 길로 나아가고자 했다. 이러한 논리는 식민지적 문제를 해결하기 위한 대안으로 제출된 것이기는 하지만, 진화론적 사유체계가 갖고 있는 윤리적 문제점을 명확하게 인지하지 못한 것이라는 점에서 경술국치 전후에 제출된 자강론의 한계를 답습하고 있다고 평가된다. 마지막으로 이상천·박이규·변봉현 등이 내세운 동정 개념은, 식민지 공간이 쟁투의 공간으로 변질되어버린 상황 속에서 민족적 결속력을 보다 강화해야 한다는 정서를 내포하고 있다. 즉, 그들이 제시한 동정론은 식민지 조선을 약육강식의 논리가 지배하는 곳이 아니라 연대와 공존의 논리가 지배하는 곳으로 설정하려는 의지를 담고 있다는 것이다. 이 관점이 식민지적 문제를 타개할 만한 정치적 역량을 갖췄는지에 대해서는 쉽게 판단하기는 어렵다. 제국주의 논리가 활성화된 '세계'와 동정의 논리가 활성화된 '조선'을 서로 분절된 것으로 상상했다는 점에서 그러하다. 그럼에도 불구하고 우리는 진화론적 사유로부터 한 걸음 이탈하여 약자와 강자 간의 공생이 가능한가에 관한 윤리적 물음을 상기시켰다는 점에서 그 의미를 부여할 수 있을 것이다.

2.2 민족자결주의의 제창과 그 영향

앞서 언급했듯이 이광수가 동정론을 제기한 이후, '동정'은 문명화에 이르는 수단이자 민족적 결속력을 강화시키는 주요한 수단으로 간주되고 있었다. "우리의 社會는 이미 法網이 懈弛되고 道德이 腐敗하고 信用이 薄弱한지라. (……) 몬저 同情의 쓰거운 血淚와 博愛의 모든 犧牲으로써 一般 人心을 征服"[206]해야 한다는 말이 잘 웅변해주고 있듯, 동정은 약육강식의 질서로 운용되는 식민지 조선 사회를 갱신시키는 데 있어서 중요한 윤리적 토대로 기능했다. 그 결과 동정은 자강의 논리가 연대 및 공생의 논리로 대체될 수 있는 계기를 마련해 주었고, 약육강식과 적자생존이라는 진화 방법에 대해 윤리적인 성찰을 촉발시키는 데 기여할 수 있었다. 하지만 동정론은 어디까지나 식민지적 현실을 당장 극복할 수 없다는 냉랭한 현실인식을 기반으로 한 것이었다. 이는 1차 세계대전이 한창이었던 이 시기를 "弱肉强食하며 優勝劣敗하는 二十世紀"

206) 金利埈, 「出陣하는 勇士諸君에게」, 『학지광』 6, 1915.7, 29면.

로 명명하거나, "今日의 世界는 文明人의 世界니 오즉 文明人만이 生存의 權利를 享有하며 오즉 文明强人만이 尊榮과 威權을 保有하는 世界"[207]라고 규정하려는 인식들이 빈번하게 노출되었던 것에서도 쉽게 확인할 수 있다. 이렇듯 당대 지식인들에게 있어서 약육강식의 논리로 운용되는 국제 질서를 극복하거나 식민지 조선을 해방시키는 것은 여전히 요원한 일로 인식되고 있었다.

그러나 1차 세계대전의 종전을 앞두고 약육강식의 논리로만 설명되었던 국제 정치를 도덕적인 관점에서 해석할 수 있는 계기가 마련되었다. 1차 세계대전을 "모든 전쟁을 끝내기 위한 전쟁"이자 "민주주의를 정착시키기 위한 전쟁"이라고 규정하고,[208] 약자로 머물러 있던 조선이 국제 사회에서 공생의 주체로 승인받을 수 있다는 상상력은 지식인들 사이에서 공명을 얻기 시작했다는 것이다. 그 결정적 계기는 윌슨에 의해 주창된 민족자결주의를 통해 마련되었는데, 이는 국제 정치에서 약육강식의 논리가 통용될 수 없다는 문제의식을 촉발시켰다는 점에서 중요한 역사적 의미를 갖는다.[209] 다시 말해 동정론은 조선 사회에서

207) 「藝術과 勤勉」, 『청춘』 11, 1917.11, 45면.

208) 하영선·남궁곤, 『변환의 세계정치』, 을유문화사, 2007, 141면.

209) 이와 관련하여 마넬라의 저작은 여러 모로 흥미로운 데가 있다. 마넬라는 현대 정치에서 미국과 같은 강대국들이 자신들의 전략적·정치적 이익을 위해 국제 사회의 문제에 과도하게 개입하고 있다고 본다. 그러한 강대국들의 이론적 모체가 된 것이 바로 윌슨의 14개소라는 것이 바로 마넬라의 핵심적인 논점이다. 이 책에서 주목할 부분은 '윌슨적 순간의 출현' 이후의 피식민국가들의 동향이다. 그는 '윌슨적 순간의 출현'이 빚어낸 국제 정치의 풍경을 한국, 중국, 베트남 등의 사례를 통해 설명해내고 있다. 특히 그는 윌슨의 텍스트와 레닌의 텍스트(『제국주의론』)를 겹쳐 읽으면서 레닌의 것이 오히려 피식민국가들의 민족주의자들에게 공감을 불러일으켰다고 말한다. 그 이유는 윌슨이 현실정치에서 피식민국가의 해방에 대해 지나치게 소홀했기 때문이다. 그에 따라 중국을 비롯한 여타 국가에서 레닌의 사회주의를 대안적 이데올로기로 받아들이기도 했지만, 사실상은 '윌슨적 순간의 출현'으로 인해 기존의 약육강식 질서가 해체되고 피식민지국가의 자결권이 점진적으로 확보되었다. E. Manela, *The Wilsonian Moment: Self*－

작동되었던 약육강식 논리가 더 이상 유효하지 않다는 점을 강조하기 위해 대두된 것이었다면, 윌슨의 민족자결 원칙은 국제 사회에서 약육강식 논리가 한계에 직면해 있음을 웅변해주는 것이었다.

1918년 1월 8일, 우드로 윌슨은 새로운 세계질서를 구상하기 위해 미국 상·하원 합동회의에서 14개조*Fourteen Points*를 발표한다. 약소국 독립의 기초를 마련했다고 알려진 이 14개조는 사실상 여러 결함을 내포하고 있었다. 그것은 식민지의 요구를 자유롭고 공정하게 조정해야 한다는 주장이 있을 뿐 식민지의 즉시 독립을 주장한 것도 아니었고(5조), 무엇보다도 자치 기회를 보장해야 한다는 진술은 어디까지나 벨기에·루마니아·세르비아·몬테네그로·폴란드 등의 유럽 국가만을 대상으로 삼고 있었다(6~13조). 게다가 윌슨이 발표한 14개조 어느 곳에서도 민족자결*Self-detemination*로 번역할 수 있는 용어는 없었다. 그에 따라 윌슨의 14개조가 공표된 직후만 하더라도 조선 지식인들의 반응은 미온적이었다. 『학지광』과 『청춘』에서 1918년부터 1919년 3·1운동 이전까지 윌슨의 14개조에 대한 논의는 단 한 건도 없었을 뿐만 아니라, 두 잡지에는 여전히 강권주의에 입각한 국제관이 전면에 부각되고 있었다.[210] 『매일신보』도 사정은 마찬가지였다. 윌슨의 민족자결주의에 대해 비교적 상세한 논평이 한 차례 실린 것을 제외하고,[211] 『매일신보』에

---

determination and the International Origins of Anticolonial Nationalism, Oxford University Press, 2007.

210) 다음과 같은 일련의 글들이 그 근거에 해당된다. 金禑濟, 「冬과 吾人」, 『청춘』 13, 1918.4, 23~27면; 盧文熙, 「힘」, 『청춘』 13, 1918.4, 106~107면. 小星, 「朝鮮青年과 覺醒의 第一步」, 『학지광』 15, 1918.3, 6~14면; 徐椿, 「比較하라」, 『학지광』 15, 1918.3, 21~24면; 塘南人, 「우리 社會의 亂波」, 『학지광』 17, 1919.1, 4~11면; 李光洙, 「宿命論的人生觀에서 自力論的 人生觀에」, 『학지광』 17, 1919.1, 18~21면.

211) 「米統의 國際聯盟과 孟子의 平和主義」, 『매일신보』, 1918.12.21. 이 글은 윌슨의 14개조 중에서 식민지 독립에 관한 논의를 포함하고 있는 5조 이하의 내용은 생략한 채, 1~4조

서는 1918년 1월부터 1919년 3·1운동 이전까지 총 4차례 정도 단편적인 사실만을 소개하는 데 그쳤다. 윌슨의 14개조의 내용이 식민지 독립의 가능성을 시사하고 있다는 점에서 볼 때, 민족자결주의에 대해 침묵하려는 『매일신보』 측의 태도는 어느 정도 수긍이 되는 점이 있다. 하지만 『학지광』과 『청춘』에서 이에 대한 논의가 전연 이루어지지 않았다는 점은 다소 의외라 할 만하다.[212)]

그렇다고 해서 윌슨의 민족자결주의가 가진 의의를 과소평가할 수는 없을 것이다. 왜냐하면 3·1운동을 전후로 하여 발표된 여러 독립선언서에서 민족자결에 관한 기대감을 읽어내기란 그리 어렵지 않은 일인데다가,[213)] 민족자결주의가 2·8 독립선언과 3·1운동의 기폭제였다는 사실은 최남선·현상윤·이광수·염상섭 등이 남긴 회고나 신문조서 등을 통해서도 수차례 확인되고 있기 때문이다.[214)] 이와 같은 내용에서 공

의 내용만 간략하게 소개하고 있다.

212) 이에 관해 명확한 근거가 될 만한 검열 자료를 찾아볼 수는 없으나, "한국 ᄂᆡ디에셔 발힝하난 일인의 신문은 한국 민족 가온데 무슨 폭동이 닐어날가 겁이나셔 윌손 통령의 十四 됴목 듕에 민족자결쥬의 갓흔 언론은 도모지 긔직치 안으니"(「윌손 통령의 十四 됴목, 그 영향이 ᄂᆡ디에도 미쳐」, 『신한민보』, 1919.2.13.)라는 기사 내용으로 보아 당시 일제는 민족자결주의에 관한 논의가 이루어질 수 없도록 일정한 압력을 행사했던 것으로 추정된다.

213) 예를 들어 염상섭이 작성한 독립선언서에서는 "평화의 제단에 숭고한 희생으로서 바친 3천만의 망령에 의하여 가장 웅변으로, 또 가장 통절히 吾人에게 가르쳐준 것은 실로 '민족자결주의'란 오직 한마디이다."라고 기술되어 있고, 무오독립선언서에는 민족자결주의를 "弱國殘族을 구제하는 대지의 복음"으로 지칭하기도 하였으며, 2·8 독립선언서도 "우리 민족은 일본이나 혹은 세계 각국이 우리 민족에게 민족 자결의 기회를 부여하기를 요구"한다는 등의 표현이 담겨 있다. 이러한 표현들은 당시 독립에 대한 열망이 민족자결주의에 기초하고 있음을 보여주는 근거라 할 수 있다. 염상섭, 「독립선언서」, 『한민족독립운동사』 3, 국사편찬위원회, 1988, 214면; 「무오독립선언서」와 「2·8 독립선언서」는 『근대한국 국제정치관 자료집 2: 제국-식민지기』, 서울대학교출판문화원, 2014, 65~70면을 참조.

214) 민족자결주의에 관한 당대 지식인들의 회고담 및 신문조서 몇 가지를 간추려보면

통적으로 확인되는 바, 민족자결주의가 본격적으로 조선 사회에서 공명되기 시작한 시기는 1차 세계대전이 종결되었던 1918년 11월 이후였다.

그렇다면 3·1운동 이전까지의 민족자결주의에 대한 논의는 어디에서 찾아볼 수 있을까. 사실상 윌슨의 14개조에 대한 논쟁은 재외 조선인들 사이에서 보다 활발하게 진행되었다. 특히 재일 조선인과 재미 조선인의 관점이 도드라지는 측면이 있으나, 이 가운데 재일 조선인들의 관점에 대해서는 이미 몇 차례 검토된 바 있다.[215] 따라서 여기에서는

다음과 같다. ① 최남선의 신문조서 : "본년 1월말 경 우연히 길에서 만났을 때 동인(최린을 말함: 인용자 주)이 자기집에 가자고 하므로 나는 동인과 같이 동인의 집에 갔었다. 여러 말이 있은 후 동인은 세계대전도 이미 종식되고 목하 강화회의에서 '윌-손' 대통령이 제의한 十四개조의 선언을 근본으로 토의중에 있는데 그 十四개조의 선언 중에는 민족자결이란 조항이 있으니 이것에 대하여 그대의 의견은 어떠하냐고 물으므로"(「최남선 선생 취조서」, 1919.5.19, 이병헌 편, 『三·一運動秘史』, 시사시보사출판국, 1959, 658면), ② 현상윤의 신문조서 : "송진우는 중앙학교의 교장인데 동인이 1월중 '윌-손'의 민족자결주의를 말하면서 조선도 독립을 하였으면 하므로 나도 그것을 찬성한다고 하였다."(「현상윤 선생 취조서」, 1919.5.23, 이병헌 편, 앞의 책, 668면) ③ 염상섭의 회고 : "3·1정신은 말할 것도 없이 민족적 조국애의 발로이지마는 그 시발과 종착은 정의·인도의 선양이요, 자유평등의 전취(戰取)인 것이다. 민족자결주의란 약소민족의 정치적 해방이자, 그 의지·의사의 자유해방인 점에 있어 민주주의의 시발이기도 한 것이다."(염상섭, 「기미운동과 문학정신」, 『평화신문』, 1958.3.1.) ④ 이광수의 회고 : "무오년, 일천 구백 십팔년 십일월 십일일, 구주대전의 휴전조약이 성립되었다는 기별을 내가 신문에 본 것은 북경에서였다. 윌슨의 십 사 원칙이 발표되고 파리에서 평화회의가 열리게 되어 중국 대표 육징상(陸徵祥) 씨가 파리를 향하여 북경을 떠났다. 이러한 뉴우스는 내 마음을 흔들어놓았다."(이광수, 「나의 고백」, 『이광수전집』 7, 삼중당, 1974, 251면), ⑤ 김을한의 회고 : "2·8운동의 동기는 어디 있었는가? (……) 최팔용은 그때 학우회 기관지 「학지광」이라는 잡지의 편집국장으로 있었고 나는 그때 편집위원으로 있었다. (……) 그때 그의 말이 미국 대통령 윌슨의 민족자결주의 제창은 우리가 조국광복을 부르짖기에 절호의 기회가 아니냐고 하던 것이 역력히 생각난다."(김을한, 『실록 동경유학생』, 탐구당, 1986, 36~37면)

215) 민족자결주의에 대한 재일 조선인 유학생들의 논의에 관해서는 송지예, 「'민족자결'의 수용과 2·8독립운동」, 『동양정치사상사』 11-1, 한국동양정치사상사학회, 2012, 179~209면; 신다혜, 「2·8독립선언의 주도자 최팔용」, 『한국민족운동사연구』 89, 한국민족운동사학회, 2016, 135~172면을 참조.

『신한민보』를 통해 민족자결주의에 대한 재미 조선인들의 인식론적 단면을 살펴보고자 한다.

1918년 5월 2일자 『신한민보』 기사에 실린 시 「세계민쥬쥬의」는 윌슨의 민족자결주의에 대한 재미 조선인의 초기의 반응이 어떠했는지를 잘 드러내고 있다.[216] 이 시는 재미 조선인이자 미군 입대를 지원한 차의석이 1차 세계대전에 참전하면서 남긴 시이다. "나는 한 망국 픽졸이라. 희싱하기 앗가와 할가. 나의 몸이 비록 젹으나 세계를 위히 드리리라. 젼징 긋나고 승리엇을 적 세계의 평화는 이로 시작이라. 셔븨아, 폴린 사람 집으로 갈 젹 닉 나라 동반도 자유하리라."라는 시문에서 읽어낼 수 있는 것은, 1차 세계대전에서 승리함으로써 세계 민주주의를 수호할 수 있다는 시적 화자의 굳건한 믿음이다. 그가 망국민의 일원임에도 불구하고 미합중국의 군인으로 참전하려 했던 것은 '세계의 평화'라는 인류 보편의 목적을 달성하기 위함이다. 그러나 이는 그가 지향하는 본질적 목적이 아니다. 이 시에서는 세계의 평화가 도래함으로써 '세르비아, 폴란드' 사람들이 비로소 '집'으로 돌아갈 수 있고, 그에 발맞춰 조선 또한 자유를 획득하게 될 것이라는 기대감이 한껏 발산되고 있다. 다시 말해 1차 세계대전의 승전을 통해서 세계의 평화가 도래할 수 있고, 이를 통해 조선의 독립이라는 본질적 목적을 달성할 수 있다는 기대감. 그것이 바로 이 시를 통해 궁극적으로 말하고자 했던 바이다.

스스로를 망국민의 패졸이라고 자처하면서 미군으로 참전했던 차의석, 그가 쓴 이 시에서 우리는 1차 세계대전이라는 국제적 분쟁이 식민지 해방이라는 과제와 결코 분리되어 있지 않다는 신념을 읽어낼 수 있다. 이 시는 약육강식의 세계관에서는 결코 검출될 수 없는 인도와

216) 이 시에 관해서는 이미 윤영실에 의해 논의된 바가 있다. 윤영실, 「식민지의 민족자결과 세계민주주의」, 『한국현대문학연구』 51, 한국현대문학회, 2017.

정의와 평화를 수호하기 위해 투신해야 한다라는 것, 그리고 참전을 통한 세계 민주주의 건설이 결국 국제 사회에 '조선'이라는 이름을 다시금 등재시키는 행위라는 것을 가열찬 목소리로 발화하고 있다. 고로 미군으로 참전하겠다는 차의석의 결의는 조선이 세계사적 시간의 흐름에 동참할 수 있다는 하나의 선언처럼 읽힐 수 있다. 바야흐로 조선은 고립된 식민지가 아니라, 인류와 세계라는 광의의 카테고리에 포함되어 정의와 평화를 수호하는 세계사적 주체로 새로이 호명되기에 이른 것이다. 그 이후 『신한민보』에는 강한 자와 약한 자가 공존하고 모두가 평화를 누릴 수 있는 시대가 도래할 것이라는 논평이 실리기도 했지만,[217] 주로 1차 세계대전의 객관적 사실 및 재미 조선인의 생활상 등에 대해서 다루고 있는 『신한민보』의 특성상 그러한 시각은 극히 제한적으로 나타날 뿐이었다.

『신한민보』 지면에서 윌슨의 민족자결 내지는 자유, 평화 등의 용어가 빈번하게 활용되는 시점은 1차 세계대전이 종료되는 11월 이후였다. 특히 1918년 11월 21일자 신문은 1차 세계대전 終戰 기념호로 느껴질 만큼, 연합국의 승전을 축하하는 기사로 빼곡히 채워져 있다. 「민쥬쥬의의 승리」에서는 윌슨의 민족자결의 원칙이 "쇼약국 민족의 권리를 붓들어 쥼으로 세계 민쥬쥬의를 극단 옹호"했다고 고평하였는가 하면, 대한인국민회 총무 이대위가 작성한 「윌손통에게 올리는 승젼티하셔」에서는 "세계민족은 각하의 셩공을 말미암아 다갓치 평등 자유를 엇을지니 이후 온세계 인죵이 민쥬쥬의의 신시대를 셩립할 줄 밋나이다."라

217) 「인도와 세계의 쟝래」, 『신한민보』, 1918.6.13. "대ᄀᆡ 사람은 단슌히 텬사의 아들도 안이며, ᄯᅩ한 단슌히 마귀의 아들도 안이오. (…) ᄯᅩ한 강한 쟈도 잇고 약한 자도 잇습니다. (…) 그런고로 이 압날에도 평화할 ᄯᅢ와 싸홈할 ᄯᅢ가 잇셔 오ᄅᆡ 평화한 뒤에는 싸홈하며 싸홈한 뒤에는 평화함은 인정의 썻썻한 리티옵니다. 우리도 이 디구상에 ᄉᆡᆼ존을 보존하려면 우리 가온ᄃᆡ 더러는 인도를 쥬챵하며"

는 기대에 찬 전망이 제시되었다. 이러한 내용은 국제 질서에서 더 이상 약육강식의 세계관이 유효하지 않다는 점을 상기시키기에 충분하다.[218] 특히 2·8 독립선언이 일어나기 직전, 윌슨의 민족자결주의에 관한 글이 집중적으로 발표되었다는 점은 주목할 만한 사실이다.[219] 이 시기에 발표된 일련의 글들은, 파리강화회의에서 조선의 의석을 확보하여 민족자결주의에서 언급된 식민지 독립의 영역권을 조선으로까지 확대시켜야 한다는 공통된 논지를 담고 있다.

이상과 같이 윌슨의 민족자결주의는 국제 질서에서 약육강식의 논리가 극복될 수 있다는 상상력을 불러일으키는 데 일조했다.[220] 이를 통해 약육강식의 국제질서가 극복되고 연대와 공생의 감각을 기반으로 한 세계민주주의 질서가 구축될 것이라고 믿었던 것이다. 지금까지 『신한민보』를 통해서 민족자결주의에 대한 인식의 추이를 살펴본 바, 재미

---

218) 이러한 인식을 기반으로 하여 재미 조선인이 정치적 운동을 전개하였다는 점도 부기해두도록 한다. 1918년 11월 25일에는 대한인국민회에 소속되어 있었던 이승만, 민찬호, 정한경 세 사람은 윌슨에게 청원서를 제출하였고, 1918년 12월 2일에도 신한회에 소속되어 있었던 신성구, 김헌식 등이 미 국무장관 랜싱(R. Lansing)과 미국 상·하원 외교위원회에 청원서를 제출하였다. 두 청원서의 핵심 내용은 모두 민족자결에 대한 조선인들의 바람이 실현될 수 있도록 미국이 조력해야 한다는 것이었다. 이에 대한 구체적인 내용은 長田彰文, 박환무 역, 『일본의 조선통치와 국제관계』, 일조각, 2008, 103~106면을 참조.

219) 2·8 독립선언 지전에 발표된 민족자결주의 관련 글은 다음과 같다. 「민족자결쥬의에 대하야」(1919.1.23.), 「평화회의와 출셕권」(1919.1.23.), 「민족자결쥬의에 대하야」(1919.1.30.), 「일본의 네국쥬의는 미국의 민쥬쥬의와 녀촉」(1919.1.23.), 「일인들은 민족자결쥬의를 반대홈」(1919.1.30.), 「코리아는 쟈유를 위하야 월손씌 청원」(1919.2.6.).

220) 심지어 신채호도 다음과 같이 '민족자결'을 유력한 정치적 전망으로 삼은 바 있다. "그 會議 成立하기 以前에 위르손의 十四條 綱領이 聲布되엇다 무엇무엇 都合 十四라 하나 實은 民族自決 一句가 그 綱領이다. 各 民族이 各其國望대로 自決하야 奴隸가 自由를 獲得하며 亡國이 獨立을 多勿하고 彼此의 侵犯이 없스면 從此로 大小가 相安하고 强弱이 相依하야 (중략) 다시는 今番 갓은 大戰禍가 업슬지니" - 「國際聯盟에 對한 感想」, 『新大韓』 1, 1919.10.28.(단재신채호전집편찬위원회, 『단재신채호전집 5』, 독립기념관 한국독립운동사연구소, 2008, 10면)

지식인들은 세계민주주의가 실현되고 있는 세계사적 시간 속에 조선이 편입될 수 있다는 기대를 품고 있었다. 그러나 상황은 녹록지 않았다. 앞서 밝혔듯 민족자결주의를 명문화했던 윌슨의 14개조에서 식민지의 즉시 독립이라는 문구는 찾아보기 어려웠고, 더욱이 비유럽권 국가는 독립의 대상으로 간주되지 않았다. 이러한 긴박한 상황 속에서 식민지 조선에서는 3·1운동을 예비하고 있었다.

3. 소설적 재현 양상과 그 의미: 계몽의 윤리와 동정의 윤리

3.1 계몽의 상상력과 점진적 진화의 꿈

앞서 언급했듯이 이광수는 우키다 카즈타미의 영향을 받아 인위적 진화, 더 구체적으로 말해 교육을 통한 점진적인 진화를 강조했다. 『무정』은 바로 그러한 진화의 상상력을 응축한 작품이다. 『무정』에서 형식과 영채는 종종 그간 읽어왔던 텍스트들을 다시 읽거나 상기함으로써 자기 각성을 시도·완성한다. 만약 『무정』을 감정교육의 텍스트로 읽어낼 수 있다면,[221] 그것은 이 작품의 등장인물들이 어떠한 텍스트를 읽고 자각하는지를 탐독함으로써 이광수가 『무정』에서 말하고자 했던 점진적 진화의 의미가 무엇인지 보다 상세하게 설명될 수 있을 것이다.

형식은 김장로의 집에서 선형과 순애를 가르치면서, "아직 인생이란 생각도 없고 여자 남자라는 생각도 없"는 자신을 발견하게 된다. 오로지 성경만을 외우고, 신문에 게재된 사건만 알고 있는 자신을 되돌아보며, 아직까지 '사람'이 되지 못한 자기 자신을 반성하게 된다. 그렇다면

221) 김현주, 「문학·예술교육과 '동정(同情)' – 이광수의 『무정』을 중심으로」, 『상허학보』 12, 상허학회, 2004, 172면.

그에게 있어서 '참인생'과 '참사람'이란 무엇인가.

> 형식은 아까 김장로의 집으로 들어갈 때에는 무엇이 좀 달라졌음을 깨달았다. 천지에는 여태껏 자기가 알지 못하던 무엇이 있는 듯하고, 그것이 구름장 속에서 번개 모양으로 번쩍 눈에 보였는 듯하다. (…) 형식은 가슴 속에 희미한 새 희망과 새 기쁨이 일어남을 깨달았다. 그리고 그 기쁨이 아까 선형과 순애를 대하였을 때에 그네의 살 냄새와 옷고름과 말소리를 듣고 생기던 기쁨과 근사하다 하였다. 형식의 눈앞에는 지금껏 보지 못하던 인생의 일 방면이 벌어졌다. 자기가 오늘까지 이것이 인생의 전체로구나, 하던 외에 인생에는 다른 한 부분이 있고 그리고 한 부분이 도리어 지금까지 인생으로 알아오던 모든 것보다 훨씬 중요하고 의미 있는 것인 듯하다. 명예와 재산과 법률과 도덕과 학문과 성공과—이렇게 지금껏 인생의 가장 중요한 내용으로 알아오던 것 외에 무슨 새로운 내용 하나가 더 생기는 듯하다.[222)]

두 여인을 가르치고 나오던 형식의 머리 위에서 '번쩍' 하고 보인 것, 다시 말해 형식 자신이 인생에서 가장 지고하다고 여겨왔던 것을 넘어서는 '새로운 내용'은 과연 무엇이었을까. 그가 뭐라 "이름 지을 줄을 모르"는 그것은 바로 사랑에의 열정이었다. 이 사랑에의 열정은 성경을 외워도, 신문을 탐독해도 도무지 얻어질 수 없는 감정이다. 따라서 이는 분명 지(知)의 영역 너머에 있는 그 무엇이다. 따라서 그는 "모든 서적과 인생과 세계를 온통 다시 읽어볼 생각"으로 성경과 시, 소설을 찾게 되고, 이 텍스트들을 통해 전에 경험하지 못했던 새로운 뜻을 발견하

222) 이광수, 『무정』, 『이광수전집 1』, 삼중당, 1974, 57면.

게 된다. 형식은 바로 이 지점에서 '속사람'의 해방을 느끼게 되었다고 고백한다. 이제 그는 '외움'을 통한 '앎'이 아니라 내면에 요동치는 '느낌'을 '깨달음'으로써 인생의 의미를 확인할 수 있게 되는 것이다. 하지만 이후에도 형식의 독서 행위는 그 수준에 이르지 못한다. "루소의 『참회록』과 『에밀』을 보았고, 셰익스피어의 『햄릿』과 괴에테의 『파우스트』와 크로포트킨의 『면포의 약탈』을 보았"음에도 불구하고, 그는 여전히 "사람의 마음을 보는 법이 어두웠다."[223] 결국, 형식에게 있어서 읽기 행위는 지식을 습득하는 수준을 넘어서 지식 너머에 자리하고 있는 감정을 깨닫는 수준에까지 나아가야 한다.

상기한 바를 통해서 우리는 이광수가 지향하고자 했던 읽기 행위의 첫 번째 의미를 발견할 수 있다. 그것은 바로 지(知)의 영역 너머에 존재하는 감정을 읽고 깨닫는 것이다. 자기 스스로를 선각자로 간주해왔던 형식이 사람의 감정을 깨닫기 위해 기존에 읽었던 책들을 다시 읽는 행위는, 책을 지식 습득의 통로로 간주해왔던 기존의 인식으로부터 벗어나기 위한 움직임으로 이해될 수 있다. 이와 같이 형식이 앎을 지향했던 독서 행위에 대해 반성하는 위치에 서 있다면, 영채는 도덕을 지향했던 독서 행위에 대해 반성하는 위치에 서 있다. 『무정』에서 영채는 삼종지도(三從之道)에 입각한 책을 읽는 데 몰입해 왔던 인물로 형상화된다.

> 영채는 세상에는 악한 세상과 착한 세상이 있고 사람에는 악한 사람과 착한 사람이 있어 각각 종류가 다르고 합할 수 없음이 마치 물과 기름과 같다 하였다. 그러나 영채가 점점 경험을 쌓아감을 따라 또 이 진리도 깨달았다. '악한 세상은 착한 세상보다 크고 악한 사람은 착한

---

223) 이광수, 『무정』, 앞의 책, 124~125면.

> 사람보다 많다' 함을. (…) 그리고 자기는 열녀전, 내칙, 소학 속에 있는 사람들과 같은 사람이니, 결코 악한 세상에 버물릴 수 없는 사람이라 하였다. 영채의 아버지가 영채의 어렸을 때에 가르친 열녀전과 내칙과 소학은 과연 영채의 일생을 지배한 것이라. (…) 영채는 장안에 착한 집과 착한 사람이 있는 줄을 믿는다. 그리고 밤과 낮으로 그 집과 그 사람을 찾으려고 애를 쓴다. 그러나 영채의 기억에 있는 착한 사람은 오직 이형식이라.[224)]

영채는 『열녀전』, 『내칙』, 『소학』으로부터 선이 악을 지배한다는 사실을 배워 왔다. 하지만 삶의 경험을 쌓아오면서 그녀는 악이 선을 지배한다는 전도된 현실을 비로소 깨닫게 된다. 그리고 그녀가 유일하게 '착한 사람'이라고 여기는 이형식은 어떠한 인물인가. 그녀가 형식을 착한 사람으로 인식하는 근거는, 칠 년 동안 남자에게 몸을 허하지 않고 기다린 것에 대해 그가 사랑으로 화답해줄 것이라는 막연한 신념 때문이다. 하지만 그 신념은 형식이 선형을 선택함으로써 곧바로 깨지게 된다. 이 세계를 선과 악이라는 이분법으로 바라보려는 영채는 권선징악의 관념에 경도되어 있는 당대의 전통적인 독자를 표상하는 것처럼 보인다. 신소설·번안소설의 작가와 그 독자들이 권선징악 혹은 그 변이태라 할 수 있는 권신징구의 서사에 여전히 긴박되었다면, 『무정』은 이러한 기존의 문학적 관습을 넘어서고자 한다. 『무정』은 선이 악을 이긴다는 그녀의 신념이 곧바로 깨질 수밖에 없는 서사를 보여줌으로써, 당대의 소설 독자들이 가졌던 선승악망의 기대지평을 뒤흔든다. 유일하게 '착한 사람'으로 각인되었던 형식이 그녀의 기대를 벗어남으로

224) 이광수, 『무정』, 앞의 책, 61면.

써, 『열녀전』과 『내칙』을 통해 배웠던 그녀의 '선' 중심적 세계관은 커다란 파열을 맞이할 수밖에 없다. 그리하여 결국 그녀는 "악한 세상은 착한 세상보다 크고 악한 사람은 착한 사람보다 많다"는 세상의 이치를 받아들일 수밖에 없다. 이제 그녀는 배학감으로부터 유린당할 뿐만 아니라 이형식으로부터 버림을 받는 등의 '경험'을 쌓아감으로써 악함이 착함을 압도하는 세상의 '진리'를 깨닫게 된다.

유린과 배신 등을 경험했던 영채가 '악'이 압도하는 세상을 깨닫는다는 사실은 자못 의미심장하다. 그녀가 책을 통해서 습득했던, 선이 악을 지배한다는 사실은 실제 삶에 있어서 어떠한 효력도 발휘하지 못한다. 그 책들이 말했던 선험적인 도덕은 개체의 삶을 억압하는 기제로 작동할 뿐이고, 급기야 그녀는 그 책에서 습득했던 도덕률에 얽매여 자살을 시도하려 한다. 자살을 하러 평양에 가던 중 영채는 한 여학생의 말에 "새로운 광명", 즉 '참생활'의 열림을 느끼게 된다.

> 영채씨는 지금까지 꿈을 꾸고 지나셨지요. 허깨비를 보고 지내셨지요. 얼굴도 잘 모르고 마음도 모르는 사람에게 어떻게 마음을 허합니까. 그것은 다만 그릇된 낡은 사상의 속박이지요. 사람은 제 목숨으로 삽니다. 제가 사랑하지 않는 지아비가 어디 있겠어요. 하니깐 영채씨의 과거사는 꿈입니다. 이제부터 참생활이 열리지요.[225)]

영채는 형식이라는 허깨비를 바라보고 살았다는 여학생의 말에 깊은 공감을 하게 된다. 그 후 그녀는 형식을 사랑한 적도 없었음에도 불구하고 오로지 그를 찾는 데에만 골몰했던 자신을 반성하게 된다. 그녀의

225) 이광수, 『무정』, 앞의 책, 154면.

뇌리 속에 '착한 사람'의 표상으로서 군림해왔던 형식은 이제 '허깨비'와 다를 바 없는 존재이다. 이제 그녀는 선(善)의 표상이었던 형식을 '허깨비'로 간주함으로써 '참생활'의 열림을 느끼게 된다. 선을 가르쳤던 삼종지도의 책, 선의 표상으로서의 형식, 그리고 그녀가 그간 삶의 진리로 받아들였던 선은 모두 그녀에게 있어서 '허깨비'에 불과하다. 결국 『열녀전』, 『내칙』, 『소학』 등을 통해 습득했던 선 관념은 여성으로서 '참생활'을 영위하기 위해 폐기되어야 한다. 바로 이 지점에서 우리는 이광수가 지향하고자 했던 읽기 행위의 두 번째 의미를 발견할 수 있는데, 그것은 독서 행위가 단순히 '선' 관념을 습득하는 데에 머물러서는 안 된다는 사실이다.

상기한 바대로 형식이 앎을 지향했던 독서 행위를 반성함으로써 '속사람'의 해방을 경험했다면, 영채는 도덕을 지향했던 독서 행위를 반성함으로써 '참생활'의 열림을 경험했다. 이는 인간의 정신을 지(知)·정(情)·의(意)로 분화하여 설명하고자 했던 「문학이란 하오」의 논법과 무관하지 않다. 다시 말해 형식과 영채의 독서 행위, 그리고 그에 대한 반성은 결국 문학이 학문[知]과 종교[善]의 영역으로부터 독립되어야만 한다는 이광수의 문학론을 고스란히 반영한 것이라고 볼 수 있다는 것이다.

이와 같이 독서 행위에 대한 형식과 영채의 자기반성은 문학을 지(知)와 의(意)의 영역으로부터 분화시키고자 하는 이광수의 입장을 반영한 것이다. 그렇다면 그가 말하는 情의 문학이란 무엇인가. 『무정』 발표 이전의 평문들을 검토해볼 때 정은 理知와 변별되는 "개성의 인식"일 뿐만 아니라, 그것은 "의무의 원동력"이면서 동시에 "활동의 근거지"이다.[226] 더 나아가 정은 인류의 정까지도 포괄하는 개념으로, 이때의 정은 문학을 통해서 비로소 생장할 수 있다.[227] 이를 종합해본다면 이광수가 말하는 정은 단순히 연애의 감성만을 의미하지 않는다. 오히려 정은 개인의 차원을 넘어서서 인류의 차원에까지 확장될 수 있는 개념이며, 문학은 그러한 인류의 정을 발육시키는 통로로 작동할 수 있어야 한다.

> 형식은 결코 지금까지 장난으로 선형을 사랑한 것도 아니요 육욕으로 사랑한 것도 아니었다. 그는 그의 동포가 사랑을 장난으로 여기고 희롱으로 여기는 태도에 대하여 큰 불만을 품는다. 자기의 일시 정욕을 만족하기 위하여 이성(異性)을 사랑한다 함을 큰 죄악으로 여긴다. 그는 사랑이란 것을 인류의 모든 정신 작용 중에 가장 중하고 거룩한 것의 하나인 줄을 믿는다. 그러므로 자기가 선형을 사랑하는 것은 자기에게 대하여서는 극히 뜻이 깊고 거룩한 일이요 자기의 동포에게 대하여서는 큰 정신적 혁명으로 생각한다.[228]

위 인용문에서는 형식이 지향하는 사랑의 도덕률이 제시되어 있다. 여기에서 형식은 ① 사랑과 일시적인 육욕을 등가로 놓는 태도, ② 사랑을 장난 혹은 희롱으로 여기는 태도를 모두 비난한다. 형식에게 있어서 사랑은 일시적인 것이 아니라 영원하고 불변하는 것이어야 하며, 그러한 항구적인 의미의 사랑은 그 자체로 희롱의 대상이 될 수 없다. 일시적인 육욕과 변별되는 것으로서의 사랑은 그 자체로 존중받아야 할 '정'의 운동이라는 것, 그것이 바로 사랑에 대한 형식의 첫 번째 정언명제이다. 곧이어 형식은 선형을 사랑하는 것이 자기에 있어서는 뜻깊고 거룩

---

226) "情을 其 勉하라. 情은 諸 義務의 原動力이 되며, 各 活動의 根據地니라." - 李寶鏡, 「今日 我韓 靑年과 情育」, 『대한흥학보』 10, 1910.2, 19면.

227) "生物이 生存함에는 食料가 必要함과 같이, 人類의 情이 生存함에는 文學이 必要할지며 또 生할지라." - 李寶鏡, 「文學의 價値」, 『대한흥학보』 11, 1910.3, 16면.

228) 이광수, 『무정』, 앞의 책, 192면.

한 일이지만 동포에 대해서는 정신적 혁명이라고 생각한다. 이러한 형식의 인식은 선형과 결혼함으로써 문명국으로의 유학이 가능해진다는 믿음, 그리고 유학이 곧 동포를 위한 길이라는 믿음에서 비롯된 것이다. 이렇듯 '자기'를 위한 사랑을 '동포'를 위한 사랑으로 환치시키는 것, 그것이 바로 사랑에 대한 형식의 두 번째 정언명제이다.

앞서 밝혔다시피 형식에게 있어서 읽기 행위는 '속사람'의 해방, 다시 말해 지식 너머에 존재하는 감정을 깨닫기 위해 반성되어야만 했다. 선형에게서 사랑의 섬광을 느낄 때까지만 하더라도 형식은 '지'에 결박되어 있는 독서를 지향했다. '정'이 부재한 지식만이 그의 머리 속을 배회했기 때문에, 그는 '껍데기' 안에 갇힌 채 살아왔던 것이다. 그러나 내면에서 울리는 '정'의 목소리를 발견함으로써 그는 선형과의 사랑을 발전시킴과 동시에 동포를 위한 유학을 감행할 수 있게 된다. 한편 영채에게 있어서 읽기 행위는 '참생활'의 깨달음, 다시 말해 선험적으로 주어진 도덕적 기율에 얽매이지 않고 개체의 삶을 획득하기 위해 반성되어야만 했다. 삼종지도의 규율에 결박되어 있었던 그녀는 '선'의 표상으로서의 형식을 '허깨비'로 인식하는 순간부터 갱생의 삶을 살아가게 된다. 정절이라는 도덕적 관념과 남성이라는 주체로부터 예속되는 것을 넘어서는 바로 그 순간, 그녀 앞에는 병욱이라는 여성인물이 등장한다. 이렇듯 형식과 영채는 각각 '지'와 '선'의 잉여 지점에 놓여 있는 '정'을 발견함으로써, 자기 자신을 독립되고 해방된 개체로 정위시키게 된다. 그렇게 해서 형식-선형, 병욱-영채는 유학의 길, 더 궁극적으로는 구국을 위한 길로 나아가게 된다.

우리가 『무정』에서 특히 주목해야 할 부분은, 삼랑진에서 수해를 입은 빈민들을 위해 자선음악회 활동을 벌인 후 형식과 영채 일행이 조선의 미래에 대해 이야기를 나누는 대목이다. "장차 무엇으로 조선 사람을 구제할까"라는 주제를 가지고 그들이 대화를 나누던 때, 형식이 말했던 내용은 다음과 같다.

> "응, 지금 우리는 장차 무엇으로 조선 사람을 구제할까 하고 각자 제 목적을 말하려던 중일세." "네, 그러면 저도 좀 듣지요!" (…) "나는 교육가가 되렵니다. 그리고 전문으로는 생물학을 연구할랍니다." 그러나 듣는 사람 중에는 생물학의 뜻을 아는 자가 없었다. 이렇게 말하는 형식도 물론 생물학이란 뜻은 참 알지 못하였다.[229]

여기에서 조선 사람을 구제하기 위해서 '생물학'을 전공하겠다는 형식의 말은 이채롭다. 『무정』 직후에 발표했던 『개척자』에서 김성재가 '화학'을 근대적 학문으로 간주하고 이를 공부하는 것이 곧 '어른'의 단계로 나아가는 것임을 역설했다는 점에서 더욱 그러하다. 이광수는 왜 수학이나 화학 그리고 물리학도 아닌 생물학을 구국의 학문으로 지목했을까. 그간 우리는 이 대목에서 과학기술문명을 구축하려는 이광수의 계몽적 의지를 읽어내곤 했다. 물론 이러한 해석은 충분히 동의할 만하지만, 사실 이것만으로는 이광수의 심층적인 의도를 이해할 수는 없다. 도대체 왜 생물학일까.

앞서 언급했지만 이광수는 오산학교 교사로 재직하던 1910년대 초에 다윈의 생물진화론을 가르친 일도 있었고, 『무정』을 연재하기 1년 전인 1916년에는 와세다대에서 '진화론'이라는 교과목을 수강한 바 있었다. 이러한 그의 이력을 고려해 본다면, 생물학을 통해 조선 사람을 구제하겠다는 형식의 목소리는 좀 더 의미심장하게 받아들여질 수 있다. 그

229) 이광수, 『무정』, 앞의 책, 192면.

의미를 해독하기 위해 우리는 형식이 떠나기로 한 미국의 생물학계 동향을 가늠해볼 필요가 있다.

미국에서는 19세기 중후반부터 진화론을 급격하게 수용하고 있었다. 스펜서가 연구를 단념하려고 하자 미국의 지지자들이 7천 불을 모금해 영국으로 송금했던 사례나 1882년에 카네기 초청으로 스펜서가 미국에 방문했던 사례는 당시 미국 사회에서 스펜서의 입론이 차지하는 위상이 어떠했는지를 잘 반영하고 있다.[230] 1925년 창조-진화 논쟁에서 항상 첫머리에 언급되는 스코프스 재판[231]까지만 하더라도 진화론은 미국 사회에서 지배적이면서도 논쟁적인 담론으로 간주되고 있었다. 물론 개신교 근본주의자들은 1차 세계대전 직후부터 미국 공립학교에서 생물학적 진화론 교육에 반대하는 운동을 격렬하게 전개하고 있었지만,[232] 사실상 1900~1920년대 초까지 미국에서는 '적자생존'이라는 스펜서식 입론을 기반 삼아 인종개량을 달성하기 위한 사회개혁 프로그램이 대대적으로 마련되고 있었다.[233]

---

230) 우남숙, 「미국 사회진화론과 한국 근대: 윤치호의 영향을 중심으로」, 『한국동양정치사상사연구』, 11-1, 한국동양정치사상사학회, 2012, 155면.

231) 스코프스 재판(Scopes Trial)은 미국의 과학교사 존 스콥스에 대한 재판으로, 존 스콥스가 진화론 교육을 금지시킨 테네시주의 법률을 어기고 학교에서 진화론을 가르쳤다는 이유로 벌금형에 처해졌다. 이 재판은 당시 라디오로 중계되면서 미국 전역에 전파되었다. 이에 대해서는 R. L. Numbers, *Darwinism comes to America*, Harvard University Press, 1998, 4장. "The Scopes Trial: History and Legend"을 참조.

232) 신재식, 「종교와 과학12: 다윈 진화론에 대한 영국과 미국의 반응」, 『기독교사상』, 대한기독교서회, 2010, 250면.

233) 20세기 초 미국에서는 과학과 법률의 상호작용을 통해서 국가 정체성을 형성해가고 있었다. 이 가운데 적자생존이라는 스펜서의 입론을 토대로 한 우생학은 지대한 영향을 끼치고 있었다. 19세기 말부터 20세기 초에 제정·개정된 혼인법, 이민법, 불임법의 사례는 미국 사회가 우생학적 사유에 얼마만큼 결박되어 있는지를 잘 보여준다. 1895년 코네티컷에서는 우생학적 혼인조항을 처음으로 명시했는데, 이 법안에서는 정신박약, 치우(imbecile), 간질이 있는 사람 등은 혼인을 금지한 것으로 위반시 징역 3년형에 처한

이상과 같은 맥락을 고려해 볼 때, 이형식이 미국에서 생물학을 전공으로 삼겠다는 말은 당시 미국 사회 전반을 장악했던 생물학적 진화론을 심층적으로 배우겠다는 의미로 이해되어야 한다. "듣는 사람 중에는 생물학의 뜻을 아는 자가 없었다."라는 작가적 목소리를 통해서 확인할 수 있듯, 『무정』의 말미에서 이광수는 세계질서가 약육강식과 적자생존으로 운용되고 있음을 아직 인지하지 못한 조선 사회에 대해 비판했다. 그러면서 그는 이러한 무지의 상태로부터 벗어나 진화론적인 세계관을 수용하고 습득하는 것이 필요하다고 보았다. 그럴 때라야 비로소 조선 민족이 열등한 상태에 머무는 것이 아니라 우등한 상태로 개조될 수 있다고 믿었던 것이다. 이렇듯 이광수는 민족을 구제하기 위해 미국으로 떠나는 형식을 통해, 자신이 지향하는 '계몽에의 길'을 시현하고자 했던 것이다.

다는 내용이 담겨 있다. 그 이후 1905년에서 인디아나에서도 빈곤한 자와 유전적 질병자들을 모두 혼인 금지의 대상으로 규정하였고, 심지어는 앵글로 색슨 인종의 절멸을 방지하기 위해 인종간 혼인 규제를 단행하기도 하였다. 그리고 1921년과 1924년 두 차례에 걸쳐 이민제한 입법이 이루어졌는데, 남동유럽 사람들의 정신이상비율이 높다는 과장된 주장을 토대로 그 지역 출신의 이민자를 제한하는 정책을 추진하기도 했다. 실질적인 불임법은 1907년 인디아나에서 제정되었는데, 이 법안에 따라 인디아나주는 범죄자, 천치, 강간범 등의 생식을 금지하였고 약 125명에게 합법적인 강제 불임수술을 시행하였다. 이 법안은 미국 내 여러 주에서도 제정되었는데, 대표적으로 버지니아주는 1924년 불임법을 제정하면서 정신박약아로 몰린 여성에게 불임시술을 합법적으로 강제하였다. 이러한 일련의 상황을 놓고 볼 때, 1910~20년대에 미국에서는 여전히 진화론적 인식론에 입각한 우생학이 널리 확산되고 있었다는 사실을 가늠해볼 수 있다. 20세기 초 미국 내 혼인법, 이민법, 불임법 등에 관한 내용은 김호연, 「20세기 초 미국의 과학과 법 - 혼인법, 이민법, 그리고 불임법을 중심으로」, 『서양 역사와 문화연구』 26, 한국세계문화사학회, 2012, 111~143면을 참조.

3.2 劣敗의 감각과 동정의 불가능성

앞서 살펴본 바와 같이 현상윤은 "나의 힘 없는 것"을 깨닫고 부족한 힘을 우리 스스로가 키워나가야 한다는, 이른 바 자강의 문법을 강조하였다. 우리가 이 지점에서 주목할 것은, 자강의 문법 하에서는 '동정'이나 '연민'과 같은 정념이 소설 텍스트 안에 개입될 여지가 거의 없다는 사실이다.

먼저, 「恨의 一生」[234]은 김춘원이라는 인물이 '금전의 논리'에 의해 사랑하는 여인을 빼앗긴 후, 그에 대한 복수를 감행하는 서사를 다루고 있다. 김춘원은 부모를 잃은 후, 일가 친척을 찾아가 더부살이를 살게 된다. 그러나 온갖 조롱과 미움을 받은 끝에 결국 "내 힘으로 내 밥을 먹는 것이 낫다."는 결심을 하게 되고, 그는 윤상호의 집에 심부름을 하는 하인으로 들어간다. 하지만 춘원은 혼인을 약속했던 영애를 돈 많은 윤상호에게 빼앗기고 나서야 비로소 강자가 약자를 속박하고 억압하는 이 세계의 불온한 운용원리를 깨닫게 된다. 그가 "아아 世上이 우리로 하야곰 滋味잇게 살아감을 許諾지 안는다. 돈 업고 힘 업는 우리로"와 같은 탄식과 "아아 九十層 樓閣이 하로아츰에 문허지는고나! 世上이 이런 줄을 오늘이야 알겟다."와 같은 탄식을 반복했던 이유도 바로 거기에 있다.

이 작품은 애정 실패로 인한 복수담 이상의 의미를 담고 있다고 보여지는데, 그 이유는 이 작품에서 나타난 춘원의 가족사가 결국 식민지적인 역사와 긴밀한 상관관계를 맺고 있기 때문이다. 본래 춘원은 재산이 넉넉했던 김시종 집안의 아들이었지만, 아버지의 사업 실패로 패가망신하게 된다. 여기에서 춘원의 아버지 김시종이 정확히 무슨 사업을

234) 小星, 「恨의 一生」, 『청춘』 2, 1914.11, 135~145면.

했는지는 작품상에 구체적으로 명시되지는 않았다. 다만 그것이 '위험한 기업'을 따라가면서 하는 사업이었고, 허랑방탕하게 지내지도 않으면서도 가산을 탕진할 수밖에 없었던 사업이었다는 점만큼은 확실하다. 특히나 김시종이 근 500여 년 동안 전통적인 상업지로서의 지위를 유지해왔던 개성 출신이었고 1910년대의 개성이 일본인과 조선인들이 상권장악을 놓고 각축을 벌이던 공간이었다는 사실 등을 모두 고려해 본다면, 이 작품의 사회사적인 의미가 생각보다 육중한 무게를 갖고 있음을 쉽게 짐작할 수 있다.[235] 다시 말해 이 작품은 자본의 축적과 재생산이 불가능한 식민지적 현실을 드러내기 위해, 개성이라는 상징적 공간에서 김춘원 일가가 몰락하는 서사를 함축적인 방식으로 재현해낸 것이다. 그런 의미에서 "쉽으다. 運命의 神이 하로아참 弱한 우리 人生을 敗亡의 急한 낭으로 몰기 始作"했다는 작가의 논평은, 일제에 의해 패망할 수밖에 없는 조선의 불운한 운명을 암시적으로 보여준 것이라 할 수 있다. 자본의 축적과 재생산이 불가능했던 춘원의 아버지, 그리고 사랑하는 대상마저 상실해버린 춘원은 모두 강자가 군림하는 세계질서를 제대로 인지하지 못한 채 낙오자로 전락해버린다. 작품의 말미에 제시된 "세상이 이런 줄을 오늘에야 알겠다."는 춘원의 고백은, 결국 약육강식과 적자생존의 원리로 지탱되는 세계질서를 뒤늦게 인지

235) 일제가 조선을 식민지로 삼은 직후부터 개성은 상당수의 일본인들이 노렸던 대표적인 상권 중 하나였다. 왜냐하면 그들이 선호하던 인삼과 고려청자의 대표적인 생산지였기 때문이다. 실제 1911년에는 개성에 관한 안내서(岡本嘉一, 『開城案內記』, 開城新報社, 1911)까지 발간될 정도로, 일본인은 개성의 상권 장악에 대해 비상한 관심을 갖고 있었다. 이처럼 개성은 일본인과 조선인들이 상권장악을 놓고 각축을 벌이던 공간이었다. 이러한 맥락에서 볼 때, 「한의 일생」에서 김시종 일가가 몰락하는 서사는 일본인들에 의해 시장을 잠식당하는 조선의 현실을 함축적으로 보여준 것이라고도 볼 수 있다. 일제하 개성의 상권에 관한 논의는 양정필, 「일제하 개성의 한국인 상권과 그 특징」, 『역사문제연구』 27, 2012, 141~174면을 참조.

한 약자의 처절한 독백임에 틀림없다. 이와 같이 현상윤은 한 인간의 일생을 통해 조선이 식민지로 전락한 현실, 더 나아가 강자에 의해 예속 당하는 약자의 현실을 진화론적 시각에서 묘파해내고 있다.

「逼迫」도 진화론적 세계관으로 인해 모든 인간적인 가치체계가 붕괴된 현실을 그려내고 있다. 이 소설에서 '나'는 모든 사람들의 시선을 의식하면서 자기 스스로를 "약하고 게으른 놈"이라고 규정한다. '나'는 도처에서 '약한 놈'이라는 목소리를 듣게 되는데, 이는 그저 '나'의 환청에 불과하다. 이 과도한 신경증의 원인은 작품의 후반부에서 암시적으로 드러난다. 작품 후반부에서 '내'가 긴 칼을 늘인 보조원의 시선을 지나치게 의식하는 것으로 보아, 자기 스스로를 약자로 인식하게 만드는 원인이 다름 아닌 식민지 통치체제에 있음을 확인할 수 있다. 이뿐만이 아니다. '판임관'이나 '토지조사국 기수'도 되지 못하는 자신을 향해 조롱하는 사람들의 시선 또한 '나'에게는 하나의 핍박처럼 다가온다. 이처럼 '나'는 소위 이중의 굴레 속에 놓여 있다. 도처에 널려 있는 식민지 지배기구의 핍박과 그에 편입되어 살아가기를 종용하는 사람들의 핍박이 바로 그것이다. 이러한 이중적 굴레 속에서 그는 자기 스스로를 "약하고 게으른 놈"이라고 규정할 수밖에 없다. 이러한 자기 규정은 궁극적으로 '제국=강자, 식민지=약자'라는 진화론적 사유체계를 근간으로 삼은 것이라 할 수 있다. 이 작품에서 '강자'로 호명될 수 있는 자는 '긴 칼을 찬 보조원'과 '판임관', 그리고 '토지조사국 기수'들이며, 이들은 모두 식민지 현실에서 '강자'가 되기 위해 제국 일본에 기생하는 삶을 선택한 존재들이다. '내'가 강자가 되어 살아남기 위해서는 결국 제국에 기생하는 길을 선택해야 한다. 반면 그 길을 선택하지 않을 경우에는 강자의 시선을 의식하는 삶, 즉 '죽은 삶'을 살아갈 수밖에 없다. 이러한 맥락에서 볼 때 '나'의 신경증은 '제국=강자, 식민지=약자'라는 진화론적 도식을 분쇄하지 못하는 현실 속에서 반복된다고 볼 수 있다. 사멸할 수밖에 없는 피식민자(약자)로 남아있어야 한다는 정치적 신념과 강자가 되기 위해 제국 신민을 자처해야 한다는 사회적 통념 사이에서 방황하는 것, 그것이 식민지 지식인이 느끼는 신경증의 정체인 것이다.

이상과 같이 현상윤은 진화론이라는 창을 통해서 '후진(後進)'과 '약자'로서의 '나(우리)'를 발견했다. 이러한 자기 해석법은 '약자=소멸'이라는 진화론적 맥락을 토대로 하고 있다는 점에서 문제적이다. 그는 약자로서의 식민지 조선이 곧 소멸할지도 모른다는 불안감을 갖고 있으면서도, 식민지적 문제를 타개하기 위해 나름의 방법을 제시하고자 했다. 그가 식민지적 현실을 극복하기 위한 방안으로 제시한 것은 '自强'의 문법이었다. 이는 살아남기 위해서 스스로 강자가 되어야 한다는 관점에 해당되는데, 이러한 관점은 사실상 진화론이 갖고 있는 비윤리적 결함을 충분히 인지하지 못한 상태에서 제시된 것이었다. 살아남기 위해서 강자가 되어야 한다는 그 대응 논리는, 진화론을 비판함으로써 얻어진 것이 아니라 오히려 진화론을 전면적으로 수용함으로써 얻어진 결과라고 해석된다.

3.3 동정을 통한 민족적 결속에의 의지

조선총독부는 조선 사회에서 벌어지는 다양한 일상 행위를 규제하기 위해 1912년 3월 경찰범처벌규칙 87개조를 발표한다. 이 중에서 2조의 내용이 주목할 만한데, 그것은 "일정한 거주 또는 생업 없이 諸方으로 배회하는 자"[236]를 벌칙의 대상으로 삼는 것이었다. 이것은 빈곤으로 인

---

236) 『朝鮮總督府官報』 470, 1912.3.25. 225면.

한 걸식 행위조차 허용하지 않겠다는 일제의 강력한 통치 의지를 보여주는 것이기도 하다. 자못 단순해 보이는 이 규칙은, 토지조사사업이 본격적으로 추진되고 동양척식주식회사가 대금업을 통한 착취를 지속하는 가운데 공포된 것이었다. 그런 면에서 볼 때 이는 농민의 빈궁화가 진행되는 상황 속에서 빈곤해진 개인을 철저하게 고립된 개체로 남게 만들고, 동정이나 연민의 정서가 촉발되는 계기 자체를 아예 차단해 버리는 것을 그 본질적 목표로 삼은 것이라 할 수 있다. 이처럼 일제는 예외적 타자들을 제거하고 사회적 정상성을 수립하는 것을 넘어, 식민지 조선 사회를 동정과 연대와 상호부조가 불가능한 사회로 재조직하고자 했다.

양건식의 처녀작이라 할 수 있는 「石獅子像」은 이러한 사회적 변화에 기민하게 반응한 작품 중 하나이다. 이 작품에서는 재창과 영자 두 남녀와 길을 배회하는 걸인이 등장한다. 재창은 약육강식의 세계 속에서 약자를 돕는 것은 무효(無效)한 것이라고 주장한다. "략ᄌᆞ라는 것은 생존상에 덕당치 못ᄒᆞᆫ 물건이니 자연 멸망ᄒᆞᄂᆞᆫ 슈밧게 무슨 다른 도리 업ᄂᆞᆫ 것"이라는 언급이나 "보시를 하나 자선을 하나 약자는 자연 멸망하는 것"이기 때문에 "받지 않는 동시에 또 주지도 아니하는 것"을 자신의 '주의(主意)'로 삼는다는 진술은, 그가 얼마만큼 진화론적 세계관에 깊게 침윤되어 있는지를 잘 보여주는 대목이라 할 수 있다. 하지만 그의 진화론적 사유는 길에서 배회하는 걸인을 보는 순간 붕괴된다.

> 그 싸인 속에는 나이 먹은 사나이 걸인이 양철통을 앞에 놓고 으르르 떨면서 꿇어 앉았는데 자세히 본즉 두 손이 모조리 손가락이라고는 하나도 없이 마치 약국의 막자 같아 대단히 참혹한 형상이라. "나으리님 한푼 줍시오." 그 소리가 지나가는 찬 바람에 화하여 듣기에도 처창(悽

> 愴)하다. 영자는 벌써 눈에 눈물이 돈다. 손을 품속에 넣어 돈주머니를 꺼내어 '망토' 밖으로 김재창의 손에 보낸다. 김재창은 **<u>無意識으로</u>** 오십 젼자리 은젼을 그 걸인 압헤 던져준다.[237] (강조와 밑줄은 인용자)

김재창은 "부모도, 형뎨도, 친쳑도, 아모도, 업ᄂᆞᆫ 사ᄅᆞᆷ"으로, 지금껏 '독립독행(獨立獨行)'해서 자신의 지위와 부를 획득해왔다. 그러한 그에게 있어서 약자의 도태는 마땅히 받아들여야 할 자연적 이치로 간주될 수밖에 없다. 이 작품의 초·중반부는 약육강식과 적자생존의 수사들로 점철된 김재창의 목소리로 채워져 있다. 그러나 위의 인용문에 나와 있는 것처럼, 걸인의 급작스런 출현은 재창의 진화론적 인식을 요동치게 만든다. 김재창이 걸인에게 '오십 원짜리 은전'을 던져주는 시점은, 견고했던 약육강식의 논리가 붕괴되고 '무의식'적인 동정과 연민의 정서가 환기되는 바로 그 시점이기도 하다.

여기에서 우리는 그 걸인이 엄동설한의 추위를 견뎌내야 하는 밤 열한 시에 출현할 수밖에 없는 사정을 파악해야 한다. 앞서 말했듯 걸인은 일상 속에 침투된 제국 권력으로 인해 한낮에 도심을 활보할 수 없는 사법적 질서 위에 놓여 있었다. 양건식이 추운 겨울 밤 열한 시를 시간적 배경으로 설정한 이유도 바로 여기에 있다. 그 시간이야말로 식민지적 현실 속에서 의미 체계 바깥에 놓인 걸인을 볼 수 있는 시간이며, 영자와 재창 두 사람이 동정심을 발현할 수 있는 시간이었던 것이다. 또한 그 시간은 약육강식과 적자생존의 논리가 지배하는 낮의 시간이 아니라, 그 논리의 작동이 중단되고 동정과 연민의 정념이 지배하는 밤의 시간이기도 하다. 양건식이 이 소설을 통해 드러내고자 했던 것은

237) 菊如, 「石獅子像」, 『불교진흥회월보』 1, 1915.3. 45면.

걸인이 배회하는 밤의 시간에 동정과 연민의 정념이 '무의식'적으로 솟구칠 수 있다는 신념, 다시 말해 동정의 정념을 상기시킬 만한 기회마저 박탈된 식민지 조선에서 동정의 실현이 가능할 수 있다는 신념이었다. 양건식은 바로 이러한 신념을 상상적인 차원에서 드러내고자 했던 것이다. 이처럼 양건식은 약자가 소멸할 수밖에 없는 진화론적 세계관을 비판하면서, 그에 대응할 수 있는 논리로 동정을 제시하였다. 하지만 동정적 실천이 가능할 만한 사회경제적 조건이 마련되지 않는 한 동정은 현실 문제를 근본적으로 타개할 수 있는 힘을 갖지 못한다. 「엷고 힘업고 懇切한 同情」과 「슯흔 矛盾」은 동정의 실현이 불가능한 식민지적 현실을 잘 드러내고 있다.

「엷고 힘업고 懇切한 同情」의 '나'는 동네 어귀의 초라한 장례식장에서 자식을 잃은 노부모의 울부짖음을 그저 지켜볼 수밖에 없는 자기 자신을 발견하게 된다. 물론 이 작품에서 식민지적 현실에 대한 비판적 시각을 읽어낼 만한 근거들은 쉽게 발견할 수 없다. 하지만 작품의 표제에서 유추할 수 있듯, 이 작품은 경제적으로 열악한 처지에 놓인 자가 그저 한시적인 의미의 동정과 연민을 느낄 수밖에 없는 불온한 현실을 폭로하고 있다.

> 나의 손은 어느 동안 나의 「보겟도」 속을 더듬는다. 아아 懷中에 無一文이라! 그 길노 慌忙히 나의 집에를 달려갔다. (……) 아즉도 남의게 同情을 쓸 餘力이 업도다. 그졔야 나는 一邊 붓그러온 생각이 이러는다. 나의 同情은 참말 엷은 同情이엿셧다. 힘업는 同情이엿셧다.[238]

238) 양건식, 「엷고 힘업고 懇切한 同情」, 『조선불교계』 3, 1916.6. 59면.

「石獅子像」의 재창이 동정을 실천할 만한 물적 토대를 구축하고 있는 인물이었던 반면, 「옮고 힘업고 懇切한 同情」의 '나'는 기초적인 생활조차 할 수 없는 상황에 놓인 인물로 그려진다. 양건식은 「石獅子像」을 통해 약자들이 소멸할 수밖에 없는 진화론적 시공간 속에서, 강자와 약자가 공생할 수 있는 유일한 수단으로 동정과 연대의 정념을 제시하였다. 하지만 「옮고 힘업고 懇切한 同情」에 나타나 있는 것처럼, 이러한 동정과 연대의 정념은 물적 토대가 없는 자에게 있어서 그저 즉자적으로 생성되는 감각일 뿐 어떠한 현실적 효력도 가질 수 없다. 약한 자를 바라보며 동정을 감각하는 순간에 '나'는 텅 비어 있는 자신의 포켓을 발견하게 된다. 그 빈 포켓을 발견하는 순간에 '내'가 동정의 감각을 철회하고 집으로 돌아갈 수밖에 없는 것도 바로 그 이유 때문이다. 이를 통해서 경제적 결핍이라는 문제를 해결하지 않고서는 동정의 실현은 불가능하다는 양건식의 유물론적 사유를 읽어낼 수 있다. 다시 말해 경제적 결핍이 동정의 결핍을 낳고, 동정의 결핍이 식민지 조선을 전면적 결핍으로 이끄는 상황. 이것이 바로 이 소설에서 지시하고 있는 식민지적 현실이었던 셈이다.

앞선 두 작품과 달리 「슯흔 矛盾」은 식민지적 현실을 보다 직접적으로 부각시킨 작품으로, 동정과 연대가 불가능한 식민지 조선의 현실을 심도 있게 그려내고 있다. 이 작품에서 '나'는 아무런 목적 없이 경성의 거리를 배회한다. 그러는 가운데 자기 스스로를 "변변치 못한 낙오자"라고 지칭하거나, "나와 같은 약자는 대낮에 이런 활동의 천지를 남과 같이 내노라하고 다닐 자격이 없다."는 생각을 한다. 그런 생각을 반복하던 중에, '나'는 "약자에 대한 강자의 압박이라 하는 것"을 통절하게 느낄 만한 사건 하나를 목격하게 된다. 술에 잔뜩 취해 있는 막벌이꾼들이 순사보에 의해 뺨을 맞고 징계를 받는 장면이 바로 그것이다. '나'는 관복과 칼을 차고 있다는 이유 하나만으로 순사보가 막벌이꾼을 징계하는 이 사회를 모순적으로 바라볼 수밖에 없다. 이 모순의 정념은 어디에서 기인하는 것일까. 막벌이꾼과 순사보 간의 대화 내용으로 보아 순사보가 조선인으로 추측된다는 점, 1910년대에 활동했던 순사보 중 과반수가 조선인으로 채워져 있었다는 점[239] 등을 동시에 고려해 볼 때, 순사보가 막벌이꾼을 체벌하는 것을 바라보며 '슬픈 모순'을 느끼는 것은 당연하다. 제국 일본의 힘을 빌어 같은 민족이자 약자인 막벌이꾼을 징벌하는 장면은, 일상을 육박해 들어가는 제국 일본의 폭압적 권력과 민족 공동체의 내부적 균열을 동시에 보여주는 것이기 때문이다. 이렇듯 양건식이 바라본 식민지 공간은 피식민자들끼리 서로 연대하고 동정할 수 없는 불가능성의 공간이었던 것이다.

양건식은 식민지적 현실에서 신음하며 살아갈 수밖에 없는 약자로서의 자기 자신과 민족을 응시하고자 했다. 그의 소설에서 등장하는 '나' 혹은 '우리'는 약자 혹은 병자로 묘사된다. 때로는 열 손가락이 다 잘려버린 걸인의 형상으로(「石獅子像」), 때로는 이른 시기에 자식을 잃은 노인의 형상으로(「엷고 힘업고 懇切한 同情」), 때로는 순사보에 뺨을 맞고 징계를 받는 막벌이꾼의 형상으로(「슯흔 矛盾」) 육화된다. 양건식은 이러한 약자들이 느끼는 열패(劣敗)의 감각만을 반복적으로 주조하기보다는, 오히려 그것을 극복할 수 있는 가능성을 질문하고자 했다. 그렇게 해서 제출했던 답안이 바로 동정이었다. 「石獅子像」에서 재창이 '무의식'적으로 행하고 깨달았던 동정의 정념은, 자신이 가졌던 진화론적 사유에 대한 반성적 성찰에서 비롯된 것이었다. 하지만 양건식이 보기에 식민지 조선은 동정이 생동할 수 있는 공간이 아니었다. 조선(인)은 기초적

239) 조경달, 최혜주 역, 『식민지 조선과 일본』, 한양대학교 출판부, 2015, 19면.

생활을 유지하기조차 어려운 경제적 토대 위에 있고, 일제의 기만적인 통치체제로 인해 공동체적인 연대가 불가능한 사회적 조건 위에 놓여 있었던 것이다. 이러한 상황 속에서 동정은 언제든지 휘발될 수 있는 '엷고 힘없는' 정념에 불과하다.

이와 같이 양건식은 약육강식의 세계 속에서 동정이라는 정념이 실현될 수 있는지에 대해서 지속적으로 질문했다. 1910년 이후 세계의 의미망에서 소거되어버린 조선이라는 국가, 그리고 그 공간 안에 위치해 있으면서도 체계 바깥으로 내몰린 약자들. 양건식은 우승열패와 적자생존의 진화론적 논리로는 이들을 온전히 끌어안을 수 없다는 사실을 잘 이해하고 있었다. 그러한 인식 속에서 제출된 동정이라는 대안은 너무도 허약한 것임에 틀림없지만, 그것은 민족적 연대마저도 불가능했던 식민지적 현실을 극복할 수 있는 유일한 대안이기도 했다. 그런 면에서 양건식은 약육강식과 적자생존의 논리를 하나의 진리로 간주하고 강자로의 도약을 꿈꿨던 현상윤과는 다른 관점을 취했다고 볼 수 있다. 동정에 대한 기대감을 결코 드러내지 않았던 현상윤과는 달리, 양건식은 동정이야말로 약자들끼리의 연대를 가능케 함과 동시에 경색된 식민지 조선을 회생시킬 수 있는 유일한 동력으로 간주했다.

제Ⅳ장

'運動' 이후 : 급진적 진화의 길, 진화*evolution*와 혁명*revolution*의 개념적 조우

1. 3·1운동과 혁명, 「민족개조론」의 제문제

1.1 진화론과 혁명, 그리고 3·1운동

다윈 진화론의 관점에 따르면, 진화는 돌발적이고 불연속적인 방식으로 진행되는 것이 아니라 점진적이고 연속적인 방식으로 이루어진다. 을사늑약 체결 이후, 상당수의 지식인들이 교육과 식산을 통한 점진적 진화를 강조했던 것도 이러한 맥락에서 비롯된 것이었다. "革命은 進化의 道와 表裡를 相成ᄒᆞ야 決코 兩立치는 못ᄒᆞᄂᆞ니"[240]라는 말로 집약되듯 혁명*revolution*이 진화*evolution*의 방법으로 거론될 여지는 그다지 많지 않았고, 심지어 경술국치 직전 최남선에 의해 번역되어 소개된 「ABC契」의 말미에서조차 "急進이 곡 必要한 것이 아니오, 後退치만 아니하면 漸進으 조흐니라, '專制'도 실타, '恐嚇'은 더욱 실타, 우리는 비스듬히 기우러진 進步를 바라노라. 漸進은 神의 全政略이라."[241]는 말로 장식되어 있을 만큼 점진적인 방식의 사회 변화는 지속적으로 강조되고 있었다.

---

240) 安國善, 「政府의 性質(續)」, 『대한협회회보』 12, 1909.3, 22면.

241) 「ABC契」, 『소년』 19, 1910.7, 60면.

물론 1900~1910년대 혁명 개념의 용례가 아예 없었던 것은 아니다. 1900년대에는 프랑스혁명이 혁명의 모델로서 공공연히 호명되고 있었고, 심지어는 메이지유신을 '유신혁명'으로 지칭하는 사례까지 등장하기도 하였다.[242] 그런데 이 당시 활용되었던 혁명 개념은 오늘날 우리가 알고 있는 '정치질서의 근본적 변혁'을 의미하지 않았다. 오히려 그것은 급진성과 폭력성이 거세된 채로 사용되었다는 점에서 다분히 보수적 성격을 띠고 있었다. 그러나 1917년 러시아혁명이라는 세계사적 사건을 경험하면서부터, 혁명 개념은 조선 사회에서 보다 급진적인 방식으로 이해되기 시작한다.[243]

사실, 혁명 개념을 사회학적 맥락에 적용하기 위해서는 그에 준하는 자연과학적 근거도 나름대로 뒷받침될 필요가 있었다. '도약진화*saltation*'[244] 내지는 '돌연변이*mutation*'[245]와 같은 생물학적 개념어들이 '단절'이나 '불연속성'의 의미를 내포한 것들이라 할 수 있는데, 이 개념들은 당시 서구에서도 널리 통용되지 않았을 뿐 아니라 조선 사회에서도 1916년 이후에서야 간헐적으로 소개되기 시작했다.[246] 이처럼 1900~1910년대 초

---

242) 이에 대해서는 이헌미, 「반역의 정치학 - 대한제국기 혁명 연구」, 서울대 박사논문, 2012, 169~177면을 참조할 것.

243) 이에 대한 대표적 논의는 권보드래, 「1910년대의 '혁명' - 3·1운동 전야의 개념과 용법을 중심으로」, 『개념과 소통』 15, 한림과학원, 2015, 47~82면을 참조. 권보드래의 논의가 주로 『학지광』에 초점을 맞추고 있다는 점을 감안하여, 여기에서는 그 논의를 보충하기 위해 잡지 『청춘』을 비롯한 여타의 글들을 분석 대상에 포함시켰다.

244) 에른스트 마이어는 다윈의 점진적인 진화의 개념을 비판했던 대표적인 이론으로 도약진화주의를 꼽은 바 있다. E. Mayr, *This Is Biology*, 최재천·고인석 역, 『이것이 생물학이다』, 바다출판사, 2016, 237~239면.

245) 1900년대 초부터 네덜란드의 식물학자 드 브리스(Hugo de Vries)는 갑작스러운 돌연변이가 나타난다는 점을 근거로 진화가 도약을 통해 이루어진다고 주장하면서, 다윈 진화론의 한계를 드러낸 바 있다. 이에 대해서는 E. J. Larson, *Evolution: the remarkable history of a scientific theory*, 이충 역, 『진화의 역사』, 을유문화사, 2006, 146~147면과 신현철, 『진화론은 어떻게 진화했는가』, 컬처룩, 2016, 137~140면을 참조.

반까지 사회학적 의미에서의 '단절'과 '급변'을 지지해줄 만한 자연과학적 개념이 아직 마련되지 않았다.

이러한 상황 속에서 당대 지식인들은 러시아혁명을 급진적인 사회변혁의 증례로서 받아들이고 있었다. 박은식이 『한국독립운동지혈사』에서 말한 바와 같이 당대인에게 있어서 러시아혁명은 "정의와 인도를 표방하는 자들의 승리"[247]로 간주되었다. 이러한 인식은 당시 동경 유학생들에게서 광범위하게 유포되었던 것으로 보이는데, 그 단적인 근거가 될 수 있는 문헌이 바로 「2·8 독립선언서」이다. 3·1운동이 발발하기 직전인 1919년 2월 8일, 동경 기독교청년회관에서 조선청년독립당 이름으로 2·8 독립선언서가 발표된다. 이광수가 작성한 것으로 알려진 이 선언서에서 러시아혁명은 "정의와 자유와 박애를 기초로 한 신국가를 건설"하기 위한 일대 사건으로 규정되고 있다.[248]

당시 발간되던 신문이나 잡지 또한 러시아혁명의 동향을 주시하고 있었다. 『매일신보』의 경우에는 1917년 11월 이전까지만 하더라도 러시아의 정치적 동향에 대해서 거의 언급하지 않다가, 볼셰비키 혁명[249]이 발발한 직후인 11월 한 달 동안 '구미전보(歐米電報)'의 형식으로 러시아의 정치 변혁에 관한 기사를 쏟아내고 있었다.[250] 『청춘』이나 『학지광』

---

246) 필자가 확인한 바로는 식민지 조선에서 돌연변이 개념이 처음 소개된 글은 「選種은 農家의 大要件」(『매일신보』, 1916.10.20., 1면)이었다. 그 이후 사카이 도시히코가 돌연변이 개념을 혁명 개념과 접목해서 설명한 최초의 글 「社會主義 學說 大要」(『개벽』 40, 1923.10)이 발표되고, 뒤이어 「色 조흔 金鮒魚」(『동광』 1, 1926.5, 26~27면)라는 글에서도 드 브리스에 의해 돌연변이설이 주창되었다는 사실이 소개되기도 하였다.

247) 박은식, 김도형 역, 『한국독립운동지혈사』, 소명출판, 2008, 157면.

248) "俄國은 이의 軍國主義的 野心을 抛棄하고 正義와 自由와 博愛를 基礎로 한 新國家를 建設하려 하는 중이며" 장인성·김태진·이영미 편, 「2·8 독립선언서」, 『근대한국 국제정치관 자료집 2: 제국-식민지기』, 서울대학교출판문화원, 2014.

249) 이른 바 볼셰비키 혁명이라고 명명되는 10월 혁명은 1917년 10월 24~25일(이는 러시아 율리우스력에 의거한 날짜임. 서기로는 1917년 11월 6~7일에 해당됨)에 일어났다.

의 경우도 러시아의 정치 동향에 예민하게 반응했던 것은 마찬가지였다. 공교롭게도 두 잡지에서 '혁명' 개념이 가장 빈번하게 활용되었던 시기는 볼셰비키 혁명 직후였으며, 이 시기에 일시적으로 혁명에 관한 인식의 변화가 두드러지게 나타난다. 다음은 『학지광』과 『청춘』의 각 호별로 '혁명' 개념이 활용되었던 빈도수를 정리한 것이다.[251]

〈도표 1: 『학지광』의 '혁명' 개념 활용 빈도수〉

호수	2~3호	4호	5호	6호	8호	9호	10호	11호	12호	13호	14호	15호	17호
빈도	0	5	9	6	1	2	2	2	1	5	35	61	0

〈도표 2: 『청춘』의 '혁명' 개념 활용 빈도수〉

호수	1~7호	8호	9호	10호	11호	12~15호
빈도	0	3	1	1	9	0

위의 도표를 통해서 확인되는 바, 『학지광』은 1917년 11월 20일에 발간된 14호와 1918년 3월 25일에 발간된 15호에서 '혁명' 개념의 활용 빈도수가 가장 많았다. 이 시기는 공교롭게도 러시아에서 일어난 볼셰비키 혁명, 즉 10월 혁명이 일어난 직후에 해당된다.[252] 『청춘』 역시 1917년 11월에 발간된 11호에서 '혁명' 개념이 가장 빈번하게 활용되었

250) 1917년 11월 13일부터 12월 31일까지 『매일신보』에 게재된 레닌 관련 기사만 하더라도 총 24회에 달한다.

251) 도표에 제시된 『학지광』과 『청춘』의 혁명 개념 활용 빈도수는 필자가 세 차례에 걸쳐 헤아려 본 결과이므로, 약간의 오차가 발생할 수 있음을 미리 밝혀둔다. 잡지에 실린 광고의 문구는 제외하였고 제목과 본문을 대상으로 삼아 환산하였다.

252) 일반적으로 볼셰비키 혁명 내지는 사회주의 대혁명은 '10월 혁명'으로 불린다. 여기에서 말하는 10월은 러시아 구력에 해당되는 '율리우스력'에 따른 것인데, 오늘날 쓰고 있는 태양력에 의거한다면 이는 11월에 해당된다.

다. 물론 볼셰비키 혁명 이전에도 『청춘』과 『학지광』에서 혁명 개념이 활용된 사례가 적지 않았지만, 이 경우에는 주로 라듐 발견과 같은 과학계의 혁명[253] 내지는 프랑스혁명·종교개혁·산업혁명 등을 일컬을 때 활용되었다.[254] 그러나 1917년 11월 직후부터는 혁명 개념의 빈도수가 증가했을 뿐만 아니라 인식론적 변화 또한 두드러지게 나타났다.

첫째, 그간 '약자'로서 자기 자신을 호명해왔던 문법에서 벗어나 '혁명가'로서 자기 자신을 호명하려는 문법이 새롭게 부상했다. 이를테면 자기 스스로를 "革命을 즐기는 素性을 가졋으며、革命을 能爲하는 天才가 富한 者"[255]로 규정한 사례 내지는 "나는 不幸히 凡人이 되어 政治上 또는 宗敎上 이러한 革命者가 되지 못하나 人道上 一革命者나 되어 보려 하나이다."[256]라고 다짐했던 사례가 대표적이다. 물론 이들 문헌에서 활용된 혁명 개념이 정치적인 급진성을 담보한 용어가 아니라는 점은 분명해 보인다. 하지만 자기 자신을 '약자'로 호명하려는 문법에 익숙했던 지난 시기를 돌이켜볼 때, '혁명'의 주체로서 자기를 재정위하려는 이들의 욕망은 사뭇 이채롭다. 자기 스스로를 단순히 점진적이면서 평화적인 진화의 법칙에만 종속된 존재가 아니라, 능동적이면서 급진적으로 자신의 지위를 개선하고 변화시킬 수 있는 존재로 위치시키려는 욕망은 이전에는 좀처럼 볼 수 없었던 것임에 틀림없다. 백일생의 경우처럼 '문학계의 혁명아'가 되든 이광수의 경우처럼 '인도상의 혁명가'가

253) 斗南公民, 「科學界의 一代革命」, 『학지광』 4, 1915.2, 38~41면.

254) 『학지광』이나 『청춘』에서 프랑스혁명, 종교개혁, 산업혁명을 혁명의 모델로 거론한 글은 결코 적지 않다. 대표적인 것으로 金利埈, 「出陣하는 勇士諸君에게」, 『학지광』 6, 1915.7; 玄相允, 「强力主義와 朝鮮靑年」, 『학지광』 6, 1915.7; 「努力論」, 『청춘』 9, 1917.7; 「勇氣論」, 『청춘』 11, 1917.11 등을 들 수 있다.

255) 東海岸 白一生, 「文壇의 革命兒야」, 『학지광』 14, 1917.11, 47면.

256) 외배, 「어린 벗에게」, 『청춘』 11, 1917.11, 133면.

되든, 1917년 무렵부터 자신을 새로운 시대의 변혁 주체로 호출하려는 열정이 분출되기 시작했다.

둘째, 점진적인 방식이 아니라 급진적인 방식으로 사회가 변화할 수 있다는 인식론이 급부상했다. 혁명이 식물을 생장시키는 결정적 계기를 마련해준다는 진술이나,[257] 러시아혁명을 통해 역사의 물결이 도도하게 흘러가는 것을 목도하게 되었다는 진술[258] 등은 그러한 인식의 변화를 읽어내는 데 있어서 적절한 근거가 될 수 있다. 특히 혁명이 사회의 진보 발전에 필요하다는 인식은 서상일의 글에서 두드러지게 나타난다.

> 革命이란 如斯히 我人類界의 萬般事의 進步發展 向上增進에 大히 必要한 것이라. (……) 世人은 革命을 例外로 아나 其實은 革命이 例外가 아니오, 革命 업슨 째 即 當時가 例外라. 그런데 革命事業은 建設的이라 하기보다 破壞的이오 生産的이라 하기보다 消費的이라 其害가 不少함에 不拘하고 革命이 全世界를 通하야 古今에 不絕하엿슴은 何故오? 一國 一民族의 向上增進, 進步, 發展의 理想을 達키 爲하야 不得已하는 最後方法이며 最後手段이 即 革命이라.[259]

위의 글은 혁명을 인류의 진보 발전의 필수 요소로 지목했다는 점에서 재음미될 필요가 있다. 이에 따르면 혁명은 인류의 진보 발전에 있어서 반드시 필요한 요소 중 하나이다. 러시아를 비롯한 세계 각국이 혁명에 내재되어 있는 파괴적 속성에도 불구하고 이를 피하지 않는 이유도

---

257) 「나폴레온 格言集」, 『청춘』 8, 1917.6, 100~101면. "革命은 더러운 糞堆와 가튼 것이로다 그것이 至貴至重한 植物을 生長식이는도다."

258) 極熊, 「露西亞 國民性」, 『학지광』 15, 1918.3, 45면. "爲先 우리가 只今 當하고 안젓는 今日의 革命을 생각하자 몃百年 고요하든 물결이 오늘날 얼마만치 洶々하냐."

259) 徐尙一, 「「文壇의 革命兒」를 讀하고」, 『학지광』 15, 1918.3, 58~60면.

바로 거기에 있다. 앞서 백일생과 이광수의 글과 마찬가지로, 이 글에서도 폭력적이고 파괴적인 방식의 혁명을 거부하고 있다. 하지만 이 글에서 주목되어야 할 것은 다윈이 발견했던 '유기적 자연의 발달 단계', 즉 점진적이고 단계적인 변화가 강조되었던 '진화' 개념에 '혁명'이라는 이질적인 용어가 도입되기 시작했다는 사실이다. 그런 의미에서 "革命이 例外가 아니오, 革命 업슨 때 卽 當時가 例外"라는 서상일의 말은 의미심장하다. 우리는 서상일의 말에서 사회 발전의 법칙이나 체계를 설명하는 데 있어서 혁명 개념을 배제하지 않겠다는 감각, 다시 말해 혁명을 사회 발전의 새로운 변수로 등재시키고자 하는 감각을 읽어낼 수 있다. 바야흐로 '혁명'이 식민지 조선의 변화를 설명하는 개념어로 새롭게 등장하게 된 것이다.

이러한 배경 속에서 일어난 3·1운동은 기존의 진화론적 지식 체계로는 설명될 수 없는 돌발적인 사건에 해당되었다. 그것은 식민지 시기 최초의 거국적 운동이라는 점에서 단절적이고 우발적인 사건*event*이자, 복벽주의에 의거하지 않았다는 점에서 '회귀'의 운동이라기보다는 '나아감'의 운동에 가까웠다.[260] 이렇듯 3·1운동은 역사의 '단절[斷]'과 '나

260) 바디우의 '사건' 개념은 3·1운동을 설명하는 데 있어서 유효한 해석적 틀을 제공한다. 바디우가 말한 '사건' 개념의 특질은 세 가지로 정리될 수 있다. 첫째, 그것은 기존의 정치철학에서 언급하는 '구조로서의 정치'를 의미하는 것이 아니라, 구조로서의 정치적 심급에 "구멍을 내는 해방적 정치"(A. Badiou, *Manifeste pour la philosophie*, 서용순 역, 『철학을 위한 선언』, 길, 2010, 11면)와 관련된 개념이다. 둘째, 바디우적인 의미에서 사건은 기존이 지식 체계로는 설명될 수 없는 비정합적이면서 돌발적으로 출현하는 그 어떤 것을 말한다(A. Badiou, 위의 책, 107면). 셋째, 바디우의 관점에서 사건은 러시아혁명과 같이 '하나로 셈하기'가 가능한 특정조직에 의해 촉발되는 것이 아니라, '하나로 셈하기'가 불가능한 이질적 존재들의 집합을 통해서 촉발된다. 3·1운동은 ① 조선총독부에 의해 운용되는 구조적 정치에 대한 반발이자, ② 준비론에 입각한 기존의 정치운동의 틀로는 설명될 수 없는 돌발적 사건이며, ③ 특정 계급·성별·연령에 귀속되지 않는 다양한 개체들의 집합이 운동의 주체이었다. 이러한 특질들을 함유하고 있다는

아감[進]'의 수사적 결합을 가능케 한 사건으로 한국 근대사에 등재될 수 있었다. 그에 따라 역사가 연속적이면서 점진적으로 진화한다는 인식은 단절적이면서 급진적으로 진화할 수 있다는 인식과 새로운 경합의 관계를 형성하기 시작했다. 즉, 평화적이고 합법적인 수단에 의해 점진적으로 진화한다는 정치사회학적 인식론이 3·1운동을 통해 비로소 새로운 변화의 계기를 맞게 된 것이다.

1.2 「민족개조론」과 이광수, 점진적 진화의 극점

3·1운동은 진화론과 관련하여 다음과 같은 사상사적 질문을 활성화시키는 데 기여했다. 혁명을 진화의 방법으로 도입할 수 있는가 아니면 혁명은 진화와 상반되는 개념으로 간주되어야 하는가. 이러한 질문에 가장 민감하게 반응했던 이는 다름 아닌 이광수와 신채호였다. 3·1운동 직후 이광수가 상해로 건너가면서 두 사람은 교우하게 되는데, 이들은 폭력적인 방식의 혁명을 사회 변화의 방법론으로 채택할 수 있는가라는 문제를 둘러싸고 사상적으로 대립하게 된다. 이광수가 3·1운동 이후 상해에 머물렀던 행적에 대해서는 그간 몇 차례 검토된 바 있지만,[261] 상해시절에 그가 어떠한 사상적 태도를 견지하고 있었는지에 대해서는 그다지 주목되지 않았다.[262]

점에서 3·1운동은 바디우가 말한 '사건성'을 농후하게 담지하고 있다고 볼 수 있다.

261) 이광수의 상해시절에 대해서는 다음의 논의가 대표적이다. 김윤식, 『이광수와 그의 시대 2』, 한길사, 1986; 김원모, 『영마루의 구름 - 춘원 이광수의 친일과 민족보존론』, 단국대학교 출판부, 2009; 류시현, 「東京三才(홍명희·최남선·이광수)를 통해 본 1920년대 '문화정치'의 시대」, 『한국인물사연구』 12, 한국인물사연구회, 2009 등.

262) 김주현은 상해시절 이광수가 발표한 글에 대해 면밀한 검토를 수행한 바 있다. 김주현, 「상해시절 이광수의 작품 발굴과 그 의미」, 『어문학』 132, 한국어문학회, 2016; 김주현, 「상해 『독립신문』에 실린 이광수의 논설 발굴과 그 의미」, 『국어국문학』 176, 국어국문

이광수의 상해 시절에 주목해야 하는 이유는, 그 시절 발표되었던 일련의 글들이 3·1운동 이후 이광수의 사유 체계에서 변화 혹은 고착되었던 지점을 파악할 수 있는 중요한 단초를 제공하고 있다는 판단 때문이다. 뒤에서 상론하겠지만 이광수는 상해 시절 초기만 하더라도 준비론적 시각을 견지하고 있었다. 하지만 1920년 초에 일시적으로 혈전론(血戰論)과 혁명을 지지하면서, 러시아 볼셰비키혁명과 독립운동과의 연계를 주장한 바 있다. 그렇다면 그가 이 시기 일시적으로나마 견지하고 있었던 혁명론을 포기하고 어떻게 「민족개조론」이라는 문제적 텍스트를 발표하게 되었는지를 살펴봐야 한다. 이러한 관점에 따라 여기에서는 이광수가 상해 시절에 내세웠던 독립의 지향점과 그 방법론의 특질을 살펴보고, 그가 신채호와 어떠한 사상적 대립각을 세웠는지를 검토해보고자 한다.

이광수는 상해 임시정부 기관지로 알려져 있는 『독립신문』의 창간 멤버였다. 잘 알려져 있다시피 상해 임시정부의 노선이 단일하지 않았던 바, 소위 혈전론(血戰論)으로 명명되는 노선과 준비론으로 명명되는 노선이 대립각을 세우고 있었던 터였다. 상해 시절 초기만 하더라도 이광수는 준비론의 입장을 견지하면서, 혈전론을 내세운 신채호와 대립하고 있었다. 그런 와중에 1919년 9월 2일 "南大門外 爆彈의 一聲",[263] 즉 강우규의 폭탄투척 사건이 발생하게 된다. "政府에셔는 無能한 外交만 坐信하고 잇다 하나 事實은 그럿치 안을지라 吾儕의 其知하는 바와 如히 一便으로 無能한 外交이나마 續繼하며 全力은 軍事에 總注集하는 배라."라는 표현에서 알 수 있듯이, 이 글은 다분히 신채호 노선을 의식

학회, 2016. 따라서 여기에서는 김주현의 논의를 총람하되, 그 논의의 공백을 메우는 방식으로 글을 전개하고자 한다.

263) 「戰爭의 時機」, 『독립신문』, 1919.9.30.

하면서 쓴 것처럼 보인다. 이 글에서 이광수는 "欲速이면 不達"이라는 관점을 내세워, 정부의 무능을 탓하기보다는 "可能한 準備를 成하엿다가 一令之下에 萬軍이 動하는 計를 用하여야"한다고 주장하였다. 이러한 입장은 곧이어 발표한 「自由의 價」에서도 고스란히 드러난다. 그는 이 글에서 3·1운동이 자유를 갈구하는 조선의 의지를 잘 드러내고 있다고 주장하면서도, 독립을 이루기 위해서는 더 많은 인내와 준비가 필요하다고 말하고 있다.[264] 이 글은 3·1운동 이후 대두된 조선 독립에 대한 비관론을 비판하기 위해 작성되었지만, 이 글을 통해서 3·1운동 이후에도 준비론을 고수하고 있는 이광수의 인식을 쉽게 읽어낼 수 있다.

이광수에 관점에 대해서 신채호는 어떠한 입장을 취했는가. 비슷한 시점에 신채호는 상해 임시정부와 이승만의 위임통치 문제로 갈등을 빚다가 10월에 임정과 결별하고 곧바로 『신대한』을 새롭게 창간하였다. 이광수와 신채호는 상해 시절 이전에도 이미 세 차례 만난 경험이 있지만,[265] 상해 시절 활동을 기점으로 하여 두 사람은 사상적으로 완전히 결별하게 된다. 잘 알려져 있다시피 신채호는 이미 「꿈하늘」에서 외교론이나 실력양성론에 대해 비판적인 입장을 표명한 바 있었다.[266] 다시 말해 약자가 강자에게 저항하고 투쟁해야 한다는 신채호의 입장은

---

264) 李光洙, 「自由의 價」, 『革新公報』 50, 1919.12.25. 이 글은 김주현에 의해 최근 발굴되었다. 이 글의 전문은 김주현, 「상해시절 이광수의 작품 발굴과 그 의미」, 앞의 논문, 248~249면.

265) 이광수와 신채호의 세 차례 만남에 대해서는 김주현, 「이광수와 신채호의 만남, 그리고 영향」, 『한국현대문학연구』 48, 2016, 151~155면을 참조.

266) 신채호는 교육과 실업을 중시하는 준비론을 다음과 같이 비판한 바 있다. "義兵도 안이오, 暗殺도 안이오. 오직 할 일은 敎育이나 實業 갓흔 것으로 차차 백셩을 깨우자 하여 뎜뎜 더운 피를 차게 하고 산 넉슬 죽게 하나니 이놈들의 갈 곳은 어둥地獄이니라." -신채호, 「꿈하늘」, 『단재 신채호 전집』 7, 단재신채호전집편찬위원회, 독립기념관 한국독립운동사연구소, 2008, 550면.

1920년대에 새롭게 대두된 것이 아니라, 이미 1910년대에도 간헐적으로나마 제기되고 있었던 것이다.[267] 「꿈하늘」을 통해서 확인되듯 신채호가 진화론과 거리두기를 시도하고 있었던 그 시간에, 이광수는 와세다대 예과에 편입하여 진화론적 사유를 더욱 심화시키고 있었다. 서로 다른 길을 걸어왔던 두 사람의 사상적 편차는 3·1운동 이후부터 더 극명해지게 된 것이다.

『신대한』은 "第一 獨立을 못하거던 차라리 死하리라는 決心을 革固케하며 第二 敵에 對한 破壞의 反面이 곳 獨立建設의 터이라."라는 점을 기조로 삼아 1919년 10월 창간되었다. 이처럼 『신대한』의 창간사에서는 독립을 위해서는 죽음과 파괴도 불사하겠다는 결의가 잘 드러나 있는데, 이는 『독립신문』의 창간사에서는 좀처럼 드러나지 않았던 문맥이기도 하다. 이러한 기조에 입각하여 신채호는 「國際聯盟에 對한 感想」에서 "國際 當國들이 一時의 强力으로 弱者를 無視하고 私利만 다툰다하면" 자유를 갈망하는 인류의 피의 투쟁을 불러와 1차 세계대전보다 더한 유혈참극이 벌어질 것이라고 전망하기도 했다.[268] 이광수는 이러한 신채호의 입장을 직접적으로 비판한다.

> 建設보다 破壞는 容易하고 和合케 하는 것보다 離間케 함은 容易하나니 父祖가 數十年間의 努力으로 成한 家産을 그 子가 一旦에 蕩盡하며 偉人의 一生 心血을 다하야 엇은 和合을 奸人의 三寸 舌로 能히 破壞하

267) 신채호가 사회진화론의 자장으로부터 벗어나게 된 시점에 대해서는 의견이 분분하다. 김기승은 신채호가 1920년대 들어서서야 비로소 사회진화론 및 자강론에서 벗어나게 되었다고 보는 반면, 이호룡은 1917년 「대동단결의 선언」의 발표를 기점으로 신채호가 사회진화론의 영향력에서 벗어났다고 보고 있다. 김기승, 「신채호의 진화사관과 혁명사관의 대치」, 『단재 신채호의 현대적 조명』, 다운샘, 2003, 152면; 이호룡, 「신채호의 아나키즘」, 『역사학보』 177, 역사학회, 2003, 74~76면.

268) 固麻, 「國際聯盟에 對한 感想」, 『신대한』 창간호, 1919.10.

> 는 것이라. 事業이 容易하기 때문에 小人은 恒常 破壞의 方面에 興味를 두어 惡魔的 快味를 滿足하려 하나니[269)]

위 인용문에서 이광수는 파괴에 대해 흥미를 느끼는 태도를 '악마적 쾌미'라고 비난하고 있다. 앞서 살펴봤듯이 이광수가 비난의 대상으로 지목한 파괴주의는 『신대한』 창간사의 기본 논조에 해당된다. 그의 관점에서 볼 때 신채호가 주장하는 '파괴'는 결국 조선 독립을 도모하는 데 있어서 화합을 이끌기는커녕 이간만을 야기할 것이며, 어떠한 건설을 도모하지도 못한 채 자멸적 소행만을 남발하는 데 그칠 뿐이다. 이처럼 이광수는 신채호의 혈전론 내지는 폭력 혁명론에 대한 입장에 대해 반발하고 있었으며, 1910년대부터 자신이 꾸준히 제기해 왔던 준비론의 입장을 고수하고자 했던 것이다. 이후 세 달도 되지 않아 『신대한』의 발간이 중단되고, 신채호는 1921년 1월 『천고』를 창간하여 아나키즘 선전 작업을 전개한다. 그리고 잘 알려진 바대로 의열단의 요청에 의해 1923년에는 「조선혁명선언」을 집필하기에 이른다. 이러한 신채호의 행보와는 반대로, 이광수는 허영숙의 만류 끝에 결국 조선으로 돌아가 「민족개조론」의 집필에 착수하게 된다.

여기에서 우리가 간과하지 말아야 할 것은 이광수가 상해에 머무는 내내 준비론적 시각만을 견지한 것은 아니라는 사실이다. 상해 시절 초기까지만 하더라도 준비론의 입장에 서 있었던 이광수는 1920년 1월~4월경 일시적으로 혈전론과 혁명론을 독립운동의 방략으로 내세우기도 했다.[270)] 이광수가 혈전론 및 혁명론으로 급선회하게 된 이유는

---

269) 「君子와 小人」, 『독립신문』, 1919.11.27.

270) 이에 대해서는 김주현도 지적한 바 있다. 김주현, 「상해 『독립신문』에 실린 이광수의 논설 발굴과 그 의미」, 앞의 논문, 610~618면을 참조.

1920년을 '전쟁의 해'로 명명한 안창호의 영향 때문이다. "本紙 新年號에 揭載한 安島山의 祝辭의 題目이 '新年은 戰爭의 年'이오 그 中에 氏는 '우리가 오래 기다리던 獨立戰爭의 時機는 今年'라고 말하면서, "國民이여 徬徨하지 말고 政府로 더부러 心을 決합시다. 우리의 할 일은 오직 血戰이 잇슬 뿐"이라는 이광수의 말이 이를 잘 입증해주고 있다.[271] 이처럼 이광수는 안창호의 祝辭에 앙양되어 혈전론을 견지하게 되었는데, 이러한 기조는 같은 해 4월까지 꾸준히 유지되고 있었다.[272] 상해 시절 초기까지만 하더라도 독립운동의 방략으로 적절한 것은 외교라고 언급했을 만큼, 이광수는 혈전론보다는 외교론을 강조하고 있었다.[273] 하지만 1920년 1월을 기점으로 그는 "平和運動의 時機가 過하고 血戰의 時機가 到"[274]하였다고 말하면서, 독립운동의 본령이자 중심은 결국 외교가 아닌 혈전에 있다고 주장하기에 이른다.

이 과정에서 이광수가 혁명에 대한 관심을 표명했다는 점은 특기할 만하다. 예컨대 그는 「世界的 使命을 受한 我族의 前途는 光明이니라」에서는 혁명을 하늘의 명령이자 세계적 정신으로 규정하였고,[275] 「世界

---

271) 「戰爭의 年」, 『독립신문』, 1920.1.17.

272) 이 시기 이광수가 혈전론을 주장했던 글의 목록은 다음과 같다. 「戰爭의 年」(1920.1.17), 「本國 同胞여」(1920.1.31), 「七可殺」(1920.2.5), 「獨立戰爭과 財政」(1920.2.7), 「世界的 使命을 受한 我族의 前途는 光明이니라」(1920.2.12), 「國民皆兵」(1920.2.14), 「此際을 當하야 在外同胞에게 警告하노라」(1920.3.11), 「다시 國民皆兵에 對하여」(1920.3.23), 「獨立戰爭의 時機」(1920.4.1), 「韓中提携의 要」(1920.4.17)

273) "外交와 軍事行動, 又는 外交냐 軍事行動이냐 하는 것이 三月一日 以來의 我等의 中心問題라. (…) 上海에 在한 臨時政府는 外交를 爲主한 者라. 外交와 軍事行動에 對한 國民의 態度를 察하건대 無論 兩者의 並行을 理想으로 하거니와 만일 一輕一重의 別이 有하다 하면 平和會議 終末까지는 外交說이 主가 되다. -「外交와 軍事」, 『독립신문』, 1919.10.11.

274) 「本國 同胞여」, 『독립신문』, 1920.1.31.

275) 「世界的 使命을 受한 我族의 前途는 光明이니라」, 『독립신문』, 1920.2.12.

大戰이 오리라」에서는 러시아 소비에트로부터 뻗어 나온 사회공산주의 사상이 결코 헛되지 않을 것이라고 전망하였으며,[276] 「韓中提携의 要」에서도 일본이 러시아혁명 열풍에 감염되고 있는 때라고 말하면서 이때야말로 독립전쟁을 일으킬 좋은 시기라고 주장하기도 하였다.[277] 이처럼 이광수는 1920년 1월에서 4월까지 발표된 논설에서 '독립전쟁', '혈전', '혁명' 등과 같은 급진적 구호를 내세우고 있었다.

여기에서 그가 계급투쟁이나 사회주의 운동의 틀 속에서 혁명 개념을 이해하고 있는지, 아니면 보다 외연을 넓혀 독립운동 자체를 혁명 개념으로 이해하고 있는지가 중요한 문제로 부각될 수 있다. 이를 확인할 수 있는 문헌이 비록 적은 수이기는 하지만, 이광수가 이 당시만 하더라도 계급투쟁의 관점에서 혁명을 이해했으리라고 보는 것이 합당할 것이라고 판단된다. 위의 글에서도 러시아 사회주의 운동이 일본에 미치는 영향이 적지 않음을 밝히고 있거니와, 그러한 혁명적 움직임이 결국 조선 독립의 好期임을 강조하고 있다는 점이 이를 뒷받침하고 있다. 이와 더불어 러시아 볼셰비키 혁명에 관한 강연에서 "볼셰비즘은 將次 世界 全部에 올 革命"이라고 평가했던 사실은,[278] 이광수가 혁명을 계급투쟁의 관점에서 이해하고 있음을 드러내는 단적인 근거라 할 수 있다.

그러나 이광수가 6회에 걸쳐 연재한 「間島事變과 獨立運動 將來의 方針」에서 확인할 수 있듯이, 혈전·혁명·사회주의를 高唱했던 그의 급진적 논조는 1920년 12월을 기점으로 사라지게 된다. 이 글에서 이광수는 독립운동의 기초는 대독립당을 조직하는 데 있고, 이러한 대독립당

276) 「世界大戰이 오리라」, 『독립신문』, 1920.3.23.

277) 「韓中提携의 要」, 『독립신문』, 1920.4.17.

278) 「留日學友俱樂部의 第一回講演」, 『독립신문』, 1920.3.18.

을 조직하기 위해서는 임시정부를 중심으로 실력을 배양해야 한다고 주장한다. 말하자면 "우리의 나갈 길은 오직 血戰뿐이라, 그러고 血戰의 時機는 今年"[279]이라고 목소리를 높였던 그가, "獨立戰爭은 軍人과 軍費와 機會가 잇서야 한다, 그럼으로 軍人을 養成하고 軍費를 貯蓄하면서도 機會를 기다리는 것이 우리 根本主義가 될 것이니"[280]라는 준비론적 입장으로 변모하게 된 것이다.[281] 이광수는 「間島事變과 獨立運動 將來의 方針」 연재를 마친 지 약 2개월 뒤 상해를 떠나 조선에 귀국한다.

상해에 가기 전까지만 하더라도 진화론에 입각해 교육을 통한 실력 양성을 주장했던 이광수. 그는 상해 시절 일시적으로나마 조선 사회의 급진적 변화를 지향하기도 했지만, 그러한 인식론적 변화는 어디까지나 그가 숭앙해왔던 안창호의 영향으로 인해 나타난 것이었다. 오산학교 시절부터 이미 다윈 진화론을 학습하고 와세다 대학 시절에 우키다의 사상을 흠모했던 그에게는, 혁명을 통한 급진적 변화보다는 교육과 실업을 통한 점진적 변화가 오히려 설득력 있는 논리로 받아들여졌음에 틀림없다. 그에 따라 그가 향후 제시하게 될 독립의 방략은, 「민족개조

279) 「다시 國民皆兵에 對하야」, 『독립신문』, 1920.3.23.

280) 「間島事變과 獨立運動 將來의 方針(一)」, 『독립신문』, 1920.12.18.

281) 그가 급진론에서 다시 준비론으로 선회하게 된 것은 일차적으로 간도사변을 통해 급진론의 한계를 목도했기 때문이기도 하지만, 사실은 안창호의 노선 변화를 의식한 결과라고 보는 것이 합당하다. 안창호는 1920년 11월 27일에 열린 民團 事務所에서 "戰爭이라 함은 空談으로 하는 것이 아니오, 戰爭을 可能하게 하여야 될지니, 昨年붓터 戰爭을 主唱하나, 今日까지 預○(定: 필자 주)의 戰爭을 開始치 못함은 이 무슨 緣故요. 이것이 곳 口舌로만 戰爭○○○○(을 하자 하: 필자 주)고 戰爭할 準備를 못한 緣故이오."라고 연설한 바 있다. 이처럼 안창호는 지금이 곧 전쟁의 적기가 아니라 전쟁을 준비해야 할 시기임을 강조하고 있었다. 이광수도 이러한 시각을 지지하면서, "軍人도 업시, 軍費도 업시, 武器도 업시 엇지 大部隊的戰爭을 하리오, 이는 去月二十七日 我民團講演會에서 述한 安島山의 演說에 가장 잘 說明되엿도다."라고 언급한 바 있다. 안창호의 연설 내용은 「前途方針에 對하야」, 『독립신문』, 1920.12.25; 이광수의 글은 「間島事變과 獨立運動 將來의 方針(一)」, 위의 글을 각각 참조.

론」에 개진된 논리에서 확인할 수 있듯, 점진적인 성격을 지닐 수밖에 없었던 것이다.

잘 알려진 바대로 이광수의 「민족개조론」은 1920년대 초반에 발표된 글 중에서 가장 많은 논란을 불러온 글이다. 이 글이 발표된 이후 월탄은 "民族改造論에 야만 두 글자로 말미암어 길이 몰락의 굴형에 떨어저 버리엇다."[282]라면서 이광수를 비난했는가 하면, 주종건은 대화체의 글을 통해서 "오즉 心的 改造로, 根絕하겟다 함은, 그야말로 緣木求魚式의 망상이라고 밧게 할 수 업습니다."[283]라면서 「민족개조론」의 유심론적 관점을 비판하였고, 이성태 또한 "政治的 經濟的의 根本的의 革新을 計劃하는 急進的 靑年들에게 非難밧는 것은 엇절 수 업는 必然한 일이엇다. 그러고 三一運動의 歷史觀에 잇서서도 分明히 그는 잘못 觀察하엿다."라며 이광수를 힐난하였다.[284] 이처럼 「민족개조론」은 민족주의 계열과 사회주의 계열 양측에서 모두 비판받을 만큼 여러 쟁점을 응축하고 있는 글이었다. 더군다나 안창호의 만류를 무릅쓰고 조선행을 결심했던 이광수가 귀국한 지 약 1년이 지나 발표된 글이었던 터라,[285] 「민족개조론」은 발표 자체만으로도 센세이셔널한 반응을 불러오기에 충분했다.

이광수는 「민족개조론」의 서두에서 "生存競爭의 世界를 相互扶助의 世界로 改造하여라"[286]라고 밝히면서, 상호부조적인 세계로의 변화가

282) 朴月灘, 「文壇의 一年을 追憶하야 現狀과 作品을 槪評하노라」, 『개벽』 31, 1923.1, 2면.

283) 朱鍾建, 「現代經濟組織의 모순 – 엇던 多少間 교양잇는 失業한 熟練職工과의 대화」, 『개벽』 41, 1923.11, 29면.

284) 李星泰, 「李光洙論 – 내가 본 李光秀」, 『개벽』 55, 1925.1, 85면.

285) 『안창호 일기』, 1921년 2월 18일자 일기; 독립기념관 한국독립운동사 정보시스템 콘텐츠자료 중 '안창호' 부분을 참조.

286) 李春園, 「民族改造論」, 『개벽』 23, 1922.5, 19면.

곧 개조를 의미한다고 말하고 있다. 그는 1차 세계대전이 끝나고 파리 강화회의가 열린 이후 세계질서가 생존경쟁이 아니라 상호부조의 원리로 운용될 것임을 예고했던 것이다. 「민족개조론」에서 더욱 논쟁적인 것은 3·1운동에 대한 이광수의 평가였다.

> 大體 民族改造란 무엇인가. 一民族은 다른 自然現象과 가티 時時刻刻으로 어떤 方向을 取하야 變遷하는 것이니 (……) 過去에만 그런 것이 아니라 只今도 나날이 變하여 갑니다. 더욱이 <u>再昨年 三月 一日 以來로 우리의 精神의 變化는 무섭게 急激하게 되엇습니다.</u> 그리고 이러한 變化는 今後에도 限量업시 繼續될 것이외다. <u>그러나 이것은 自然의 變化외다. 또는 偶然의 變化외다. 마치 自然界에서 끈힘업시 行하는 物理學的 變化나 化學的 變化와 가티 自然히, 우리 눈으로 보기에는 偶然히 行하는 變化외다. 또는 無知蒙昧한 野蠻人種이 自覺 업시 推移하여 가는 變化와 가튼 變化외다.</u>[287]
>
> (강조와 밑줄은 인용자)

「민족개조론」은 마치 「신생활론」의 3·1운동 이후 버전*version*처럼 읽히는데, 그 이유는 ① 「신생활론」에서 언급했던 "생활은 변화외다."라는 말을 "민족개조란 변화외다."라는 말로 변형하고 있고, ② 「신생활론」에서 논의했던 자연적 진화와 인위적 진화 개념을 3·1운동에 적용해서 설명하고 있기 때문이다. 위 인용문에서 3·1운동 이후의 변화에 대한 이광수의 평가는 주목할 필요가 있다. 이광수는 3·1운동 이후의 변화를 "無知蒙昧한 野蠻人種이 自覺 업시 推移하여 가는 變化와 가튼 變化", 즉 자연적이면서 우연적인 변화에 불과하다고 평가절하한다. 3·1운동

287) 李春園, 「民族改造論」, 앞의 글, 19~20면.

이후의 조선(인)의 변화는 인위적인 자각을 토대로 한 변화로 간주할 수 없다는 것이다. 이광수는 앞서 발표한 「신생활론」에서 자연적 변화와 인위적 변화를 구분한 후, 교육 및 혁명을 통해 인위적 변화가 가능하다고 언급한 바 있다. 그리고 그는 혁명보다는 교육을 통한 점진적 개량을 강조하였다. 이러한 이광수의 관점은 「민족개조론」에도 고스란히 드러난다. 이광수는 3·1운동 이후의 변화를 부정적으로 평가하면서, 3·1운동이 가진 역사적 의의를 대폭 축소시키고자 했던 것이다.

사실상 「민족개조론」에서 3·1운동에 관한 언급은 극히 일부에 지나지 않는다. 그럼에도 불구하고 이는 이광수가 얼마만큼 진화론에 침윤되어 있는지를 잘 드러낸 대목이기에 특히 주목되어야 한다. 다윈 진화론에 따르면 진화는 점진적인 방식으로 이루어지기 때문에 '혁명'이라는 단어는 진화의 방법으로 좀처럼 거론되지 않는다. 그에 따라 혁명과 같이 급진적이고 폭력적인 방식의 변화는 전통적인 진화론적 관점으로는 설명할 수 없다. 이러한 입론에 입각해서 이광수는 3·1운동과 같은 혁명적인 사건을 인위적 진화 개념이 아닌, 자연적 진화 개념에 배속하는 방식으로 자신의 논지를 전개해 나간다.

> "그네는 아즉도 民族의 改造가 朝鮮民族을 살리는 唯一한 길인 것, 그리함에는 教育이 根本되는 것, 그리함에는 有爲한 人物과 巨額의 資金을 가진 鞏固한 團結이 必要한 것, 이것이 當時에 부르짖던 獨立보다도, 帝國보다다도, 政權보다도 必要한 것을 아즉도 徹底하게 自覺치 못하엿습니다."[288)]

288) 李春園, 「民族改造論」, 앞의 글, 30면.

이광수의 시각에서 볼 때, 3·1운동은 자연적인 진화의 과정 속에서 나타나는 자각 없는 '운동'에 불과하다. 그가 3·1운동을 자연적 진화 개념에 귀속된 것으로 인식함에 따라 응당 강조될 수밖에 없었던 것은 '교육'이었다. 그간의 논의에서 살펴봤듯이 교육은 온건한 진화론자들에게 있어서 가장 빈번하게 활용되었던 방법론 중 하나였지만, 위 인용문에서처럼 교육이 독립보다 더 절실하게 필요하다는 주장을 문면에 내세우는 경우는 쉽게 찾아보기 어렵다. 이러한 시각에 입각해 이광수는 정치적인 의미의 독립은 단순히 '운동'을 통해서가 아니라 '실력양성'을 통해서만 달성될 수 있다고,[289] 또한 혁명을 백번 천번 하는 것보다 민족개조운동을 하는 것이 국가와 민족을 구제하는 방법이 될 수 있다고 주장한다.[290] 요컨대 이광수는 「민족개조론」에서 3·1운동과 같은 급진적 운동의 방식이 아니라 실력양성이나 민족개조와 같은 점진적인 방식을 통해 사회가 변화된다고 보고, 3·1운동과 같은 단절적이고 급진적인 방식의 변화를 애써 거부하고자 했던 것이다.

「민족개조론」이 하나의 사건적 텍스트가 될 수 있었던 이유는 무엇보다도 당대 지식인들에게 3·1운동에 대한 의미화의 욕망을 촉발시켰다는 데에 있다. 3월 1일 이후의 변화를 '자연의 변화' 혹은 '우연의 변화'로 치부했던 이광수의 논법은 당대 지식인들에게 있어서 분명 문제적인 구석이 있었다. 3·1운동의 역사적 의미를 부여하는 작업은 조선

289) "政治的 獨立은 一種 法律上 手續이니 이는 獨立의 實力이 잇고 時勢가 잇는 때에 一種의 國際上의 手續으로 承認되는 것이지 運動으로만 될 것이 아니외다. (…) 그 根本的으로 할 일은 正經大道를 取한 民族改造요 實力養成이외다." - 李春園, 「民族改造論」, 앞의 글, 47면.

290) "그네가 革命을 百千番하고 孫文, 顧維均, 王正延이 아모리 革命과 外交를 잘한다 하더래도 中華人의 救濟는 오즉 民族改造運者[民族改造運動者]에게서만 차즐 것이라 합니다." - 같은 글, 53면.

민족의 열등성을 인정하느냐 마느냐의 문제와도 연동되는 것이었기에, 3·1운동을 저평가했던 이광수의 시각은 결국 많은 비판을 감수해내야만 했다.

2. 점진적 진화 논리의 극복과 혁명 개념의 부상

2.1 초기 사회주의자들의 「민족개조론」 비판과 혁명(불)가능성의 문제

「민족개조론」이 발표된 이후, 가장 먼저 비판에 나선 이는 2·8 독립운동을 주도한 바 있었던 최원순이었다. 그는 양일간에 걸쳐 「李春園에게 問하노라」(1922.6.3~4)라는 제하의 글을 『동아일보』에 발표한다. 이 글에서는 「민족개조론」에 나타난 문제점을 5가지로 지적했는데, ① 소위 열악하다는 조선의 민족성은 어떠한 것을 의미하는가, ② 민족성 개조의 윤리적 근거가 무엇인가, ③ 한 민족성이 優善하다 劣惡하다 판단하는 기준은 무엇인가, ④ 조선인의 과거 변천을 '무지몽매한 야만인종의 자각 없는 변화'로 규정하는 이유는 무엇인가, ⑤ "민족개조는 도덕적일 것"이라고 하는 말은 무엇을 의미하는가가 바로 그것이다. 이 가운데 최원순은 3·1운동을 '무지몽매한 야만인종의 자각 없는 변화'로 규정한 이광수의 태도를 비판하면서, 3·1운동이 "과연 計劃과 努力이 업는 일이엿슬가?"라고 반문한다. 2·8 독립운동을 주도했던 최원순의 입장에서 볼 때, 3·1운동은 계획과 노력에 의한 문명사적 사건임에 틀림없었던 것이다.

최원순의 경우에서 엿볼 수 있듯 당시 「민족개조론」을 비판했던 대다수의 지식인들은 3·1운동을 평가절하했던 이광수의 역사 인식에 주목하고 있었다. 이를 가장 열성적인 어조로 비판한 잡지가 바로 초기 사회주의 담론 생산을 주도했던 『신생활』이었다. 「민족개조론」이 발표된 이후, 『신생활』에서는 이례적으로 두 달간 「민족개조론」에 대한 비판적 논설을 연속해서 게재한다. 신상우의 「春園의 民族改造論을 讀하고 그 一端을 論함」[291]과 신일용의 「春園의 民族改造論을 評함」[292]이 바로 그것이다.

먼저 신상우는 3·1운동이 자각 없이 일어난 우연적 사건이라는 이광수의 진술에 대해 강력히 반발하면서, 조선 민족의 역사가 결코 열등하지 않다는 사실을 입증하기 위해 조선의 역사와 서구의 역사를 비교 분석한다. 이러한 논의 끝에 그는 이광수의 「민족개조론」을 3·1운동의 역사적 의의마저 폄훼한 '광언 악필(狂言 惡筆)'로 규정하기에 이른다. 사실 신상우의 글은 두 가지의 중요한 논점을 내포하고 있었다. 그것은 ① 조선(민족)의 역사와 서양(민족)의 역사는 결코 우열의 관계로 파악할 수 없다는 점, ②「민족개조론」에 의해 역사적 의의가 대폭 수축되어버린 3·1운동을 재명명해야 한다는 점이다. 요컨대 신상우는 우승열패의 진화론적 구도를 깨뜨릴 만한 역사적 사건으로서 3·1운동을 호출하고 있으며, 3·1운동의 역사적 의의를 재고하는 일이야말로 진화론이 내포하고 있는 직선적 시간관을 해체하기 위한 첫걸음이라고 주장하고 있다.

다음으로 신일용은 신상우의 논법과는 사뭇 다른 방식으로 이광수를 비판한다. 신일용은 이 논설을 통해서 이광수가 개진한 논리에 대해 크게 두 가지의 의문을 제기한다. 하나는 개인의 개조를 통해서 민족적 개조가 가능해질 수 있는가이다. 신일용은 이러한 질문을 제기하면서 '개인의 非改造'만을 주목한 나머지 착취나 정복을 일삼는 '제도의 非改造'에 대해서는 침묵을 지키고 있다고 이광수를 몰아세운다. 다음으로

291) 申相雨, 「春園의 民族改造論을 讀하고 그 一端을 論함」, 『신생활』 6, 1922.6, 73~77면.
292) 辛日鎔, 「春園의 民族改造論을 評함」, 『신생활』 7, 1922.7, 2~18면.

제기한 의문은 인간 진화의 기준을 과연 표준화할 수 있는가이다. 그에 따르면 "變化의 程度난 決코 時間的으로나 空間的으로 特定한 標準이 確立하여 잇난 것이 아니"다. 그러면서 그는 의식적인 목적과 계획의 유무로 야만과 문명을 구분 지으려는 이광수의 태도를 비판한다. 이처럼 신일용의 글은 「민족개조론」이 전제하고 있었던 '유심론적 태도'와 '직선적 시간관'에 대한 비판을 동시에 내장하고 있었다. 이와 더불어 신일용의 글에서 특히 주목되어야 하는 것은, 진화를 점진적인 것으로만 받아들였던 이광수의 논점을 비판하면서 급진적 변화를 진화의 법칙 속에 새롭게 도입하려 했다는 사실이다.

> "**人類進化의 原則에 平行하는 自然的 變化와 社會事情의 激變에 加勢되는 變化로 난호아 생각할 수 잇다.** 그런고로 歷史上에 表現된 變化 혹은 今後로 斷續될 變化도 人類進化의 法則과 가티 流動할 것이며 社會事情의 激變과 가티 變遷할 것이라 하겟다. (…) 싸러서 變化는 오즉 進化의 法則과 制度 變革의 二個 動力에 依하야 圓錐形으로 展開되여 갈 싸름이라는 結論에 到達한다."[293] (강조와 밑줄은 인용자)

신일용은 위의 인용문에서 인류 진화의 원칙은 자연적인 변화와 사회적 격변으로 구분 지을 수 있다고 말한다. 사회적 격변이란 사회구조 및 제도의 급진적 변혁을 의미하는 바, 그는 역사가 급진적이면서 단속적으로 변화될 수 있다고 단언하고 있다. 앞서 밝혔듯이 이광수는 「민족개조론」에서 우발적이고 급진적으로 변화하는 역사의 운동 형식을 부정하는 데 많은 분량을 할애하고 있었다. 하지만 신일용은 이러한

293) 辛日鎔, 앞의 글, 6면.

이광수의 입장을 비판하면서, 사회의 급진적 변혁을 인류 진화의 새로운 법칙으로 도입시킨다. 이리하여 이광수에 의해 그 역사적 의의가 대폭 축소되었던 3·1운동은 신일용의 입을 통해 새롭게 의미화된다. 즉, "征服에서 煩悶하다가 解放을 絕叫하는 運動"이자 "世界的 新機運에 投合하야 生을 慾求하는 運動"으로 재의미화된 것이다.[294)]

그 외에도 김제관도 「민족개조론」 비판에 동참한 바 있는데,[295)] 그도 신상우나 신일용과 마찬가지로 3·1운동을 다원 진화론의 문맥에서 해석될 수 없는 단절적이면서도 우발적인 역사의 변곡점으로 해석하고자 했다. 사실상 3·1운동을 하나의 혁명적 사건으로 간주하느냐 마느냐의 문제는 마르크스적 의미의 혁명이 식민지 조선에서 실현될 수 있느냐의 문제와 결부되어 있었다. 비록 3·1운동에서 '계급투쟁에 입각한 혁명'의 문맥을 읽어낼 수 있는 여지는 충분치 않았지만, 초기 사회주의자인 그들에게 있어서 3·1운동은 식민지 조선에서도 혁명이 실현 가능하다는 점을 각인시켜준 역사적 실례로 간주되었다. 왜냐하면 그들에게는 계급투쟁의 실천적 사례와 더불어 네이션*nation* 탈환의 실천적 사례를 의미화하는 작업, 다시 말해 프롤레타리아에 의한 투쟁뿐만 아니라 국제 사회에서 약자로 분류되었던 피식민자에 의한 투쟁을 의미화하는 작업이 병행되어야 했기 때문이다.[296)] 비록 프롤레타리아 국제주의를 표방한다 할지라도, 그들에게 있어서 계급의 일원으로서의 개인만큼이

294) 辛日鎔, 앞의 글, 7~8면.

295) 金壽觀, 「社會問題와 中心思想」, 『신생활』 7, 1922.7, 2~18면.

296) 이와 관련하여 김구가 사회주의자들을 비판하기 위해 했던 다음과 같은 말은, 사회운동보다 민족운동을 중시했던 초기 사회주의자들의 인식을 잘 드러내주고 있다. "러시아 국부 레닌이 '식민지 민족은 민족운동을 먼저하고 사회운동은 그 뒤에 하는 것이 바람직하다.'는 말을 하자, 그들(사회주의자들: 인용자 주)은 조금도 주저하지 않고 민족운동을 한다고 떠들지 않는가." - 김구, 『백범일지』, 너머북스, 2008, 540~541면.

나 민족의 일원으로서 개인을 바로 세우는 작업이 필요했다. 바로 그러한 맥락에서 이들은 3·1운동을 "幸福의 平均을 與"하기 위한 민족적 운동으로,[297] "解放을 絕叫하는" 피식민자의 저항적 운동으로,[298] "朝鮮民族의 偉大한 犧牲的 精神과 確固한 意識的 努力"이 표명된 운동으로 각각 명명하고자 했던 것이다. 말하자면 이들에게 있어서 3·1운동의 의미화 작업은 '자아' 내지는 '민족'을 저항과 혁명의 주체로 호명하는 작업과 연동되는 것이었다. 이광수의 「민족개조론」에서 3·1운동에 관한 언급이 극히 일부분에 불과했음에도 불구하고, 그들이 3·1운동에 대한 이광수의 관점을 공통적으로 비난했던 것도 바로 그러한 이유에서였다.

이제 초기 사회주의자들에게 남아 있는 중요한 작업은, 다윈 진화론의 문맥으로는 설명할 수 없었던 러시아혁명이나 3·1운동과 같은 혁명적 사건을 새롭게 의미화하는 것이다. 혁명가 김산의 말처럼 1910년 이래 조선인들은 의병운동과 같은 반란을 통해서 일제에 끊임없이 저항을 해왔지만,[299] 3·1운동은 기존 반란의 형식과 점진적인 진화를 지향하는 준비론의 형식을 과감히 탈피했다는 점에서 '거대한 반란*great rebellion*', 즉 혁명의 특질을 농후하게 함유하고 있었다. 그에 따라 초기 사회주의자들에게는 '혁명'을 사회 진화의 방법론으로 등재하려는 노력이 동반되어야만 했다.

저 露西亞는 過去의 文化圈 內에서 뒤지엿던 位置를 超脫하고 新文化

---

297) 申相雨, 앞의 글, 77면.

298) 辛日鎔, 앞의 글, 7면.

299) Kim San and Nym Wales, *Song of Ariran: The Life Story of a Korean Rebel*, 송영인 역, 『아리랑』, 동녘, 2017, 30면.

圈 內에서 急先鋒이 되야 飄然히 압서게 된 것이외다. 이러한 事實은 單純히 歷史的 進化로만 觀察하면 도저히 像想치 못할 일이외다. 그럼으로 이것도 一種의 迷的 事實로 看做하는 것은 매우 興趣가 만흔 問題일가 합니다.[300]

김명식이 러시아혁명을 "單純히 歷史的 進化로만 觀察하면 到底히 像想치 못할 일"로 간주했던 것에서 알 수 있듯, 러시아혁명이라는 세계사적 경험은 기존의 진화론적 문법으로는 해석될 수 없는 성질의 것이었다. 왜냐하면 러시아혁명은 후진적 위치에 있었던 러시아를 단번에 선봉의 반열에 올라서게끔 한 일대 사건이었기 때문이다. 이처럼 러시아혁명은 점진적 진화를 강조하는 다윈 진화론의 문맥에서는 결코 설명될 수 없었기 때문에 '迷的 事實', 즉 기존의 인식체계로는 규정할 수 없는 애매한 역사적 사실에 해당된다. 바로 그러한 맥락에서 김명식은 러시아혁명을 어떻게 간주할 것인가라는 문제가 곧 '興趣가 만흔 問題'일 수 있다고 말했으며, 점진적인 진화를 강조하는 기존의 진화론으로는 우발적이고 단절적인 역사의 흐름을 설명할 수 없음을 명백히 하였다. 따라서 이제는 '혁명'과 '진화'가 병용될 수 있는 진화론의 문법이 새롭게 고안될 필요가 있었다. 이러한 문제와 관련하여 『신생활』의 대표적 필진 중 하나였던 이성태는 다음과 같이 말한 바 있다.

"무릇 進化라는 것은 一般人의 主張하는 바와 갓치 徐々하게 또 均等한 速度로 되는 것이 아니외다. 進化와 革命은 서로서로 뒤를 이어 일어납니다. 그래서 革命은, 박구아 말하면 가장 急激하게 進化가 생기는 時期도 進

300) 金明植, 「露西亞의 산 文學」, 『신생활』 3, 1922.4, 5면.

> 化가 徐々히 行하는 時期와 마찬가지로 同一한 自然의 統率下에 屬한 것이외다." 이러케 크로포트킨은 革命도 自然界의 또는 人類社會現象의 다른 徐々한 모든 進化와 갓치 한 普遍的 原則이라 말하엿습니다. (…) **그래서 크로포트킨은 人類社會에서도 進化는 革命업시 成就하지 못한다 말하엿습니다.**[301] (강조와 밑줄은 인용자)

1920년대 들어 식민지 조선의 지식인계에서는 크로포트킨이 활발하게 소개되고 있었는데, 그에 주도적인 역할을 했던 사람이 바로 이성태였다. 그는 당시 『신생활』에 「社會生活의 進化」(2호), 「適者의 生存」(3호), 「靑年에게 訴함」(7호) 등 크로포트킨의 저작을 번역 소개하는 데 열성을 기울이고 있었다. 위 인용문은 크로포트킨 학설을 정리한 「크로포트킨學說硏究」의 일부로, 여기에서 이성태가 주목한 것은 당시 식민지 조선 사회에 폭넓게 받아들여지고 있었던 상호부조론이 아니라 혁명에 관한 크로포트킨의 인식이었다. 그는 "革命도 進化와 마찬가지로 自然의 統率 下에 屬한 것"이라는 크로포트킨의 말을 빌어 "進化는 革命 없이 成就하지 못한다."고 주장하고 있다. 여기에서 크로포트킨이 말한 '혁명'이 아나키즘의 맥락에 따른 것인지 아니면 공산주의적 맥락에 따른 것인지는 쉽게 판단할 문제는 아니다.[302] 다만 우리가 주목해야 할

301) 李星泰, 「크로포트킨學說硏究」, 『신생활』 7, 1922.7, 34~35면.

302) 참고로 크로포트킨은 아나키즘과 공산주의를 대립적 관점으로 이해하지 않았다. 그는 아나키즘과 공산주의가 공존할 수 없다는 주장에 대해서 다음과 같이 반박한 바 있다. "공산주의가 필연적으로 만들어낼 사회적 관습들은 이미 존재하는 사회적 관습의 핵을 모든 가능한 징벌수단보다 더욱 강력하게 지원하고 발전시킬 것입니다. 바로 이것이 우리가 상호협약 정신의 발전을 어떤 삶의 형식으로부터, 어떤 사회 체제로부터 기대하고 있는가 하는 물음에 대한 답입니다. 이 견해는 공산주의와 아나키즘이 공존할 수 없다는 주장에 대한 답변이라는 것을 추가로 언급하고자 합니다. (…) 이렇게 공산주의는 지금까지 우리에게 알려진, 서로 간의 투쟁 속으로 사람들을 밀어넣는 개인주의의

사실은 그가 혁명을 진화의 방법으로 새롭게 등재하고자 했다는 사실이다. 범박하게 말하자면 "革命은 進化의 道와 表裡를 相成ᄒᆞ야 決코 兩立치ᄂᆞᆫ 못ᄒᆞᄂᆞ니"라는 1909년의 진술이, 10여 년이 지난 시점에 "進化는 革命업시 成就하지 못한다"는 진술로 탈바꿈되었던 것이다.

물론 이러한 사유의 도약은 약자를 저항과 해방의 주체로 바로 세우기 위한 사회주의적 전략에 의거한 것이었다. 초기 사회주의자들이 말하는 약자란 일차적으로는 프롤레타리아와 같이 계급적 범주에 귀속된 자들을 통칭하는 것이었지만, 사실 그것은 조선(인)이라는 피식민자를 포함한 것이기도 했다.[303] 이들이 개인 혹은 민족을 저항의 주체로 호명하기 위해서는 약육강식의 진화론적 도식을 넘어서야만 했다. 왜냐하면 진화론적 도식으로는 약자는 필연적으로 강자에 종속된 객체로 인식될 수밖에 없기 때문이다. 그에 따라 그들은 노동자나 피식민자와 같은 약자의 저항적 역능을 강조해야 했다. 그들이 베르그송의 '생의 충동'을 원용하면서 노동자 계급의 잠재된 역량을 강조했던 것이라든지[304] 약자

발전이 아니라 개성의 발전을 위한, 그리고 모든 인간 능력의 완전한 개화, 인간 속에 있는 모든 창조성의 최상의 발전, 이성과 감성과 사유의지의 최고의 활동을 위한 최상의 토대입니다." - P. Kropotkin, 백용식 편역, 『아나키즘』, 충북대학교 출판부, 2009, 58면.

303) 이와 관련하여 이혜령의 언급은 시사적이다. "각종 민족주의 아젠다를 위해 호명된 아동, 여성, 청년이든, 사회 구성의 계급적 실체로 호명된 부르주아, 농민, 프롤레타리아, 인텔리겐차이든 간에 그것은 조선 내 조선인이라는 경계를 넘어서진 않았다. '계급'은 사회를 분절할 수 있는 구성원의 집합으로 바라볼 수 있는 관점과 함께 그 구성원의 집합으로서의 한 사회-민족을 상상할 수 있는 구체적인 틀을 선사했다." - 이혜령, 「正史와 情史 사이」, 『민족문학사연구』 40, 민족문학사학회·민족문학사연구소, 2009, 247~248면.

304) 김현준은 노동자 계급의 문화 건설의 중요성을 강조하면서, 인간의 능동적인 역능을 강조한다. 이를 위해 그는 다윈의 진화론을 비판하고 베르그송의 '생의 충동'(이 글에서는 '에넬기'로 표기됨) 개념을 원용한 바 있는데, 그 내용은 다음과 같다. "今에 生이란 무엇인가 하는(what)이 아니라 生을 엇더케(how)의 問題에 歸着될 것이다. 즉 무엇인가 하는 生物學上이나 '따윈'의 進化論上으로 論하는 人類의 創造的 解釋이 아니오, 엇더케

의 저항이 生을 표시하는 유일한 기구라고 언명했던 것도 바로 그 이유 때문이었다.[305] 이처럼 초기 사회주의자들에게 있어서 약자들은 강자에 의해 사멸해야 할 피동적 존재가 아니라, 강자 중심의 사회적 메커니즘을 전복하는 실천적 주체로 간주되어야만 했다. 이러한 저항적 주체를 호명하는 과정에서 강조되었던 개념이 '혁명'이었으며, 그러한 혁명의 현실태가 바로 러시아혁명과 3·1운동이었던 것이다.

정리하자면 이광수의 「민족개조론」에서 촉발된 '3·1운동의 의미화 작업'은 초기 사회주의자들에 의해 주도되었다. 그들이 3·1운동에 대한 이광수의 관점에 그토록 예민하게 반응했던 것은, 약자인 조선(인)의 저항적 역능을 과소평가해서는 안 되었기 때문이었다. 그들의 시각에서 볼 때 러시아혁명과 3·1운동은 약자들이 능동적으로 저항의 주체로 올라서는 역사적 사건이자 기존의 진화론 문맥에서 포획될 수 없었던 예외적이면서 돌발적인 사건으로 간주되었다. 그에 따라 인간 사회의 진화를 설명하기 위해 혁명이라는 개념을 새롭게 도입할 필요가 있었다. 그리고 그것은 '약자=사멸'이라는 진화론적 도식에 수렴되지 않는 주체, 다시 말해 강자와 더불어 살아가면서 끊임없이 투쟁하고 저항하는 역동적인 주체로서 '나'와 '민족'을 새롭게 호명하는 데 활용되었다.

한다는 方法論이 先決問題이다." 이와 같이 김현준이 베르그송을 참조했던 이유는 약자의 능동적 역량을 강조하기 위해서였으며, 이러한 그의 인식은 혁명적 주체의 가능성을 어느 정도 시사하는 것이기도 하다. 인용된 부분은 金賢準, 「文化的 生活과 哲學」, 『신생활』 6, 1921.6, 69면.

305) "弱者가 弱者되는 것은 그 弱者라는 存在를 保有하고 生命을 擴大하야 不正의 强者에게 對抗함에 잇는 것이니, 이 對抗의 彈力이야말로 弱者의 生을 表示하는 唯一한 武器이라." -拏山, 「朝鮮女子敎育協會의 使命」, 『신생활』 6, 1921.6, 20면.

2.2 염상섭의 '개성' 개념과 그 아나키즘적 함의

1차 세계대전이 종식되고 민족자결의 바람이 식민지 조선을 장악해 가던 무렵, 염상섭은 조선 독립의 열망에 한껏 고취되어 독립선언서를 작성한다. 그가 직접 작성한 독립선언서의 첫 문장은 아래와 같이 민족자결주의에 대한 신뢰감으로 장식되어 있다.

> 平和의 祭壇에 崇高한 犧牲으로서 提供된 三千萬의 亡靈에 依하여 最히 雄辯되게 또 最히 痛切히 吾人에게 敎訓을 준 것은 實로 民族自決主義의 오직 一言이다.[306]

사실 민족자결주의에 대한 신뢰는 비슷한 시기에 발표되었던 여타의 독립선언서에서도 누차 강조되었다는 점에서,[307] 그에 한껏 고취된 염상섭의 시각은 당대의 여타 지식인들의 글에서도 어렵지 않게 찾아볼 수 있다. 염상섭에게 있어서 윌슨이 선사한 민족자결주의 관념은, 약육강식과 적자생존의 논리가 횡행하던 식민지 조선에서 하나의 복음으로 간주될 수밖에 없었다. 그는 민족자결주의를 통해 약육강식과 적자생존의 진화론적 원칙을 넘어서고, 또 그것을 상대화할 수 있는 이론적 거점을 확보할 수 있게 된 것이다. 이처럼 강자와 약자가 함께 공존할 수 있고 인류 평화를 모색할 수 있다고 설명했던 민족자결의 논법은,

---

306) 廉想涉, 「獨立宣言書」, 『한민족독립운동사』 3, 국사편찬위원회, 1988, 214면; 이하 염상섭의 평문을 인용할 시에는 한기형·이혜령 편, 『염상섭 문장 전집 1~3』, 소명출판, 2013~2014를 활용할 것이다. 단, 평문이 발표된 신문·잡지, 발표 시점, 해당 면수 등은 원문을 기준으로 출처를 밝히도록 한다.

307) 가령 민족자결주의를 "弱國殘族을 구제하는 대지의 복음이라."고 지칭한 것이라든지(무오독립선언서), "우리 민족은 일본이나 혹은 세계 각국이 우리 민족에게 민족자결의 기회를 부여하기를 요구"(2·8 독립선언서)한다는 등의 표현은 당시 독립에 대한 열망이 민족자결주의에 기초하고 있음을 보여주는 근거들이라 할 수 있다.

염상섭에게 있어서 암흑과도 같았던 식민지 조선의 미래를 새롭게 각색할 수 있다는 비전을 주기에 충분했다. 하지만 그는 선언서를 작성한 지 불과 1년여의 시간이 지난 시점에, 민족자결주의와 세계개조라는 말이 허무맹랑한 말에 불과했음을 토로하게 된다.

> 전쟁이 끝났다. 파리의 소위 미증유하다는 세계개조의 회의도, 푸르락불그락하면서도 하여간 무사히 최후의 막이 내린 모양이다. 그 결과 세계지도의 빛(色)이 변하였다. 항려(巷閭)의 속중(俗衆)은 이것을 가리켜 가로되, "세계는 개조되었다. 인류는 영원한 유토피아 화단 아래에 목침을 높이 괴고 잘 수 있다."고 떠든다. 그러나 나의 눈에는 장군의 흉간에 보지 못하던 훈장이, 또 한 개 매어달린 것밖에 비치지 않는다. 과연 그 이상의 변화가 없다.[308]

염상섭의 말마따나 독립의 가능성을 예시해줬던 윌슨의 논변과 6개월간 진행된 파리강화회의가 있었음에도 불구하고, 식민지 조선은 3·1운동을 통해 독립의 가능성을 확인했을 뿐 현실적으로 변한 것은 거의 없었다.[309] 그러나 염상섭의 이후 행보에 있어서 우리가 잊지 말아야 할 것이 있다. 그것은 그가 약소국의 재생 가능성, 강대국과 약소국의 공존 가능성 등을 예시해 주었던 민족자결주의의 관념성은 비판했으

308) 염상섭, 「이중해방」, 『삼광』 3, 1920.4, 3면.

309) 추후에도 염상섭은 1919년을 전후로 해서 전 세계적으로 확산되었던 민족자결주의와 세계개조의 흐름, 그리고 그 흐름과 맞물려 일어났던 3·1운동의 결과에 대해 절망할 수밖에 없었다고 토로한 바 있다. "1차 대전 후 '민족자결주의', '세계개조'라는 슬로건에 휩쓸려 입으로 독립만세는 불렀으나 손에 잡힌 것은 종래의 무단정책에 대한 문화정책이란 허수아비만이 있었으니 당시의 자유주의 사상과 구미풍조에 눈을 뜬 청년으로서는 지난 십 년 동안의 질곡보다도 정신적으로 더 못 견딜 지경이요, 실망도 더 컸던 것이었다." - 염상섭, 「나의 초기 작품시대」, 『평화신문』, 1954.5.24.

되, 그것이 함의하고 있는 탈식민적 가능성에 대한 믿음은 끝까지 버리지 못했다는 사실이다.[310]

식민지적 현실을 인식하는 데 있어서 진화론 이외의 것을 상상하지 못했던 상황 속에서, 염상섭은 '개성', '생명'이라는 비평적 개념을 제출하게 된다. 그리고 이 개념들은 제국주의를 정당화하는 데 기여해왔던 진화론에 균열을 일으킬 만한 자질을 갖고 있었다. 이를 확인하기 위해서는 염상섭이 3·1운동이 시작된 지 1년여의 시간이 흐른 시점에 남긴 대표적인 평문들, 즉 「개성과 예술」과 「지상선을 위하여」 등을 다시 읽을 필요가 있다.

> 소위 '개성'이라는 것은 무엇인가. 개개인의 품부한 '독이적' 생명이, 곧 그 각자의 개성이다. 하므로 그 거룩한 '독이적 생명의 유로'가 곧 '개성의 표현이다. (…) <u>지금 일례를 거하여 비유할진대, 일반으로 지류(紙類)는 공통한 사명 있는 것이다. 즉, 동일한 수용적 가치가 있는 것이다. 갱언하면 지류로서의 공통된 생명이 있다. 그러나 양지는 철필로 씌이거나 도벽에 적당하고, 조선지는 모필로 씌이거나 창호지로 사용될 지품을 향유한 것이다.</u> 물론 양종 지류의 용도를 절대로 전환하여서는 아니 된다함은 아니나, 그 특성을 따라서 적용하여야 충부한 효과를 얻으리라 함이다.

310) 물론 그것은 이미 일본 유학 시절부터 학습했던 다이쇼 생명주의와의 접촉, 『삼광』 동인들과의 교섭을 통해서 학습했던 아나키즘의 영향 등에서 비롯된 것이기도 하다. 한국 근대문학과 다이쇼 생명주의와의 교섭 양상을 설명한 대표적 연구로는 이철호, 『영혼의 계보 - 20세기 한국문학사와 생명담론』, 창비, 2013(특히 염상섭의 초기 텍스트와 관련된 부분은 344~371면을 참조); 염상섭의 초기 텍스트와 아나키즘의 상관성을 해명한 대표적 연구로는 한기형, 「초기 염상섭의 아나키즘 수용과 탈식민적 태도-잡지 『삼광』에 실린 염상섭 자료에 대하여」, 『한민족어문학』 43, 한민족어문학회, 2003; 권철호, 「만세전과 초기 염상섭의 아나키즘 연구」, 『민족문학사연구』 52, 민족문학사학회·민족문학사연구소, 2013 등을 참조.

> 하므로 철필로 씌이거나 도벽용으로 사용되는 데에, 양지의 개성이 있고 따라서 그 생명이 있는 것이며, 조선지는 모필로 씌이며 창호지에 수요되는 거기에, 조선지 된 특장, 즉 개성이 표현되며, 생명이 유로되는 것이다.[311] (강조와 밑줄은 인용자)

위의 강조된 대목은 「개성과 예술」에 제시된 '개성', '생명' 등의 개념이 어떠한 함의를 갖는지를 잘 드러내고 있다는 점에서 주목되어야 한다. 위 인용문에서 염상섭은 자아의 해방이 곧 개성의 자각과 존엄을 의미하고, 또 개성이 독이적 생명의 유로라고 주장하였다. 그러면서 그는 지류(紙類)의 비유를 통해서 자신의 논지를 전개한다. 이 지점에서 우리가 주목할 것은, 종이의 우열을 따질 것이 아니라 서로 다른 종이의 특성·용도를 고려해야 한다는 대목이다. 염상섭은 서양의 종이이든 조선의 종이이든 이들의 가치를 우열의 관점이 아니라 차이의 관점에서 파악해야 한다고 주장한다. 즉, 어떤 종이든지 간에 각자의 개성과 생명이 있으므로 이들이 가진 개별적 특성을 반드시 고려해야 한다는 것이다. 염상섭은 왜 여기에서 굳이 지류의 비유를 끌어들인 것일까. 이 비유를 통해서 염상섭이 우리에게 시사하고자 했던 바는 바로 이것이다. 서양인이든 조선인이든 누구에게나 공통된 생명과 개성이 있다는 것, 그러므로 이들의 우열을 가리기에 앞서 각자가 가진 개성과 생명을 존중하는 태도가 필요하다는 것이다. 이러한 염상섭의 논법에 따르면 서양이나 제국과 같은 우자(優者)가 조선이나 피식민지와 같은 열자(劣者)보다 우월하다고 규정될 근거는 없다. 고로 '지류의 비유'는 진화론에 입각하여 설정되었던 국제 질서의 이분법적 구도, 즉 서양/조선, 제

---

311) 염상섭, 「개성과 예술」, 『개벽』 22, 1922.4, 4~5면.

국/식민지의 이분법을 분쇄해야 한다는 염상섭의 시각을 잘 응축한 부분이라고 판단된다. 이 논법에 따르면, 양지나 조선지가 그러한 것처럼, 제국과 식민지는 모두 공통된 생명이 있다는 점에서 동등한 가치를 지녀야 한다. 더군다나 여기에 등장한 '생명'이라는 어휘가 진화론적 문명관에서는 보이지 않던 것이자 억압되어 있던 어떤 것이라는 점을 고려해본다면,[312] 또한 '생명' 개념이 단순히 생물적 번식을 의미하는 것이 아니라는 염상섭의 진술을 고려해본다면,[313] 염상섭이 제출한 '개성'이나 '생명' 개념은 결국 진화론으로부터 파생된 우승열패와 적자생존의 원리를 비켜 가기 위해 기획된 것이라고 봐야 할 것이다.

이와 같이 염상섭은 당시 조선인을 열등한 존재로 바라보는 태도를 우회적으로 비판하면서, 조선의 민족성 또한 그 자체로 개성적 가치와 생명력을 가진 것으로 간주하고자 했다. 따라서 그가 제출한 '개성'과 '생명' 개념은 단순히 근대적 개인의 가치만을 강조하기 위해 기획된 개념이라고 볼 수 없다. 그는 국제질서의 논리를 우열의 논리로 쉽사리 치환시키고 조선의 독자적 가치를 소거해버리려는 제국주의적 이념에 저항하기 위해 그 개념들을 제출했다. 이를 통해서 약육강식과 우승열패라는 수사로 구축되었던 진화론의 논리, 즉 강자/약자, 문명/미개, 제국/식민지 등의 이분법을 극복하고자 했던 것이다.[314] "문학의 미래가

---

312) 이철호, 앞의 책, 117면.

313) "이른바 생명이라 함은 생물적 번식을 의미함이 아님은 물론이다. 생물적 증식을 의미하는 생명은, 다만 수(數)나 양(量)의 문제요, 피상적·물적(物的) 생명의 연장, 즉 '종족의 보지(保持)'라는 의미밖에 아니 된다." - 염상섭, 「개성과 예술」, 앞의 글, 5면.

314) 염상섭이 「個性과 藝術」의 마지막 장에 해당하는 3장에서 예술과 개성의 관계에 대해서 논한 것도 이와 무관하지 않다. 염상섭은 이 장에서 야나기 무네요시가 강조한 조선의 민족성을 설명한 후, 예술에서 나타내야 할 개성은 곧 민족적 개성임을 역설하고 있다. 그러면서 민족적 개성이 드러날 때라야 비로소 생명을 가진 독이적 예술이 창출될 수 있다고 주장한다.

자기표현에 있고 자기 생명의 발로인 데에는 아무도 이의 없을 것이다. 그 근저를 이룬 것은 개성이다. 자기의 자민족의 개성, 독이성에서부터 출발하는 것이다."[315]라는 염상섭의 진술로도 확인되는 바, 그가 제출한 '개성'과 '생명' 개념은 '조선(적인 것)'의 독자성을 내포한 언어로 이해되어야 한다.

곧이어 발표된 「지상선을 위하여」에서도 이와 유사한 논법이 구사되고 있다. 이 평문에서 '노라'는 자아를 각성한 자의 표상으로 호출되고 있다. 그가 '노라'를 주목한 이유는, 그녀가 "노예였고 약자였고 피정복자"였기 때문이다. "금일의 가족 간의 관계는, 주종의 관계요, 강자가 약자에게 군림한 일형식에 불과"하기 때문에, 염상섭은 '전제주의의 잔해'라고 할 수 있는 가족 제도를 비판하고자 했던 것이다. 이로 볼 때, 이 글은 전근대적인 가족 관계를 비판하고 여성의 자각을 촉구하기 위해 작성된 것만큼은 분명하다. 하지만 염상섭이 이 평문에서 끊임없이 비판하고 있는 강자/약자, 주인/노예의 관계를 통해 자연스럽게 연상되는 것은 제국/식민지라는 지배/예속 관계이다. 그것은 바로, '가부장에 의해 예속된 여성의 조건'과 '제국에 의해 예속된 식민지의 조건'을 등치시키려는 염상섭의 태도를 통해 확인할 수 있다.

> 일 가정에 있어서, 자(子)나 부(婦)나 제(弟)도 또한 사람인 이상, 각자의 인격이 있음은, 부(父)나 부(夫)며 형(兄)과 조금도 다를 것이 없다. (…) 진정한 애(愛)는 장상(長上)이 그 재하자(在下者)에게 대하여, 은시(恩施)하는 비호나 연민의 정(情)과는 판이할 뿐 아니라, 장성하여 인격적 자각이 있은 후에는, 자기의 인격까지 희생하고도, 애호를 희구치는 않을 것이다. <u>이것은 마치 일 민족이 타 민족에게 아무리 애호를 받고 부귀를</u>

315) 염상섭, 「무제록(無題錄) (3)」, 『평화신문』, 1957.11.5.

받더라도, 그 자주(自主)의 권(權)을 양여(讓與)키를 원치 아니함과 다를 것이 없는 것이다.[316] (강조와 밑줄은 인용자)

위의 언급대로 염상섭은 가정 질서 내에서의 인격의 확립이 중요한 과제라고 역설하면서, 그것을 국제질서 속에서 자주권을 인정받는 것과 동일한 맥락에서 해석하고 있다. 이처럼 염상섭은 가정 내에서 인격을 충분히 존중받지 못했던 '노라'에게서 식민지 조선의 얼굴을 읽어냈으며, 식민지 조선이 자주권을 보장받기 위해서는 '노라'가 감행했던 자기 혁명의 정신, 즉 개성의 확립이 필요하다고 보았다. '노라'와 식민지 조선을 동일시하는 이러한 사유는 「지상선을 위하여」에서 자주 목격된다.[317] 종합하자면, 염상섭은 '노라'의 형상을 통해 단순히 전봉건적인 가족 제도의 갱신이나 개별적 자아의 혁신만을 주장한 것이 아니었다. 그는 지배(제국)/예속(식민지) 관계를 비판하기 위한 출발점으로서 전근대적 가족문제를 거론하고자 했으며, 여기에서 언급된 '개성'과 '생명'도 역시 지배/예속, 강자/약자, 승자/패자의 이분법을 극복할 수 있는 술어로서 활용되었던 것이다.

이와 같이 「개성과 예술」, 「지상선을 위하여」에서 등장한 대표적인 비평적 개념들, 즉 '개성'과 '생명'은 단순히 근대적 자아의 형성만으로

316) 염상섭, 「지상선을 위하여」, 『신생활』 7, 1922.7, 78면.

317) 가령 "인인(隣人)이 너의 집 안방에 살기를 원할 때에, 너는 어찌하였느냐? 이민족이 너의 국토를 빼앗고 너를 다스리겠다고 할 제, 너는 어찌하였느냐? 또한 어찌하려느냐? 천편일률로 백행(百行)과 만사(萬事)에 합(合)치 않는 도덕은, 아직 완성한 도덕은 아니다. 도덕의 최후의 목적은 아니다. 만일에 최고 비판으로 행하여 허위를 자초함이어든, 우리는 이를 폐리(弊履)와 같이 물리치고, 자아를 확립하여 양심의 명하는 대로 갈 수밖에 없다. 여기에 비로소 진정하고 철저하며, 용기 있고 자각 있는 봉공의 성(誠)과, 희생의 애(愛)가 있는 것이다."과 같은 진술에서 볼 수 있듯, 노라와 식민지 조선을 동일시하는 염상섭의 인식은 이 평문에서 지속적으로 드러난다. - 같은 글, 83면.

해석될 수 없는 또 다른 문맥을 함축하고 있다. 이 개념들은 '조선적인 것'을 열등하고 멸종되어야 할 것으로 간주하는 데 기여해왔던 진화론적 사유를 뒤흔드는 것이자, 진화론의 사유로부터 주조된 '강/약=우/열=생/멸'의 이분법적 구도를 담론적으로 재배치하기 위해 고안된 것이었다. 게다가 염상섭이 제시한 이 개념들이 1910년대 중반 이후부터 일본과 식민지 조선에서 널리 유통되었던 베르그송의 '생의 약동*elan vital*' 개념이라든지 니시다 기타로[西田幾多郎]의 생명주의, 그리고 베르그송의 영향을 받았던 오스기 사카에[大杉榮]의 아나키즘[318]을 두루 참조한 결과물이었다는 점도 고려되어야 한다. 1910년대 중반 이후부터 일본과 식민지 조선의 지식인들이 꾸준히 참조했던 베르그송의 『창조적 진화』에서는 스펜서나 라마르크의 기계론적·목적론적 진화론이 비판의 대상으로 호명되고 있었고, 니시다의 『선의 연구(善の硏究)』에서는 자연을 물질력·기계력의 작용으로 보는 관점이 모두 비판되고 있었다.[319]

다만 여기에서 강조되어야 할 것은, 염상섭이 거론했던 '개성', '생

---

318) 염상섭이 오스기 사카에[大杉榮]의 영향을 받았다는 직간접적인 논거들은 이종호의 논의를 통해 마련되었다. 이종호는 『신생활』 판본과 『시대일보』 판본의 『만세전』에 기재된―그러나 고려공사 판본에는 없는―"大杉榮이라는 大字" 문구에 주목하면서, 염상섭이 오스기 사카에의 아나키즘 사상을 참조했을 가능성이 높다고 주장한 바 있다. 오스기 사카에는 「생의 확충(生の擴充)」에서 '자아'는 곧 '힘'이라고 말한다. 그에게 있어서 '자아'는 피정복자의 노예와 같은 삶을 극복케 하는 힘으로 간주된다. 이는 '자아'의 해방을 통해 식민지적 문제를 타개하고자 했던 염상섭의 논법과도 상당히 유사한 것이라고 할 수 있다. 자세한 논의는 이종호, 「염상섭 문학의 사상과 장소-초기 단행본 발간과 그 맥락을 중심으로」, 『한민족문화연구』 46, 한민족문화학회, 2014를 참조.

319) 가령 다음과 같은 언급들. "인간도 흙덩이도 아무 다른 데가 없다. 그런데 우리가 실제로 경험하는 진정한 자연은 결코 그런 추상적 개념이 아니고, 따라서 단지 동일한 기계력의 작용도 아니다. 동물은 동물, 식물은 식물, 금석(金石)은 금석, 저마다 특색과 의미를 가진 구체적 사실이다. 우리의 이른 바 산천초목, 충어(虫魚), 금수라는 것은 모두 그처럼 저마다 개성을 구비한 것으로"-西田幾多郎 외, 최박광 역, 『선의 연구/퇴계경철학』, 동서문화사, 2009, 87면.

명', '我' 등의 개념이 단순히 내재적이면서 유심론적인 차원의 자아 각성만을 호소하기 위해 제출된 것이 아니라는 사실이다. 오히려 그것은 탈식민이라는 정치적 프로그램을 기획하는 과정에서 제출된 역동적인 개념이다. 이와 관련하여 염상섭이 직간접적으로 영향을 받았다고 알려진 오스기 사카에[320]가 '생명'이나 '자아' 개념을 '역학적인 힘'의 맥락으로 설명했던 것도 고려될 필요가 있다. 실제 오스기 사카에는 「生의 擴充」이라는 평문에서 "생명에는 광의와 협의가 있다. 나는 지금 가장 좁은 의미의 개인의 생명을 주장한다. 이 생명의 진수는 자아이다. 그래서 자아란 요컨대 일종의 힘이다. 역학상 힘의 법칙에 따른 일종의 힘인 것이다. 힘은 즉각 동작이 되어 나타나지 않으면 안 된다. 왜냐하면 힘의 존재와 동작이란 같은 의의를 지니고 있기 때문이다."[321]라고 기술한 바 있다. 물론 이 진술은 천황 중심의 국가 체제를 비판한 것이었지만, 염상섭은 이러한 관점을 아나키즘의 맥락에서 재해석하고 전유했다.[322] 이렇듯 그는 개성·생명·자아를 일종의 정치 역학적인 힘으로 인식했다. 뒤에서 상론하겠지만 그는 이를 중시하는 삶이 영위될 때라야 비로소 3·1운동이라는 혁명적 시간의 도래가 가능하다는 신념을 『만세전』에서 드러냄으로써, 진화론의 자장으로부터 벗어난 길을 한발 한발 걸어 나가고자 했던 것이다.

---

320) 이종호는 염상섭의 초기 문학(론)을 오스기 사카에의 영향관계 속에서 분석한 바 있다. 자세한 내용은 이종호, 「염상섭 문학의 사상과 장소-초기 단행본 발간과 그 맥락을 중심으로」, 『한민족문화연구』 46, 한민족문화학회, 2014, 7~43면을 참조할 것.

321) 大杉栄, 「生の擴充」, 『大杉栄評論集』, 岩波文庫, 1996, 61頁.

322) 1920년대 전개되었던 염상섭의 아나키즘에 관한 논의는 박헌호, 「염상섭과 '조선문인회'」, 『한국문학연구』 43, 동국대 한국문학연구소, 2012; 최인숙, 「염상섭 문학의 개인주의」, 인하대 박사논문, 2013 등을 참조.

3. 소설적 재현 양상과 그 의미 : 3·1운동의 서사화, 급진 혹은 점진의 사유

3.1 '萬歲 前'의 서사, '개성'의 소설적 의미

염상섭이 3·1운동 이전의 식민지 조선을 "구덱이가 득시글득시글하는 무덤"[323]이라고 명명했을 때, 여기에서의 '무덤'은 생존경쟁과 자연도태의 원리가 작동되는 진화론적 시공간을 의미하는 것이었다. 그러고 보면 진화론과 관련된 염상섭의 진술은 이미 우리에게 낯익은 것이기도 하다. 「표본실의 청개구리」에서 "이번 戰爭이 웨 일어낫나요. (……) 한 나라와 나라가, 서로 다투는 것은, 結局 物慾에 사람의 마음이 가리워기 때문이 아니오니까. 그리하야, 弱肉强食의 大原則에 딸아, 世界萬國이, 干戈로서 서로 對하게 된 것이 即 歐洲大戰亂이외다 그러."[324]라는 김창억의 진술을 통해서 확인할 수 있는 바, 염상섭은 소설가로 발걸음을 내딛는 그 순간부터 이미 진화론적 인식이 갖고 있는 비윤리성에 대해 진지한 성찰을 하고 있었다. 이와 같이 염상섭이 읽어냈던 3·1운동 이전의 세계는 '약육강식의 대원칙'이 작동하고 '진화론적 모든 조건'이 쉼 없이 진행되는 공간이었다. 그런 의미에서 '무덤'이라는 개념은 3·1운동 이전의 식민지 조선의 상황, 즉 약자가 질식하고 강자의 목소리만이 부유하는 상황을 설명하기 위해 염상섭이 제출했던 기이한 용어였음에 틀림없다.

이 절에서는 『만세전』을 통해 3·1운동을 역사적으로 맥락화하고자 했던 염상섭의 (무)의식을 읽어내고자 한다. 그리하여 이 작품이 진화론적 사유가 갖는 문제점을 비판하기 위해 기획된 텍스트임을 밝혀낼 것

---

323) 염상섭, 『萬歲前』, 고려공사, 1924, 146~147면.

324) 염상섭, 「標本室의 靑개고리」, 『개벽』 15, 1921.9, 145~146면.

이다. 『만세전』에서 이인화가 발견했던 조선은 확실히 진화론적 감각이 횡행하는, 그래서 오로지 생존경쟁에서 살아남기 위한 욕망만이 부유하는 공간이었다. 그리고 그는 제국에 기생하며 살아가는 조선인의 형상들을 냉담하게 응시하면서, 진화론에 입각한 민족적 위계의 구도 속에서 개인들이 어떻게 재편되고 있는지를 관찰하고자 했다.

이인화가 동경에서 조선으로 이어지는 여로를 통해 목격한 것은 우열을 따지는 데 급급한 인간의 군상들이다. 인간 상호 간의 우열을 따지려는 인간의 심리적 태도에 대해서 그는 다음과 같은 생각을 하게 된다.

> 爲先 自己 防禦上, 相對者의 强弱과 貧富의 程度와 階級의 高下를 鑑定할 必要가 잇고, 그 다음에는 衣服 言語 擧措 等이 時俗的 流行에 落伍가 됨은 現代生活上, 그中에도 都會生活을 하는 者에 對하야 一大羞恥요 苦痛이기 째문에 쏘한 必要한 것이다. 萬一에 一步를 進하여 比較的 狹小한 範圍의 社交나 商業上 去來가 잇는 所爲 紳士階級이라든지 商人 間에는 한層 더한 것을 볼 수 잇다. 그들에게는 彼此에 要求하는 바가 잇고 阿諛할 必要가 잇스며 弄絡하랴는 一便에 弄絡되지 안흐랴는 優越慾과 警戒와 追勢라는 等 雜念으로 말미암아 自然히 相對者의 表情이나 鼻息을 窺覘할 必要가 切緊하게 된다. (…) 그 다음에 勞動者에 이르러서는 자랑할 것도 업고 숨길 것도 업고 북그러울 것도 업는 代身에 赤裸裸한 自己와 同情과 少數의 敵에 對한 防衛的 團結이 잇슬 싸름이다. 生活의 樣式으로는 第一 眞實되고 아름답다. 함으로 그들은 사람과 사람끼리 만날 째에, 決코 凝視하거나 吟味하거나 探索하지는 안는다. 그러나 그들의 病은, 無智한 것이다.[325]

325) 염상섭, 『萬歲前』, 앞의 책, 24~26면.

이인화는 우열을 따지려는 인간의 보편적인 심리 태도에 대해 사색하면서, 타인에 대한 우월감을 획득하기 위해서 자신을 위장하고 포장하는 인간의 위선적 태도를 비판한다. 특히 그러한 태도는 신사 계급에게서 두드러지게 나타나는데, 그들은 타인을 대할 때 강약이나 빈부의 차이, 계급의 고하를 우선적으로 고려하게 된다. 그 반면 노동자에게서는 그들이 가진 우열을 따지는 심리적 메커니즘을 발견할 수 없다. 노동자들에게는 '무지'가 있을지언정 신사 계급에게는 찾아볼 수 없는 진실된 자기의 표현과 동정, 그리고 단결심이 있다. 이러한 이인화의 사색은 일본에 있을 때, 그러니까 아직 '망국 민족의 일 분자'로서 자기 자신을 명료하게 인식하지 못했을 때 이루어졌다. 그러나 그는 시모노세키[下關]로 향하는 연락선을 타면서 급격한 인식의 전환을 맞이하게 된다. 즉, 인간관계를 우열의 관점으로 인식하는 인간 보편의 태도가 민족적 영역으로 확장된다는 사실을 발견하게 된 것이다. 일본 경찰에 의해 국적과 본적을 추궁당하고, 조선인의 위상이 '요보' 혹은 '대만의 생번'과 같은 차별적인 언어로 설정되며, 조선의 노동자들이 일본의 공장에 팔려나간다는 등의 소리를 듣게 되면서, 이인화는 비로소 우열감이 개인과 개인의 관계에서만 적용되는 것이 아니라 집단 간의 관계에서 적용될 수 있다는 사실을 발견하게 된다.

> 사람이란 自己보다 優越하거나 劣等한 사람에게 對할 째가티 自己의 地位나 處地라는 것을 明瞭히 意識할 째가 없다. (…) 그쑨 안이라 그 優劣感이 單純한 個人과 個人과의 關係를 버서나서 集團的 背景이 잇슬 째에는, 純全한 敵對心으로 變하는 同時에, 좁고 깁게 사람의 마음 속에 파고드러안저서, 或은 露骨的으로 爆發되기도 하고 或은 은근히 一種의 勢力을 길으게 되는 것이다. 그러나 그 中에도 多幸한 일은 自尊心이

> 많고 意志가 强한 사람일스록 그 屈辱과 悲憤으로 말미암아 밧는 바 不幸과 苦痛과 沮喪이, 돌이어 反動的으로 새롭은 光明의 길로 向하야 勇躍케하는 活力素가 된다는 것이다. 그러나 사람이란 얼마나 强한지 疑問이다. (…) 나는, 나 自身까지를 미들 수가 업다.[326]

연락선에 승선한 이인화가 느끼는 것은 우열감이라는 인간 보편의 심리적 기제가 집단의 영역에도 영향을 미친다는 사실이다. 그러한 우열감에 대한 자각을 했을 때 비로소 상대에 대한 적개심이 자라나게 된다. 이러한 우열감에 대한 자각을 불러일으키는 공간이 바로 연락선이다. 그에게 연락선은 1~3등석으로 위계화되어 있는 공간, 자신을 경멸하는 눈으로 바라보는 일본 사람들을 의식하게끔 하는 공간, 온갖 경쟁이 난무하는 우승열패의 공간[327]으로 간주된다. 그가 "연락선에 들어오기만 하면 웬 셈인지 공기가 험악해지는 것 같고 어떠한 기분이 덜미를 잡는 것 같은 것이 보통이다."라고 토로했던 이유도 바로 거기에 있다. 비로소 이인화는 일본에 정주할 때에는 좀처럼 식별될 수 없었던 망국민의 표식이 결코 지워질 수 없는 얼룩임을 자각하게 된다. 그리하여 자기 스스로를 "인간계를 떠나서 방랑의 몸이 된 자"로, 즉 살아 있으나 결코 살아 있다고 말할 수 없고 존재하지만 결코 존재한다고 말할 수 없는 이른바 유령과 같은 잉여물로 인식하게 된다. 그래서 그는 망국의 현실 속에서 술을 마셔대는 조선인들에 대해 "그들은 사는 것이 아니라 산다는 사실에 끌리는 것"이라고 평하고, 죽은 아내를 보고서

---

326) 염상섭, 『萬歲前』, 앞의 책, 73~74면.

327) "이 三等室에 모힌 人種들은 어데서 잡아온 것들인지 내남직할 것 업시 每事에 競爭이다. 드러가는 것도 競爭, 나오는 것도 競爭, 자는 것도 競爭, 먹는 것에 이르러서는 한층 더한 것이 例事이다." - 같은 책, 76면.

"암만해도 죽었다고 생각할 수는 없는 것 같아요. 그러면 살았느냐 하면 물론 산 것도 아니지만"이라고 진술할 수밖에 없다. 이인화가 조선인들을 뭉뚱그려 "패자의 떼"라고 지칭한 것도 이와 무관하지 않다. 이처럼 그가 자기 스스로를 이미 죽어 있는 자로 간주하고 조선인을 '사는 것이 아닌 존재'로 인식했던 이유는, 진화론적 위계 구도 속에서 자신을 포함한 조선인이 가장 열등한 위치에 놓여 있기 때문이다. 우승열패와 적자생존의 원칙에 따라 조선인은 죽거나 사라지더라도 하등 이상할 것이 없다는 논법이 그를 계속해서 지배했던 것이다.

여기에서 중요한 것은 이인화가 우열의 관점으로 모든 대상을 파악하려는 진화론의 논법을 과연 윤리적인 것으로 간주했느냐 여부이다. 이를 확인하기 위해 위 인용문을 다시 볼 필요가 있다. 이인화는 집단 간의 관계를 통해 우열감에 대한 명료한 인식을 하게 될 때라야 비로소 순전한 적개심이 발산될 수 있고, 적개심에 의거한 반동적 행위가 뒷받침될 때라야 비로소 "새로운 광명의 길로 향하여 용약"할 수 있다고 주장한다. 여기서 이인화가 말하는 '우열감에 대한 명료한 인식'은 그가 연락선에 타면서부터 점차 느끼게 된 것 중 하나이다. 즉, 자기 자신이 망국 민족의 일 분자라는 점을 보다 명료하게 인식할 수 있었던 것이다. 이인화의 논법대로라면 이제 그에게 필요한 것은 적개심을 표출하거나 반동적 행위를 하는 것이겠지만, 정작 그는 "나 자신까지를 믿을 수가 없"기 때문에 어떠한 것도 할 수 없다. 이렇듯 이인화에게는 민족을 위계화시키는 근원적 담론으로서 진화론을 비판할 수 있는 시각은 있으되, 그것을 분쇄할 만한 실천적 행위로는 나아가지 못했던 것이다.

> "구덱이가 득시글득시글 하는 무덤 속이다. 모두가 구덱이다. 너두 구덱이, 나두 구덱이다. 그 속에서도 進化論的 모든 條件은 한 秒 동안

도 걸으지 안코 進行되겠지! 生存競爭이 잇고 自然淘汰가 잇고 네가 잘 낫느니 내가 잘낫느니 하고 으르렁대일 것이다."[328]

이인화가 바라본 조선의 현실은 진화론의 모든 조건이 작동하는 공간, 다시 말해 생존경쟁과 자연도태의 원리가 작동되는 무덤 같은 공간이다. 그가 이러한 도저한 환멸에 이르는 이유는, 그가 조선에 발을 내딛는 순간부터 모든 인간 및 민족 간 관계가 우열감의 메커니즘에 의해 규정되고 형성된다는 사실을 깨달았기 때문이다. 특히 식민지 조선은 약자가 모두 소멸하는 무덤과 같은 공간이기에 도무지 '생명의 약동'이라고 지칭할 만한 요소를 발견할 수 없다. 이러한 불모의 공간에서 이인화는 어떠한 길을 가게 될까.

흥미롭게도 우리는 『만세전』의 결말부에서 이인화의 서로 다른 두 개의 목소리를 발견할 수 있다. 하나가 반항과 반동의 정신을 단련함으로써 광명의 길로 나아갈 수 있다는 긍정적인 전망의 목소리라면, 다른 하나는 조선을 '구더기가 들끓는 무덤'이라고 지칭하는 자조적 목소리이다. 이와 같이 이인화의 머릿속에는 서로 다른 두 개의 인식이 동거하고 있었다. 즉, 이인화는 새로운 반항과 반동의 계기를 통해 도약의 순간이 도래할 수 있다는 인식과 열등한 상태에 놓여 있는 조선이 결국 망국의 길로 갈 수밖에 없다는 인식 사이에서 배회하고 있었던 것이다. 그럼에도 불구하고 그가 환멸과 자조의 목소리를 반복하던 끝에 선택하는 것은, 생명이 약동하는 환희의 길이다.

다른 것은 고만두드라도 나의 周圍는 마치 共同墓地 갓습니다. (…) 大氣와 絕緣한 무덤 속에서 구덱이가 化石하는 것과 가튼 窒息이겟지

328) 염상섭, 『萬歲前』, 앞의 책, 146~147면.

> 요. (…) 이제 歐洲의 天地는 그 慘酷하든 屠戮도 終焉을 告하고 休戰條約이 完全히 成立되지 안엇습니까? 歐洲의 天地, 非但 歐洲 天地뿐이리요, 全 世界에는 新生의 曙光이 가득하야젓습니다. 萬一 全體의 알파와 오메가가 個體에 잇다 할 수 잇스면 新生이라는 光榮스런 事實은 個人에게서 出發하야 個人에 終結하는 것이 안이겟습니까? 그러면 우리는 무엇보다도 새롭운 生命이 躍動하는 歡喜를 어들 때까지 우리의 生活을 光明과 正道로 引導하십시다.[329]

위약해져가는 식민지 조선의 불모성만을 관찰하던 이인화는 장차 3·1운동의 기폭제가 될 '신생의 서광', 즉 진화론적 도그마에 본격적인 의문을 제기하는 세계사적 흐름에 눈을 뜨게 된다. 그가 말했던 대로 약자에 불과한 '나'에게 찾아올 것은 '질식'뿐이다. 그러므로 진화론적 세계관을 넘어서는, 다시 말해 신생을 위한 새로운 이정표가 필요했던 것이다. 그것은 바로 '내성(內省)'과 '구심적 생활'로 요약되는 정신적인 의미의 자기 구원이다. 이는 염상섭이 진화론을 비판하기 위해 내세웠던 '개성'과 '생명' 개념과 그 궤를 같이하고 있다. 위의 글에서도 언급된 '개인'과 '생명' 개념은 일종의 정신적 도약의 계기, 다시 말해 약자가 질식할 수밖에 없는 식민지적 현실을 극복할 수 있는 계기를 마련해준다. 바로 그러한 점에서 이인화의 결단은 염상섭이 의도적으로 기획한 '반-진화론'의 서사 문법에 부합하는 것이기도 하다.

생존경쟁과 자연도태라는 진화의 논리가 조선을 감싸고 있는 상태에서 낙관적 비전을 제시할 수 없다는 점은 충분히 공감될 만하지만, 이인화가 택한 길은 어찌 보면 지나치게 관념적이다. 왜냐하면 그가 조선의

329) 염상섭, 『萬歲前』, 앞의 책, 190~192면.

현실을 여전히 무덤으로 인식하고 있으며, 본인이 제시했던 무덤의 상태를 타개하기 위한 실천(반항과 반동)은 좀처럼 가시화되지 못했기 때문이다. 그런 의미에서 그는 여전히 3·1운동의 반동적 정신을 갖고 있지 않은 육체, 다시 말해 1919년 이전의 피동적인 민족적 성향을 응축한 미성숙한 육체이다.

『만세전』의 텍스트만을 놓고 볼 때 이인화는 정자에게 보내는 편지를 통해 자아 각성을 선언하기만 했을 뿐이었다. 그 선언에 부합하는 실천이 가능했는지에 대해서 작가는 공란(空欄)으로 답하고 있는 셈이다. 그리고 이것이 바로 창작 방식에 있어서 항상 공박 당했던 '무이상'과 '무해결'에 해당하는 결말이다. 그러나 염상섭 스스로가 밝히고 있듯, 비록 작품에서 '무이상'과 '무해결'의 자연주의적 결말을 내렸다 할지라도 어쨌든지 그는 지향하는 의도나 사상에 대한 힌트를 독자들에게 던져주고자 했다.[330] 그렇다면 『만세전』에서 그가 지향했던 의도나 사상은 무엇이었을까. 염상섭에게 있어서 현실에 대한 비애와 환멸의 정념은 자아 각성을 위한 전단계에 해당했다. 말하자면 '환멸'을 통과할 때라야 비로소 도달할 수 있는 지평이 바로 근대적 의미의 자아 각성이다. 염상섭이 이인화로 하여금 비루한 식민지 현실에 대한 도저한 비애와 환멸의 정념을 극한까지 몰아붙인 이유도 바로 거기에 있었다. "종족의 보지(保持)나 연장"에 얽매여 제국이 선사하는 문물에 현혹되고 그에 기생하는 삶, 다시 말해 적자생존과 우승열패의 세계 속에서 생물학적인 의미의 생존에 급급해 있는 식민지 조선(인)의 풍경을 세밀하게

330) "해결이 없다는 것은 내가 자연주의에서부터 출발하였다는 선입견에서 하는 말 같기도 하였다. 짤막짤막한 사건의 전개에서도 어느 정도의 귀결은 지었고, 독자에게 널리 인생문제나 모랄문제에 있어 작자의 의도나 사상이라기보다도 정상적으로 있어야 할 양상은 이러하여야 할 것이라는 힌트를 주기에 노력하여왔다." - 염상섭, 「답보와 진일보」, 『현대문학』, 1960.8.

그려냄으로써 염상섭이 얻으려 했던 궁극적인 목소리는 개인과 생명과 자각이었다. 그런 의미에서 이 소설의 결말부에서 쏟아져 나오는 개인, 생명, 자각 등의 개념은 진화론적 조건이 작동하는 조선을 정면으로 응시하고 비판한 후에 비로소 솟아 나온 것이라 할 수 있다. 일본에서의 기종 시험을 앞두고 있었던 1918년 12월이라는 이인화의 시간, 그것은 이미 선언된 '개성의 확립'과 '생명의 자각'을 실천하기 위한 준비의 시간이자 암중모색의 시간이었다. 그리고 모든 생물이 웅크리고 침잠하는 그 시간은 분명 침묵과 환멸의 시간이면서 동시에 '자각'이라는 관념을 뚫고 나올 수 있는 실천(3·1운동)을 예비하고 있는 시간이기도 하다.

염상섭은 『만세전』을 통해 이전에는 없었던 결절의 지점으로 3·1운동을 바라보고자 했다. 자기 스스로를 열등한 민족으로 인식할 수밖에 없었던 1919년 이전의 시간, 결코 국민으로 등재되지 못한 채 유령처럼 살아가야만 했던 망국민의 시간, 모두가 약육강식과 생존경쟁의 테제에 얽매여 살아갈 수밖에 없었던 바로 그 '무덤'의 시간. 이렇듯 진화론의 시계 속에 갇혀 있는 식민지 조선을 새롭게 갱생하게끔 만든 사건으로 3·1운동을 재호명하고자 했던 것이다. 고로 『만세전』은 약자들이 죽음과 비극을 반복하는 것이 아니라 운동의 주체로 변모하고, 강자로의 도약을 꿈꾸거나 동정을 기대하는 약자가 아니라 '我'의 역동적 힘을 실현하는 자로 올라서며, 진화론에 의해 규정되는 피동적 식민지인이 아니라 3·1운동에 의해 규정되는 저항적 주체임을 강조하기 기획된 텍스트라고 할 수 있을 것이다. 그리고 이것이 바로 3·1운동의 의미를 부각시키기 위해 염상섭이 채택했던 문학적 전회였던 것이다.

3.2 '萬歲 後'의 서사, 3·1운동의 (탈)정치화

이광수가 「민족개조론」에서 3·1운동을 '무지몽매한 야만민족이 자각 없이 이뤄낸 자연의 변화이자 우연의 변화'라고 평가절하한 이후, 그는 소설을 통해 3·1운동을 다시 한번 소환한다. 장백산인이라는 필명으로 1924년 11월 9일부터 1925년 9월 28일까지 동아일보에 연재했던 『재생』이 바로 그것이다.

> 그것은 긔미년 이월 전국을 한번 들엇다 노흔 만세운동이 일어나자 바로 사오일 전이다. 각 학교(각 학교라야 전부는 아니나 그러케 불럿다) 학생을 련합하려 할 째에 우연히 봉구는 남학교를 맛고 순영은 녀학교를 맛게 되어 자조 만날 긔회를 어덧다. (…) 봉구는 무슨 까닭으로 이 운동을 시작하엿는지 그것조차 니저버렷다. 인제는 다만 자긔가 힘을 쓰면 쓰는 이만콤 위험을 무릅쓰면 무릅쓰는 이만콤 순영이가 깃버해주고 애썻다고 칭찬해주는 것이 깃벗다.[331)]

『재생』은 사랑과 돈 사이에서 갈등하는 순영의 서사를 담고 있다는 점에서 분명 통속적 속성을 농후하게 담고 있는 작품이라 할 만하다. 하지만 『재생』의 초반부에 "긔미년 이월 전국을 한번 들엇다 노흔 만세운동"이 언급되고 있다는 사실을 통해, 이 작품이 3·1운동에 대한 이광수 자신의 정치적 해석과 긴밀히 연동되어 있음을 충분히 짐작할 수 있다. 위의 인용문에서는 봉구가 만세운동에 참여하게 된 정치적 동기가 부재했음을, 아니 더 정확히 말해 만세운동의 참여 동기가 망각되고 있음을 잘 보여준다. 3·1운동에 대한 봉구의 희미한 기억이 말해주고

---

331) 長白山人, 『再生』 8~9회, 『동아일보』, 1924.11.16.~1924.11.17. 이 작품을 인용할 시에는 인용시 연재된 호수와 날짜만 표기함.

있는 것은 독립운동에의 참여를 결행하게 된 이유가 다름 아니라 순영에 대한 사랑의 열정 때문이었다는 사실이다. 이처럼 봉구는 정치적 자각에 이르지 못한 상태에서 독립운동을 참여한 자로 그려진다. 그에 반해 순영은 한때 "나라나 백성을 위하야 일생을 바친다는 생각"[332]을 가졌으나, 독립운동이 지나가고 난 뒤에 그러한 정치적 인식을 점차 상실해가는 자로 형상화된다. 이 작품의 후반부에서 봉구는 농촌활동에 몰두하는 데 반해 순영은 물신주의에 탐닉하여 타락하는 존재로 전락한다. 그러한 면에서 볼 때 이 작품은 봉구의 성장서사와 순영의 타락서사가 중층적으로 전개된 작품이라고 봐도 무방할 것이다. 그와 더불어 이 작품에서 특히 주목할 것은, 3·1운동 이후의 변화를 바라보는 이광수의 시선이다.

> 또 혹은 그들의 가정의 영향으로 혹은 삼일운동 당시의 시대정신의 영향으로 그들은 거의 다 애국자엿섯다. 만세통에는 숨어다니며 태극긔도 만들고 비밀통신도 하고 비밀출판도 하다가 혹 경찰서 류치장에도 가고 그 중에 멧사람은 징역까지 치르고 나왓다. 그때에는 모도 시집도 안 가고 일생을 나라일에 바친다고 맹세들을 하엿다. 그러한 여자가 서울시골을 합하면 사오백명은 되엇다. 그러나 만세열이 식어가는 바람에 하나씩 둘씩 모도 작심삼일이 되어버려서 점점 제 몸의 안락만을 찾게 되엿다. (…) "조선을 위하야 몸을 바친다"는 것은 녯날 어렷슬 때 꿈으로 녀기고 도로혀 그것을 비우슬 만하게 되엿다.[333]

위 인용문은 3·1운동 이후의 변화에 대한 이광수의 생각을 잘 함축

332) 『再生』 37회, 1924.12.15.

333) 『再生』 150회, 1925.7.31.

하고 있다. 이광수는 「민족개조론」에서 3·1운동 이후의 변화를 "자각 없이 推移하여 가는 변화"라고 명명한 바 있다. 위의 글에서 확인할 수 있는 바, 이광수가 바라본 "자각 없이 推移하여 가는 변화"란 나랏일에 투신하겠다는 3·1운동의 정신이 소실되고 이기주의적인 안락만을 찾는 풍토로의 변화를 말한다. 『재생』에서는 이러한 그의 인식을 토대로 모든 인물들의 삶의 미래가 그려진다. 누구보다도 봉구라는 인물이 그 대표적인 모델이라고 할 수 있다. 한때 3·1운동에 열정적으로 투신했던 봉구는 작품의 후반부에서 인류애에 대한 열정을 기반으로 농촌에 귀의하게 된다. 그는 3·1운동 이후 정치적 열망이 마모되어버린 인간의 전형이라고 보여지는데, 그는 예수의 가르침에 따라 인류애를 고양시키기 위한 길을 묵묵히 걸어간다. 이는 3·1운동 이후에도 정치활동을 지속했던 순흥이나 경훈과 같은 운동가의 길과는 분명 다른 경로에 해당된다. 이 작품에서 순흥이나 경훈은 '육혈포'나 '폭탄' 등을 활용하려는 급진적 운동가로 그려지지만, 이들이 가졌던 변혁에의 꿈은 끝내 실현되지 않는다. 죄 없는 아내를 잃고 스스로 중이 되어버린 순흥, 그리고 과도한 영웅심을 발휘하며 독립운동에 가담하지만 결국 성취하지 못한 채 아버지를 죽이는 살해자로 전락하는 경훈. 이 두 사람이 감행했던 테러는 실패를 반복하고, 이들이 꿈꿨던 독립은 유예될 뿐이다. 그러나 봉구는 그들과 다른 길을 걷는다. 예수가 견지하고 있었던 세계주의적 인류애에 한껏 고취되어, 순영이에 대한 개인적 사랑을 인류 전체에 대한 사랑으로 고양시킨다. 이러한 성찰과 더불어 그는 농촌에서 농사를 짓고 야학을 하며 살아가게 된다.

우리는 『재생』에서 나타난 봉구의 변화를 통해 이광수가 「민족개조론」에서 논의했던 바를 읽어낼 수 있다. 앞서 논의했듯이 이광수는 「민족개조론」에서 민족성의 개조를 통한 점진적 진화를 강조하고 있었다.

『재생』에서 급진적인 운동가의 형상을 하고 있는 순흥과 경훈의 불행한 운명은 급진적인 방식의 독립운동이 더 이상 유효하지 않다는 이광수의 관점을 우회적으로 드러내주고 있다. 그에 반해 세계주의적 인류애를 꿈꾸는 봉구는 독립운동의 최전선이라고 할 수 있는 도시 공간에서 벗어나 농촌에 귀의하여 야학을 하며 살아간다. 이러한 봉구의 모습은 3·1운동 이후 정치사회적으로 타락한 인간이 도달해야 할 하나의 이상형으로 그려지며, 더 나아가 이는 점진적 진화의 논리를 기반으로 한 실력양성론 내지는 준비론을 지지하는 이광수의 관점이 반영된 것이다.

이광수는 3·1운동에 가담했던 봉구를 실력양성론의 실천 주체로 다시금 호명하였다. 물론 그에게 있어서 순영에 대한 사랑은 그러한 정치적 행동을 추동하는 원동력이었다. 하지만 그 이후 그는 순영에 대한 사랑을 인류애로 고양시키는 데 성공하고, 농촌에서 교육 사업에 참여하게 된다. 이광수가 봉구를 이상적 모델로 제시했다는 것은, 급진적인 테러·혁명을 통한 독립운동이 더 이상 유효하지 않다는 그의 관점을 잘 드러내고 있다. 더군다나 순영에 대한 사랑이 인류애로 고양되는 장면은, 민족해방과 독립이라는 3·1운동의 목적을 더욱 추상적이면서 비정치적인 방식으로 희석하고 있는 것이 아닐까. 점진적 진화를 그토록 강조했던 이광수에게 있어서 3·1운동은 『재생』에서 이토록 탈정치화된 서사로 구현되고 있었던 것이다.

제Ⅴ장
소 결

지금까지 1910~1920년대 초 진화론의 수용 및 비판 양상을 문학사적 맥락에서 살펴보고, '진화*evolution*'라는 서구적 개념이 비판적으로 전유되어왔던 역사적 궤적을 고찰했다. 이를 위해 1910년 한일합방 이후부터 3·1운동 직후인 1920년대 초반까지 발표된 비평 및 소설 텍스트를 대상으로 삼아, 식민지 조선에서 진화론이 하나의 사회적 통념으로 자리매김하는 과정뿐만 아니라 진화론의 대항 담론*counter discourse*이 구축되는 과정을 통시적으로 검토했다.

주지하다시피 진화론은 한국 초기 근대문학사를 논의하는 데 있어서 중요하게 다뤄져왔던 정치사회학적 담론 중 하나였다. 19세기 말부터 급격하게 유입·확산되었던 진화론은 조선뿐만 아니라 동아시아 전체를 장악한 주류 담론으로 기능했으며, 한국 초기 근대소설의 사상체계를 지탱하는 동력으로 군림했다. 이광수·현상윤·양건식·염상섭 등과 같이 근대 초기에 활동했던 작가들은, 진화론을 수용하거나 그와 경합하는 과정 속에서 자신들의 정치적 감각을 논설 혹은 작품 속에 농후하게 드러낸 바 있다. 이들에게 있어서 진화론은 단순히 식민지적 현실을 이해하는 이론적 준거점으로서만 기능한 것이 아니라, 그 현실을 타개하기 위해 반드시 극복·지양되어야 할 이론으로 호명되곤 했다. 이러한 인식이 당대 소설 속에 투영되었음은 물론이다. 이들의 다양한 문학적 면모를 총체적으로 파악하기 위해서는 진화론에 입각하여 우리 스스로를 '약자'로 호명해왔던 문학사적 흐름뿐만 아니라, 진화론적 프레임을 넘어 '약자'라는 자기인식으로부터 탈피하고자 했던 문학사적 흐름까지 해명할 수 있어야 한다.

이 책에서는 '진화' 개념이 초역사적이고 고정적인 관념체계가 아니라 특정한 역사적 국면에 따라 새롭게 해석·변용되는 역사적인 의미체계라는 점을 전제로 삼고 있다. 이는 정치 사회적 변화에 따라 특정 개념의 의미가 변모할 수 있다는 개념사적 관점에 따른 것이다. 여기에서 다루고 있는 史料와 문학 텍스트가 방증하고 있듯이, 식민지 조선에서 '진화' 개념은 '경술국치, 1차 세계대전, 러시아혁명, 3·1운동' 등과 같은 역사적 사건을 계기로 각색되어왔다. 이를테면 자연적 진화*natural evolution*가 아니라 인위적 진화*artificial evolution*의 개념이 부상하고, 상호경쟁적 진화*the evolution of mutual competition*가 아니라 상호부조적 진화*the evolution of mutual aid*가 강조되며, 교육과 식산을 통한 점진적 진화*gradual evolution*가 아니라 혁명을 통한 급진적 진화*radical evolution*가 새로운 진화의 방법으로 제시되었던 것, 이것이 바로 식민지적 조건에 부합하게끔 진화 개념을 비판적으로 각색해왔던 역사적 궤적에 해당된다. 이러한 관점에 입각하여, 이 책에서는 '진화' 개념이 특정한 역사적 사건에 따라 어떻게 변주되고 그 의미를 확장해 나가는지를 논의하였다.

먼저 Ⅱ장에서는 경술국치 전후의 시기를 대상으로 진화론의 수용 및 비판 양상을 검토하였다. 이 시기에는 인위적 진화의 가능성과 그 방법이 진지하게 모색되었던 바, 당대 지식인들은 인위적인 노력을 통해 식민지적 현실을 개선·변화시킬 수 있다고 보았다. 당시 인위적 노력에 의한 진화가 강조되었다는 점은 두 가지를 통해서 확인된다. 첫째, 당대 지식인들이 evolution의 역어로 天演보다 進化를 더 선호했다는 사실이다. 天演보다는 進化가 '인위(성)'의 의미를 더 농후하게 담지하고 있었던 바, 당대 지식인들은 進化라는 용어를 활용함으로써 인위적 노력에 의해 식민지로 전락해가는 조선이 변화될 것이라고 믿었던 것이다. 둘째, 당대 문헌에서 인위적 노력을 통해서 번성할 수 있었던 생물학적 실례와 국가적 실례가 빈번하게 제시되었다. 인위·인공의 방법을 통해 생산성이 증대될 수 있다는 농업·임업·잠업 분야의 사례, 인위적 노력을 통해 통일 및 독립을 쟁취했던 미국·이태리의 사례 등이 바로 그것이다. 인위적인 노력을 통해 조선 사회가 변화될 수 있다는 믿음이 확산되는 가운데, 진화론에 내포된 약육강식 논리를 비판하려는 움직임도 있었다. 이는 박은식과 변영만과 같은 개신유학자에 의해 주도되었다. 박은식은 생존경쟁과 약육강식의 논리를 비판하고, 仁義를 기반으로 하는 대동사회를 진화의 종착지로 설정했다. 한편, 변영만은 인간뿐만 아니라 萬象 안에 보편적으로 깃들어 있는 '靈'을 주요한 개념어로 내세운다. 그는 누구나 동등한 靈을 갖고 있기 때문에, 생존경쟁과 약육강식이라는 도덕준칙이 아니라 박애와 상호불가침이라는 도덕준칙이 새롭게 설정되어야 한다고 봤다.

나음으로 Ⅲ장에서는 1차 세계대전 이후부터 3·1운동 이전까지의 진화론 수용 및 비판 양상을 검토하였다. 이 시기에는 1차 세계대전 이후 등장한 동정 담론과 민족자결주의를 통해 진화론에 대한 윤리적 성찰이 적극적으로 모색되었다. 이 장에서는 우선 『학지광』과 『청춘』을 통해 진화론적 사유가 어떻게 발전·심화되었는지를 논의하였다. 이 잡지의 필진들은 낙후된 조선 사회의 갱생을 주장하기 위해 생명·자아·영 등 무정형의 개념어를 새롭게 도입하였다. 특히 이광수는 우키다 카즈타미(浮田和民)의 영향을 받아 인위적 진화 개념을 계승·발전시킨 대표적인 논자라는 점에서 주목될 필요가 있다. 그는 「신생활론」에서 인위적 진화의 방법으로 교육과 혁명을 제시했는데, 여기에서 그가 제시했던

'혁명을 통한 진화'는 3·1운동 이후 문학장에서 본격적으로 논의되기에 이른다. 다음으로 1910년대 중반 이후부터 부상한 同情 담론 및 민족자결주의를 통해 약육강식의 논리가 비판되었던 양상을 논의하였다. 동정 담론의 전개 양상을 검토하기 위해 이광수·현상윤·이상천 등의 필진들의 글을 살펴보았다. 이광수는 세계주의적 맥락*cosmopolitan context*에서 동정 개념을 이해하고자 했다. 동정의 실천 범주를 '조선'과 '민족'이 아닌 '세계'와 '인류'로 설정했다는 것이 그 근거이다. 반면 현상윤은 이광수의 동정 개념이 식민지적 현실을 도외시하는 관점이라고 간주하고, 反동정론의 입장을 전개한다. 그가 이른바 '강력주의'를 주장했던 것도 그와 무관하지 않다. 그리고 이상천·박이규 등은 이광수와 다르게 동정의 실천 범주를 '조선'과 '민족'으로 설정, 민족주의적 맥락*nationalist context*에서 동정 개념을 이해하고자 했다. 즉, 약자에 대한 동정이 결국 민족적 결속력을 강화하는 데 기여할 수 있다고 보았던 것이다. 한편 동정 담론과 더불어 진화론 사유에 대한 비판적 자질을 갖고 있었던 민족자결주의를 논의하기 위해 『신한민보』의 내용을 검토하였다. 윌슨의 민족자결주의는 약육강식의 국제 질서를 극복하고 연대와 공생의 감각을 기반으로 한 세계민주주의 질서가 구축될 것이라는 믿음을 확산시키는 데 기여했다.

마지막으로 Ⅳ장은 3·1운동 이후부터 KAPF가 등장하기 이전까지의 진화론 수용 및 비판 양상을 논의하였다. 이 시기는 러시아혁명과 3·1운동에 힘입어, 점진적이고 단계적인 진화를 강조했던 기존의 틀로부터 벗어나 돌발적이고 급진적인 진화가 가능하다는 인식이 급부상했다. 이 시기 진화론과 관련된 논쟁을 극적으로 촉발시킨 텍스트는 다름 아닌 「민족개조론」이었다. 이광수는 「민족개조론」에서 3·1운동을 '무지몽매한 야만민족이 자각 없이 이뤄낸 자연의 변화이자 우연의 변화'

라고 평가절하하였다. 3·1운동에 대한 이광수의 관점에 가장 민감하게 반응했던 이들은 신상우·신일용·김제관 등과 같은 초기 사회주의자들이었다. 이들은 모두 3·1운동을 다윈 진화론의 문맥에서 해석될 수 없는 단절적이면서도 우발적인 역사의 변곡점으로 해석하고자 했다. 이들에게 있어서 3·1운동의 의미화 작업은 '자아' 내지는 '민족'을 저항과 혁명의 주체로 호명하는 작업과 연동되는 일이었다. 그에 따라 이들은 3·1운동을 근거 삼아, 교육이나 식산과 같은 점진적 방법이 아니라 혁명과 같은 급진적인 방법도 사회 진화의 방법이 될 수 있음을 웅변했던 것이다. 요컨대 3·1운동을 통해 혁명과 진화가 병용될 수 있는 진화론의 문법이 비로소 마련될 수 있었던 셈이다. 초기 사회주의자가 혁명 개념을 통해서 기존의 점진적 진화 논리를 넘어서고자 했다면, 염상섭은 개성 개념을 통해서 진화론의 이분법적 구도, 즉 서양/조선, 제국/식민지의 구도를 분쇄하고자 했다. 그는 「개성과 예술」이나 「지상선을 위하여」와 같은 대표적인 초기 평문에서 개성·생명·자아를 중요한 비평적 개념어로 활용했다. 그는 이 개념어들을 일종의 정치 역학적 힘으로 인식했고, 이를 중시하는 '구심적 생활'을 영위할 때라야 비로소 3·1운동이라는 혁명적 시간의 도래가 가능하다는 신념을 「만세전」에서 드러내 보였다.

지금까지 살펴본 바, 1910~1920년대 초 진화론의 수용 및 비판의 역사를 고찰하는 작업은 식민지 조선의 자기정체성*self-identity*를 어떻게 재현·구성했는가의 문제와 관련되어 있다. 먼저, 약육강식과 적자생존의 세계관에 입각한 진화론적 인식이 문학사의 한 축을 차지해왔다. 교육과 식산과 민족성의 개조를 통한 문명국가로의 도약, 즉 약자에서 강자로의 도약을 도모하는 이광수식 계몽주의 문학이 그에 해당된다. 하지만 강자로 도약할 수 있을 것이라는 그의 믿음은 좀처럼 현실화되지 못했고, 무엇보다 식민지라는 문제는 미해결의 난제로 남아 있게 되었다. 그 결과, 이러한 질문이 오롯이 솟아나왔다. "진화론적 법칙에 따라 약자, 즉 식민지 조선은 반드시 사멸할 수밖에 없는 것인가?" 이러한 질문은 진화론의 맹점으로 지적되어왔던 윤리 부재의 문제를 제기하는 것이기도 했다. 이리하여 약육강식과 적자생존이라는 진화론적 테제에 맞서 새로운 인식들이 대두되기에 이른다. 同情을 통해 강자와 약자가 공생할 수 있는 사회가 구축될 수 있을 것이라는 전망, 그리고 국제 사회에서 약자로 분류되었던 식민지 조선이 회생할 수 있다는 민족자결의 꿈 등이 그 당시 제출되었던 反진화론적인 사유들이었다. 더 나아가 러시아혁명과 3·1운동을 경유하면서, 우리 스스로를 혁명의 주체로 호명하려는 인식들이 1920년대 초에 본격적으로 대두되기에 이른다. 이처럼 한일합병이 강제 체결되자마자 우리 스스로를 약자로 호명하며 살아갔던 식민지 조선의 지식인, 그들은 약자로서 그저 강자에 억압되고 멸망을 기다리는 수동적 존재로 자신을 이해하지 않았다. 오히려 그들은 동정과 상호부조의 논리를 기반으로 강자와 약자가 더불어 살 수 있는 국제 사회의 구축을 꿈꾸고, 더 나아가 약육강식과 적자생존이라는 부조리한 현실 논리에 맞서 약자들이 주도하는 혁명의 도래를 열망했다. 이것이 바로 진화론과의 담론적 교섭 내지는 쟁투를 통해 얻어낸 사적 결과물이었다.

2부

진화론 이펙트(2)

: 1920년대 진화 혹은 혁명에 관한 사상적 편린들

제I장

1920년대 초 사회주의 비평 담론과 진화론 인식

1. 들어가기-마르크스와 다윈

1859년에 발간된 『종의 기원』 초판 1,500권은 발매 직후 매진되었는데, 공교롭게도 그 중 한 권은 엥겔스의 손에 쥐어져 있었다. 그는 『종의 기원』이 출간된 지 한 달이 지난 시점에 마르크스에게 다음과 같은 편지를 쓴다. "내가 지금 읽고 있는 다윈은 정말 훌륭하군. (...) 자연의 역사적 진화를 증명하려 한 작업 중에서 이렇게 웅대하고, 또 확실히 이만큼 좋은 결과를 낳은 경우는 지금껏 없었어."[1)] 맨체스터에 머물던 1850~ 1870년 동안 지질학자 찰스 라이엘과 진화이론가 T. H. 헉슬리의 저작뿐만 아니라 물리학과 화학 관련 저작을 섭렵했던 엥겔스로서는 『종의 기원』의 학문적 파급력을 익히 짐작해도 남았을 테지만,[2)] 실제

---

1) 엥겔스가 마르크스에게 보낸 서신 자료는 Marx Engels Archive에서 확인하였다. 정확한 출처는 https://marxists.catbull.com/archive/marx/works/1859/letters/59_12_11.htm이며, 인용 부분의 원문은 다음과 같다. "Darwin, by the way, whom I'm reading just now, is absolutely splendid. …… Never before has so grandiose an attempt been made to demonstrate historical evolution in Nature, and certainly never to such good effect."(Engels to Marx, 11 December 1859) 본고에서 활용하는 마르크스·엥겔스의 서신은 Marx Engels Archive(https://marxists.catbull.com/archive/marx/index.htm)에 수록된 자료를 활용하되, 이후부터는 인용 원문과 링크 주소 등은 생략하고 발신인, 수신인, 작성 날짜만을 기재하는 것으로 한다.

2) 엥겔스의 '맨체스터 시기'에 관한 언급은 T. Hunt, *Marx's general: the revolutionary life of Friedrich Engels*, 이광일 역, 『엥겔스 평전』, 글항아리, 2010, 463면을 참조.

그 편지를 받은 직후 마르크스는 별다른 반응을 보이지 않았다. 마르크스는 엥겔스의 편지를 받은 지 1년이 지나고 나서야 『종의 기원』을 읽고, "우리의 견해에 관한 자연과학적 – 역사학적 기초가 바로 이 책에 들어 있다네."[3]라는 촌평을 남긴다. 뒤이어 라살레에게 보낸 편지에서도 "다윈의 저작이 대단히 중요하며 역사적 계급투쟁에 관한 자연과학적 기초를 제공한다는 점에서 나의 취지에 들어맞아."라는 감회를 밝힐 만큼,[4] 마르크스는 다윈의 저작에 점차 매료되고 있었다.

우리는 두 사람의 서신 내용을 통해 사회주의 이론을 지탱하는 데 있어서 진화론이 적지 않은 무게를 감당하고 있음을 짐작할 수 있다. 특히 마르크스는 엥겔스에게 다윈의 저작을 재차 탐독하면서 '맬서스' 이론에 흥미를 느끼고 있다고 고백하고 있거니와,[5] 심지어 자신의 대작 『자본론』 1권(1873년 2판)을 다윈에게 보낼 정도로 그 학문적 위상을 높이 평가하고 있었다.[6] 이러한 일련의 사실들은 『종의 기원』의 입론과 사회주의 이론이 조응할 수 있음을 시사한다.

마르크스와 엥겔스가 『종의 기원』에 대한 찬사를 아끼지 않았던 것에 반해, 다윈은 이들의 저작에 대해 큰 관심을 두지 않았던 것으로 보인다. 지금도 다윈의 서재에 꽂혀 있다는 『자본론』 1권은 104페이지까지만 읽었던 흔적이 고스란히 남아 있으며,[7] 마르크스와 엥겔스가 내세운 역사 이론에 대해 다윈은 극히 냉담한 반응을 보였다. 물론 다윈이

---

3) S. Marcy, *Marx, Darwin, and the upheaval in the biological sciences*, 나승연 역, 「맑스, 다윈 그리고 생물학의 대격변」, 『정세와노동』 47, 노동사회과학연구소, 2009, 72면에서 재인용.

4) Marx to Lassalle, 16 January 1861.

5) Marx to Engels, 18 June 1862.

6) F. wheen, *Karl Marx*, 정영목 역, 『마르크스 평전』, 2001, 498면.

7) I. Jerger, *Und marx stand still in darwins garten*, 오지원 역, 『두 사람: 마르크스와 다윈의 저녁식사』, 갈라파고스, 2018, 354면.

귀족 출신이라는 사실도 무시할 수 없는 요인이겠지만, 무엇보다도 자연선택과 생존경쟁을 강조했던 다윈에게는 계급적 연대와 약자 공생의 논리를 내세웠던 사회주의 이론에 동화되기는 어려웠을 것이다. 이렇듯 사회주의와 다윈의 진화론이 양립되기 어려운 측면이 있었음에도 불구하고, 마르크스와 엥겔스는 왜 『종의 기원』에 자신의 이론을 뒷받침할 만한 '자연과학적 기초'가 숨어 있다고 말을 했을까. 그 질문에 대한 답은 엥겔스의 「자연의 변증법」에서 찾을 수 있는데, 이 글에서 그는 다윈에 의해 새롭게 구성된 자연관을 다음과 같이 간명하게 기술한 바 있다.

> 새로운 자연관의 기본 개요가 완성되었다: 굳어져 있던 모든 것이 해체되었고, 고정되어 있던 모든 것이 흩어져 사라졌고, 영원한 것으로 간주되었던 모든 개별적인 것은 과도기적인 것으로 되었으며, 자연 전체는 영원한 흐름과 순환 속에서 스스로 운동하고 있음이 증명되었다.[8]

엥겔스는 다윈의 등장을 통해 초자연적 요소에 의존하지 않고 자연 및 유기체의 변화를 설명할 수 있다는 점에 주목했다. 기존의 자연철학은 신의 의지에 따라 자연이 본유의 상태를 유지할 수 있다는 신앙 속에 고착되어 있었다. 그러나 다윈 이후부터는 더 이상 신에 의지하지 않고도 그 변화를 설명할 수 있게 되었다. 엥겔스는 이러한 자연관의 변화가 사회와 역사에 대한 새로운 이해를 가능케 했다고 믿었다.[9] 다윈을 통

---

8) 프리드리히 엥겔스, 「자연의 변증법」, 박종철출판사 편집부, 『칼 맑스·프리드리히 엥겔스 저작 선집 5』, 박종철출판사, 1991, 368~369면.

9) 참고로 엥겔스는 같은 글에서 다윈이 가진 맹점을 다음과 같이 비판하기도 했다. "증가하는 과잉 노동과 대중의 증가하는 빈곤과 십 년마다의 대파산, 경제학자들이 최고의 역사적 성과라고 찬미하는 자유 경쟁, 즉 생존을 위한 투쟁이 동물계의 정상 상태임을

해 신이라는 초월적 준거 없이 자연이 합목적적으로 변화한다는 인식이 도출되었고, 마르크스와 엥겔스는 이러한 자연과학적 인식을 기반으로 사회가 내부적 동인을 통해 변화하고 발전할 수 믿음을 견지하게 된 것이다.

그렇다면 사회주의가 급격하게 유입되었던 20세기 초의 동아시아의 풍경은 어떠했을까. 진화론을 기반으로 하여 사회주의 이론을 정식화할 수 있다는 일련의 믿음은 동아시아권에서 흔히 발견할 수 있었다. 예컨대 고토쿠 슈스이(幸德秋水)의 경우 "우리 사회주의자들도 기꺼이 다윈주의의 신도임을 분명히 말하지 않을 수 없다."라고 말하면서 "다윈이 생물과 자연에서 주장한 것과 똑같은 독창적 견해를 곧바로 인류사회에 적용한 것은 근대 사회주의의 스승 마르크스다."라고 단언한 바 있고,[10] 오스기 사카에(大杉榮) 또한 오카 아사지로(丘淺次郎)의 『진화론강화』를 여러 차례 애독했다고 술회하면서 "진화론이 그때까지 내 마음 속에 커다란 권위로 자리하던 여러 가지 사회제도에 대해 변혁을 외치게 했으며, 사회주의의 주장 속으로 쉽게 들어갈 수 있도록 해주었다."[11] 라고 말하였다. 또한 오스기와 마찬가지로 『진화론강화』에 매료되었던 기타 잇키(北一輝)도 진화론에 대한 고찰을 바탕으로 사회주의의 필연성을 논할 수 있다고 확신하였다.[12] 『천연론』을 통해 동아시아권에서 선

다윈이 증명했을 때, 그는 자신이 인간에게 그리고 특히 자기 나라의 국민들에게 얼마나 신랄한 풍자문을 썼는지 알지 못하였다."(프리드리히 엥겔스, 『자연의 변증법』, 앞의 책, 373면) 이러한 엥겔스의 비판은 어디까지나 다윈이 참조했다고 알려진 맬서스의 '생존경쟁' 이론을 겨냥한 것이었다. 이러한 비판에도 불구하고 엥겔스는 다윈을 새로운 인식론적 패러다임을 열어젖힌 인물로 내세우고 있다.

10) 幸德秋水, 「人類と生存競爭－社會主義は生物進化說と矛盾する乎」, 『平民新聞』 12, 1904. 1.31; 번역은 幸德秋水, 임경화 편역, 「인류와 생존경쟁」, 『나는 사회주의자다』, 교양인, 2011, 484면에 따름.

11) 大杉榮, 김응교·윤영수 역, 『오스기 사카에 자서전』, 실천문학사, 2005, 201면.

구적으로 진화론을 받아들였던 중국의 경우도 일본과 크게 다르지 않았다. 천두슈는 "근대문명의 특징은, 옛것을 변화시킬 수 있는 가장 적합한 방법으로 사람의 마음과 사회를 확연히 새롭게 만들었다는 데 있다. 거기에는 세 가지가 있는데, 인권론, 생물진화론, 사회주의가 그것이다."[13]라고 말하였고, 마오쩌둥은 젊은 시절 깊은 인상을 남긴 서양 서적 중 유일한 자연과학서로 『종의 기원』을 꼽고 있었다.[14] 이렇듯 일본과 중국의 초기 사회주의자들은 진화론을 축점으로 삼아 자신의 이론을 정식화하고자 했다.

그럼에도 불구하고 일반적인 의미의 사회주의자들은 다윈의 진화론을 참조하면서도 이를 넘어설 수 있는 관점을 새롭게 고안해야만 했다. 왜냐하면 점진적이고 누적적인 의미의 진화를 강조하는 인식으로는 혁명이라는 역사적 결절점을 사유하기 어려울 뿐 아니라, 자연선택과 생존경쟁이라는 다윈식의 논법은 연대와 협동의 가능성을 간과할 위험이 있었기 때문이다. 이러한 점은 엥겔스가 일찍이 간파하고 있었다.

> 나는 다윈의 학설에서 발전 이론은 받아들이지만, 다윈의 증명방법(생존을 위한 투쟁, 자연선택)은 새로이 발견된 사실의 최초의, 잠정적인, 불완전한 표현으로서만 취합니다. (...) 자연물의 상호 작용은 조화와 충돌, 그리고 투쟁과 협동을 모두 포함하고 있습니다. 그러므로 만약 자연탐구자입네 하는 사람이 역사적 발전의 다면적인 풍부함 전체를 감히 "생존을 위한 투쟁"이라는 일면적이고 빈약한 문구, 자연의 영역에서조차 적당히 참작해야만 받아들여질 수 있는 문구 아래 포섭한다면, 이러

---

12) 松本健一, 정선태·오석철 역, 『기타 잇키』, 교양인, 2010, 321면.
13) 陳獨秀, 심혜영 역, 『천두슈 사상선집』, 산지니, 2017, 65~66면.
14) 恭育之 外, 조경희 역, 『마오의 독서생활』, 글항아리, 2011, 255면.

한 처신은 이미 그 자체로 자신에게 유죄를 선고하는 것입니다.[15]

잘 알려져 있다시피 다윈은 맬서스의 『인구론』에서 생존경쟁의 논리를 발견해 냈는데, 엥겔스의 입장에서 볼 때 이는 약자의 도태를 합리화할 수 있는 가능성이 농후했다. 따라서 다윈이 말한 생존경쟁이라는 문구를 전면적으로 받아들이는 것은 자기 스스로에게 '유죄를 선고하는 것'과 다를 바 없다고 말한 것이다. 이렇듯 엥겔스는 생존경쟁만을 강조한 다윈이 역사적 발전의 다면성을 간과했다고 비판하면서, 자연이 '조화-충돌, 투쟁-협동'의 변증법을 통해 변화될 수 있다고 보았다. 이러한 그의 인식은 생존경쟁을 통한 점진적 변화가 아니라, 연대와 협동을 통한 혁명적 변혁을 강조하기 위해 제출된 것이었다.

상기한 대로 엥겔스는 다윈에 대해 양가적인 입장, 다시 말해 진화론에 대한 수용과 비판의 입장을 동시에 견지하였다. 이러한 엥겔스의 입장은 식민지라는 특수한 상황 속에 놓여 있었던 조선의 사회주의자들에게 어떻게 공유되었을까. 특히 러시아혁명과 3·1운동이라는 국내외적 사건을 경험하고 진화론에 입각한 자강의 논리가 점차 담론적 효력을 상실해가던 1920년대 초, 조선의 사회주의자들에게 있어서 진화론은 어떠한 의미를 가졌을까. 이 글은 바로 이러한 질문에서 출발하여,

---

15) 프리드리히 엥겔스, 「엥겔스가 런던의 뾰뜨르 라브로비치 라브로프에게」, 『칼 맑스 프리드히리 엥겔스 저작 선집 4』, 박종철출판사, 1995, 464~465면. 이 외에도 엥겔스는 「자연의 변증법」에서 다윈이 가진 맹점을 다음과 같이 비판하기도 했다. "증가하는 과잉 노동과 대중의 증가하는 빈곤과 십 년마다의 대파산, 경제학자들이 최고의 역사적 성과라고 찬미하는 자유 경쟁, 즉 생존을 위한 투쟁이 동물계의 정상 상태임을 다윈이 증명했을 때, 그는 자신이 인간에게 그리고 특히 자기 나라의 국민들에게 얼마나 신랄한 풍자문을 썼는지 알지 못하였다."(프리드리히 엥겔스, 「자연의 변증법」, 앞의 책, 373면) 이렇듯 엥겔스는 다윈이 참조했다고 알려진 맬서스의 '생존경쟁' 이론을 지속적으로 비판하고 있었다.

초기 사회주의자들이 진화론을 참조·비판했던 지적 궤적을 살펴보고 그들이 설정했던 '진보'의 방법과 지향점이 어떠했는지를 검토할 것이다. 이를 위해 초기 사회주의 비평담론을 이해하는 데 있어서 중요하다고 판단되는 『신생활』, 『공제』, 『아성』을 주요 텍스트로 설정하여 논의를 진행하고자 한다.[16)]

2. '새 템포'의 기록, 진화에서 혁명으로

카프가 이미 해체되고 파시즘이 세계를 장악해가고 있을 바로 그 시점에, 임화는 역사철학적 사유가 농후하게 드러난 글 한 편을 제출한다. 「역사·문화·문학-혹은 시대성이란 것에의 일각서」(1939.2.18.~3.3.)가 바로 그것인데, 그는 이 글에서 '사회사적 시간'이 '자연사적 시간'과는 구분되는 것이라고 단언한다.

> 이 사회사적 시간이란 자연사적 시간을 인간의 힘으로 깨트린 결과로 수립된 새 시간이다. 다시 말하면 자연사적 시간을 정복하고 지배한 위에 세워진 시간! 그러므로 진화론으로 사회사를 계량할 수 없는 것이다. (…) 결국 인간을 지배하고 있던 자연사적 시간의 템포를 깨트리고

16) 잘 알려져 있다시피 『공제』를 발간하는 조선노동공제회나 『아성』을 발간하는 조선청년연합회와 같은 단체들은 오상근, 박이규 등과 같은 우파 민족주의 계열 인사들도 두루 참여하였다. 따라서 해당 잡지에 기고한 사람들을 모두 '초기 사회주의자'라고 명명해서는 안 될 것이다. 이러한 관점에 따라서 본고에서 인용한 글의 필자들, 즉 '초기 사회주의자'들은 『한국사회주의운동 인명사전』(강만길·성대경 편, 창작과비평사, 1996)을 참조하여 선별되었음을 미리 밝혀둔다. 1920년대 초 우파 민족주의 계열의 노동운동 가담은 이경룡, 「1920년대 초반 노동운동의 분화과정 - 조선노동공제회를 중심으로」, 『중앙사론』 8, 한국중앙사학회, 1995, 107~119면을 참조.

수립된 새 템포의 기록이 쉽게 말한 사회사적 시간이라 할 수 있다.[17]

이 글에 따르면 '사회사적 시간'은 진화론적 사유를 근간으로 운산(運算)되는 '자연사적 시간'과는 다른 속성을 지닌다. 그것은 인간의 의식적·능동적인 노력을 통해 새롭게 수립된 시간이자, 수천수만 년의 시간 동안 점진적·자연적으로 진화한다는 다윈식 사유로는 결코 포착될 수 없는 시간이다. 임화가 같은 글에서 "하룻밤 사이에 세계지도가 일변하는 것은 지혜만으론 이해하기 어려운 일"이라고 말했던 것도 바로 그 이유에서였다. 따라서 위에서 말한 '새 템포의 기록'이란 점진적이고 누적적인 시간관만으로는 결코 파악될 수 없는 역사, 다시 말해 인간의 의지에 따라 언제든 급진적이고 돌발적으로 변화하는 역사를 통칭한 것이라 할 수 있다. 이와 같이 점진적이고 자연적인 변화의 시간을 절단하는 급진적 모험의 시간, 오늘날 우리는 이를 혁명이라고 부른다.

임화가 말했던 '사회사적 시간'은 기존의 진화론적 문법으로 해석될 수 없었던 혁명 개념을 사유하게 한다. 하지만 임화가 견지한 역사철학적 관점은, 진화와 혁명을 양립될 수 없는 개념어로 취급했던 1910년대 중반까지만 하더라도 쉽게 납득할 수 없는 것이었다. "혁명은 진화의 道와 表裡를 相成ᄒᆞ야 결코 양립치ᄂᆞᆫ 못ᄒᆞᄂᆞ니"[18]라는 말이나 "급진이 꼭 필요한 것이 아니오, 후퇴치만 아니하면 점진은 조흐니라, (…) 우리는 비스듬히 기우러진 진보를 바라노라. 점진은 神의 全政略이라."[19]라는 말은 진화를 점진적인 변화로 이해했던 당대의 인식을 단적으로 보

17) 임화, 「歷史·文化·文學 - 惑은 時代性이란 것에의 一覺書(二)」, 『동아일보』, 1939.2.19; 임화문학예술전집 편집위원회 편, 『임화문학예술전집 3: 문학의 논리』, 2009, 578면.

18) 安國善, 「政府의 性質(續)」, 『대한협회회보』 12, 1909.3, 22면.

19) 「ABC契」, 『소년』 19, 1910.7, 60면.

여준 것이라 하겠다.

그러나 러시아혁명과 3·1운동이라는 사건을 경험한 이후 진화에 대한 개념적 교정이 본격화된다. "露西亞는 과거의 문화권 내에서 뒤지엿던 위치를 초탈하고 신문화권 내에서 急先鋒이 되야 표연히 압서게 된 것이외다. 이러한 사실은 단순히 역사적 진화로만 관찰하면 도저히 상상치 못할 일이외다."[20]라는 김명식의 언급처럼, 러시아혁명은 기존의 진화론적 사유로는 해석될 수 없는 예외적인 사건이었다. 진화 개념을 점진적이고 단계적인 변화로 이해하고 있었던 상황 속에서, 혁명은 사실상 진화의 문맥 속에서 검출될 수 있는 용어는 아니었던 것이다. 하지만 러시아혁명과 3·1운동을 목도한 바 있었던 식민지 조선의 사회주의자들은, 계급투쟁의 당위성과 3·1운동이 갖는 역사적 의미를 부각시키기 위해 혁명을 새로운 사회변화의 방법으로 등재할 필요가 있었다.

1910년대가 진화론의 시대였던 만큼,[21] 혁명이라는 이질적인 개념어가 새롭게 도입되기 위해서는 많은 이론적 자원이 필요했다. 그러나 1920년대 초반 식민지 조선에서는 사회주의 운동이 급격하게 양적 팽창을 하고 있었던 것에 반해 마르크스주의에 대한 논의는 상대적으로 미약했다. 1920년대 식민지 조선에서 번역된 마르크스주의 원전도 10종이 채 되지 않았다는 사실이나,[22] 유물론적 변증법을 이해하기 위해 참조될 필요가 있는 헤겔에 대해서도 거의 소개된 바가 없었다는 사실

20) 金明植, 「露西亞의 산 文學」, 『신생활』 3, 1922.4, 5면.

21) 권보드래, 「진화론의 갱생, 인류의 탄생-1910년대의 인식론적 전환과 3·1 운동」, 『대동문화연구』 66, 성균관대 대동문화연구원, 2009.

22) 이 당시 번역된 마르크스주의 원전은 『공산당선언』, 『정치경제학비판을 위하여』 서문, 『임금 노동과 자본』, 『임금, 가격, 이윤』, 『유토피아에서 과학으로의 사회주의의 발전』, 『고타강령 초안 비판』, 「맑스가 쿠겔만에게 보낸 서신」, 『칼 맑스』 등 총 8종에 불과했다. 이 내용은 박종린, 「1920년대 초 공산주의 그룹의 맑스주의 수용과 '유물사관요령기'」, 『역사와 현실』 67, 한국역사연구회, 2008, 92면을 참조.

등이 이를 잘 뒷받침하고 있다.[23] 물론 당시 이론가들의 독서 체험이 일본어 서적을 통해 이루어졌을 가능성도 고려해야 하겠지만, 사실상 조선 사회 내에서 민족해방이나 계급모순의 해결을 위한 이론적 역량은 좀 더 축적될 필요가 있었다. 이러한 제한적인 상황 속에서 『신생활』의 필진 이성태는 '진화'와 '혁명'의 양립가능성에 관한 글 한 편을 제출한다.

> 무릇 進化라는 것은 一般人의 主張하는 바와 갓치 徐々하게 또 均等한 速度로 되는 것이 아니외다. 進化와 革命은 서로서로 뒤를 이어 일어납니다. (…) 크로포트킨은 革命도 自然界의 또는 人類社會現象의 다른 徐々한 모든 進化와 갓치 한 普遍的 原則이라 말하엿습니다. 그래서 크로포트킨은 人類社會에서도 進化는 革命업시 成就하지 못한다 말하엿습니다.[24]

위에서 지적하고 있듯 일반적으로 진화는 오랜 기간에 걸쳐 서서히 진행되는 것이라고 인식되어왔다. 이는 다윈이 제시했던 많은 자연과학적 관찰 결과가 뒷받침하고 있었던 바, 다윈의 관점을 논파하기 위해서는 이를 반증할 만한 관찰 결과를 새롭게 제시할 수 있어야 한다. 이성태가 크로포트킨의 이론에 주목한 이유가 바로 그 때문이었다. 크로포트킨은 개미와 벌과 같이 군집생활을 영위해온 곤충이 어떻게 도태되지 않고 살아남았는지에 관한 실증적 사례를 제시함으로써 다윈 진화론을 논파할 만한 다양한 근거를 제공해주었다. 특히 크로포트킨이 새

23) 필자가 찾아본 바에 따르면, 식민지 조선에서 헤겔의 변증법을 본격적으로 다룬 최초의 문헌은 최하운의 「헤-겔 철학과 데이겐」(『개벽』 68, 1926.4)이다. 이 글은 J. Dietzgen의 글을 번역한 것으로, 헤겔 철학의 핵심인 모순을 통한 자기전개과정뿐만 아니라 헤겔 철학이 마르크스의 사상에 미친 영향이 비교적 상세하게 소개되고 있다.

24) 李星泰, 「크로포트킨學說硏究」, 『신생활』 7, 1922.7, 34~35면.

로운 진화의 방법으로 제시한 '상호부조'는 학계에 지대한 관심을 불러 일으켰는데, 이 글에서 이성태가 주목했던 것은 진화가 혁명 없이 결코 성취될 수 없다는 크로포트킨의 진술이었다. 그에 따르면 혁명은 자연계뿐만 아니라 인간사회계에서도 보편적으로 관찰할 수 있는 현상이다. 이렇듯 이성태는 크로포트킨의 입을 빌어 사회 변화의 새로운 방법으로서 혁명을 제시하고 있는 것이다. 이는 "革命은 進化의 道와 表裡를 相成ᄒᆞ야 決코 兩立치ᄂᆞᆫ 못ᄒᆞᄂᆞ니"라는 인식이 통용되었던 시대에서 "進化는 革命업시 成就하지 못한다"는 인식이 통용되는 시대로의 전환을 선언하는 것이기도 하다.[25]

이와 같이 이성태는 크로포트킨의 혁명관을 토대로 진화가 단순히 점진적인 속도로만 이루어지는 것이 아님을 선언하였다. 이는 인간의 의지에 따라 진화의 속도와 향방을 결정할 수 있다는 인식과 맞닿아 있는 것이었다. 하지만 개미와 벌의 실증적 사례를 들어 논증되었던 상호부조론과는 다르게, 크로포트킨의 혁명론은 자연과학적 사실로부터 도출된 관점은 아니었다. 이미 1917년 러시아혁명과 같은 세계사적 사건이 '혁명'의 실현 가능성을 웅변해주고 있긴 했지만, 진화의 과정 속에서 예외적 사건이 발생할 수 있다는 점을 명백히 하기 위해서는 자연과학적 근거가 보강될 필요가 있었다. 이 과정에서 초기 사회주의자들이 주목했던 것은 드 브리스(Hugo de Vries)의 '돌연변이' 이론이었다.

25) 혁명과 진화를 동시에 사유하려는 인식은 『공제』의 필진이자 의열단원으로 활동했던 김한의 법정 진술을 통해서도 확인할 수 있다. 1923년 '김상옥 사건'에 연루되었던 김한은 법정에서 다음과 같이 진술한 바 있다. "사람은 고뎡톄(固定體)가 아니오 류동톄(流動體)이라. 싸라서 점점 향상하고 진화하기를 요구하는 것은 사람의 사라가는 원리라. 이것은 '헤겔'(헤켈: 인용자 주)이나 '싸-윈'이 임이 말하엿슨즉 자긔는 더 말할 필요가 업거니와 조선 사람도 역시 사람이라 살기를 위하야 향상하고 진화하기를 요구할 것은 그 역 당연한 일이 아닌가? 사람이 향상하고 진화하는 데는 혁명(革命)이라는 것이 잇나니"-「自殺, 制令違反」, 『동아일보』, 1923.5.19.

> 도푸리스說에 의하면 진화란 것은 반다시 그러케 徐徐緩緩한 변화만은 안이다. 엇던 때에는 급격한 진화를 하는 경우도 잇다. 현재 어느 종류의 花草와 가티 어느 시기에 도달하면 갑작히 빗치 변하며 모양이 변하야 새로운 종류가 된다고 하엿습니다. 이것은 뿔조아進化論의 徐徐緩緩說에 대하야 突變說 혹은 激變說이라고 云할 만한 新學說이 생긴 것임니다. 도프리-스는 정치라든가 사회와는 관계가 업시 다만 순수한 생물학상의 연구를 발표한 터이지마는 일반사회에서는 과연 올은 것으로 환영을 바덧습니다.[26]

이 글은 식민지 조선에서 드 브리스를 소개한 최초 문헌이다.[27] 잘 알려진 것처럼 네덜란드의 생물학자인 드 브리스는 진화가 점진적으로 이루어진다는 다윈의 이론을 비판하면서, 진화는 '돌연변이'와 같이 불연속적이거나 도약적인 방식으로 이루어질 수 있다는 입장을 제출하였다.[28] 사카이는 이 글에서 그의 '돌연변이' 이론을 단순 소개하는 데 그치지 않고 그것이 어떻게 혁명 개념과 조응하는지를 간명하게 정리하고 있다. 앞서 강조했듯이 다윈은 라마르크의 유전법칙[29]에 따라 유기체의

---

26) 堺利彦, 「社會主義 學說 大要」, 『개벽』 40, 1923.10, 78면.

27) 식민지 조선에서 '돌연변이' 개념이 최초로 언급된 글은 「選種은 農家의 大要件」(『매일신보』, 1916.10.20.)으로 확인된다. 하지만 '돌연변이' 이론을 주창한 사람이 드 브리스라는 사실을 밝히고 '돌연변이' 개념을 '혁명' 개념과 접목해서 설명한 최초의 글은 사카이의 「社會主義 學說 大要」이다.

28) 드 브리스는 *Die Mutations theorie*(1901~1903)에서 다윈이 진화의 개념을 체계화했다고 말하면서도, 돌연변이와 같은 돌발적인 방식의 진화가 이루어진다는 사실을 간과했다고 비판하였다. 이에 대해서는 A. Stoltzfus · K. Cable, "Mendelian-Mutationism: The Forgotten Evolutionary Synthesis", *Journal of the History of Biology* 47(4), 2014, pp.512~517.

29) 라마르크는 유기체가 특정 기관을 얼마만큼 지속적으로 사용하는지에 따라 점진적인 발달 혹은 퇴화가 결정된다고 보았다. 이에 대해서는 J. B. Lamarck, *Zoological Philosophy*,

진화가 점진적인 방식으로 이루어진다고 보았다. 그래서일까. 드 브리스의 '돌연변이' 개념이 등장하기 이전까지만 하더라도, 생물학적 의미의 진화는 불연속적이거나 도약적인 방식보다는 점진적인 방식으로 이루어진다는 것이 상식으로 여겨져 왔다. 사카이는 이러한 관점을 '부르주아 진화론'이라고 비판한 후, 드 브리스의 등장으로 인해 비로소 '돌발'과 '격변'으로 설명되는 진화론이 새롭게 부상하게 되었다고 주장한다. 이처럼 드 브리스의 '돌연변이' 개념은 혁명을 사회진화의 새로운 방법으로 제시할 수 있는 자연과학적 근거로 활용되었다.

이성태와 사카이 도시히코가 혁명 개념의 등재를 위해 크로포트킨과 드 브리스를 각각 끌어왔다면, 박춘우(본명 박진순)는 헤겔의 이론을 끌어와 사회의 변화 과정을 다음과 같이 설명한다.

> 大抵 社會는 數量的으로 발전할 시기에는 에보류치아的(進化的)으로 나아가지만, 性質的으로 舊狀態에서 新狀態로 전환할 時에는 반다시 XX的(XX는 혁명: 인용자 주)으로 나아가는 것이다.[30)]

박춘우는 식민지 조선에서 마르크스주의에 능통한 몇 안 되는 지식인 중 하나였다. 대학 졸업 후에 모스크바 소재의 철학연구기관에 근무하면서 마르크스주의 철학강사로 활동했던 그의 이력만 봐도 그러한데,[31)] 위 인용문에서는 그간 식민지 조선에서 논의된 바 없었던 사유를 새롭게 제시하고 있다. 그는 사회의 변화를 설명하는 데 있어서 양적

이정희 역, 『동물철학』, 지식을 만드는 지식, 2009, 63면을 참조.

30) 朴春宇, 「世界農民運動의 過去와 現在」, 『개벽』 63, 1925.11, 16면.

31) 박춘우(박진순)의 이력에 대해서는 권희영, 「고려공산당 이론가 박진순의 생애와 사상」, 『역사비평』 4, 역사비평사, 1989; 임경석, 「이탈리아어판 〈코민테른인명사전〉에 실린 한국인들(1)」, 『내일을 여는 역사』 76, 내일을여는역사재단, 2019를 참조.

발전과 질적 발전으로 구분하고, 전자는 '진화적'인 변화에 후자를 '혁명적'인 변화에 각각 대응시켜 설명한다. 사실 이는 헤겔로부터 비롯된 것이다. 헤겔은 『논리학』에서 "변화된 양적 관계는 限度가 되어 새로운 질, 새로운 어떤 것으로 전환한다."라고 말하면서, 양적인 변화는 점진적인 반면 질적인 변화는 하나의 '비약'이라고 주장한 바 있다.[32] 예컨대 물이 서서히 끓어오르다가 100°C를 넘으면 수증기가 되는 것처럼, 하나의 사물은 일정한 한계까지 변화를 겪게 되면 '그 자신이 아닌 다른 것'이 된다. 이러한 질적 변화는 돌발적으로 이루어지는데, 박춘우는 유물론적 변증법을 지탱하고 있는 이러한 헤겔의 사유를 받아들여 사회는 점진적인 진화만이 아니라 돌발적인 혁명을 통해서 변화되고 운동한다는 점을 강조하고 있다.

상기한 바와 같이 이성태, 사카이 도시히코, 박춘우는 사회가 점진적으로 변화한다는 기존의 진화론적 관점을 쇄신하면서, 혁명이야말로 사회 변화의 새로운 방략이 될 수 있음을 주장하였다. 이처럼 다윈 진화론의 문법을 통해 점진적인 개혁을 강조했던 그 시기, 이들은 각각 크로포트킨과 드 브리스의 자연과학적 이론, 헤겔의 변증법적 사유를 근거로 삼아 인간 스스로가 능동적으로 재구할 수 있는 시간의 절단면이 있다고 믿었다. 점진적 개혁이 아니라 급진적 혁명이 생존경쟁으로 점철된 이 세계를 변화시킬 수 있다는 확신 속에서, 이들은 진화*evolution*의 시간 속에 혁명*revolution*의 시간을 기입하고자 했다. 물론 이들의 관점이 당대 사회주의자들에게 얼마나 광범위하게 공유되고 있었는지는 판단하기 어렵겠지만, 이들의 사유는 분명 진화론적 시간관을 갱신하려는 초기 사회주의자들의 단면임에는 틀림없다.

---

32) G. A. Wetter, *Der dialektische Materialismus*, 강재륜 역, 『변증법적 유물론』, 명문당, 1988, 301~302면.

3. 생명과 충동, 혁명적 주체의 재정립

초기 사회주의자들은 혁명을 사회 변화의 주요한 방법으로 등재하려는 노력과 함께 혁명을 실현할 수 있는 주체 이론을 새롭게 정립하고자 했다. 그들은 조선(인) 스스로를 '약자' 혹은 '낙오자'로 규정하려는 1910년대의 문법으로부터 벗어나, 혁명과 투쟁을 능동적으로 실현할 수 있는 존재를 호출해야만 했다. 그래야만 자연적이면서 무의식적인 진화가 아닌, 인위적이면서 의식적인 혁명으로 나아갈 수 있기 때문이다.

마르크스가 "인간의 본질은 각각의 개체 속에 내재하는 추상물이 아니다. 인간의 본질은 현실에 있어서 사회적 관계들의 앙상블이다."[33]라고 말했을 때, 또한 "자신들의 물질적 생산과 자신들의 물질적 교류를 발전시키는 인간들이 이러한 자신들의 현실과 함께 또한 그들의 사유 및 그 사유의 산물들을 변화시키는 것이다. 의식이 생활을 규정하는 것이 아니라 생활이 의식을 규정한다."[34]라고 말했을 때, 여기에서 인간의 본질이란 선천적으로 주어진 것이 아니라 사회적 관계의 전면적인 변환을 통해 비로소 바꿀 수 있다. 바로 이 지점에서 마르크스는 다윈의 진화론에서 보여준 인간학과는 다른 노선을 걷는다. 다윈의 입장에서 보자면 인간은 근본적으로 생물학적 의미의 생존을 추구하는 개별적 존재이지만,[35] 마르크스의 입장에서 보자면 인간은 의식적이고 자유로

---

33) 칼 마르크스, 「포이에르바하에 관한 테제들」, 『칼 맑스·프리드리히 엥겔스 저작 선집 1』, 박종철출판사, 1991, 186면.

34) 칼 마르크스, 「독일 이데올로기」, 같은 책, 202면.

35) 다윈이 인간의 사회적 행위 내지는 이타적 도덕관념을 간과하지는 않았다는 사실은 새삼 강조될 필요가 있다. "높은 도덕 기준은 한 개인이나 그의 후손에게 부족 내의 다른 구성원에 비해 약간의 이득을 줄 수도 있고 전혀 주지 않을 수도 있다. 그렇더라도 좋은 품성을 갖춘 사람들이 늘어나고 도덕성의 기준이 진보할수록 부족 전체는 다른 부족에 비해 막대한 이득을 얻게 된다는 것을 잊어서는 안 된다. 높은 수준의 애국심,

운 활동인 노동을 통해서 자신의 본질을 실현하는 사회적 존재이다.[36]

인간 본질에 관한 마르크스의 해석은 식민지 조선의 사회주의자들에게도 그대로 이어지기는 하지만, 그들이 마르크스와 다른 점은 식민지라는 상황 속에 놓여 있다는 점이었다. 그들은 제국-식민지라는 두 항으로 재편되는 국제 질서 속에서 스스로를 약자로 지칭해야 하는 현실에 놓여 있었고, 생존경쟁이라는 진화론의 문법에 따라 조선(인)이 멸망하거나 퇴화할 것이라는 묵시록적인 미래를 상상하게 되었다. "優한 者는 勝하고 劣한 者는 敗하며 適한 者는 生存하고 不適한 者는 死滅하난 것이 한 公例"[37]로 간주되었던 세계에서, 강자로 도약하지 못한 약자는 사멸 혹은 도태의 길을 걸을 수밖에 없다. 따라서 이들에게는 약자가 도태되거나 사멸해야 할 존재라는 인식으로부터 벗어날 수 있는 새로운 주체 이론이 수립될 필요가 있었던 것이다.

잘 알려져 있다시피 그러한 진화론의 문법에 대응하기 위해 제출되었던 1910년대의 주요 방략은 바로 自强이었다. "남의 同情업는 것을 셜어하지 안이하고 내의 힘업는 것을 셜어하는 것이 현대생활의 특징이

충실성, 복종심, 용기, 동정심이 있어서 항상 남을 도울 준비가 되어 있고 공동의 이익을 위해 자신을 희생할 준비가 되어 있는 사람들이 많은 부족은 다른 부족에 비해 성공을 거둘 것이다. 이것이 바로 자연선택이다."(C. R. Darwin, *The Descent of Man*, 김관선 역, 『인간의 유래 1』, 한길사, 2006, 215면)라는 진술에서도 확인되는 바, 다윈은 인간의 이타성에 대한 사유를 분명하게 제시하고 있다. 그러나 식민지 시기 다윈의 진화론을 수용하는 과정에서 당대 지식인들은 이타주의의 가능성을 언급했던 다윈의 입장에 그다지 주목하지 않았다. 이는 비단 식민지 조선만의 특수한 해석이라고 보기도 어려운데, 서구의 경우 1960년대까지 다윈의 진화론을 적자생존, 약육강식, 생존경쟁을 통해 진화한다는 단순한 논리로 이해해왔기 때문이다.

36) 잘 알려져 있듯이 마르크스는 이러한 인간을 일컬어 '유적 존재(Gattungswesen)'라 명명한다. 이에 대한 구체적인 설명은 칼 마르크스, 「1844년 경제학 철학 초고」, 앞의 책, 77~82면을 참조.

37) 「國家의 競爭力」, 『청춘』 12, 1917.4. 108면.

오, 남은 엇지 되얏던지 내 배나 잘 채우는 것이 현대인류의 도덕"[38]이라는 주장이나 "인간은 생물생존의 법칙을 써러져서는 결코 생활하기 不能하리니 우리의 是非正邪는 이 법칙을 중심삼아 표시되고 우리의 도덕은 이 법칙에 의지하야 실현되리라."[39]와 같은 도덕률이 꾸준하게 강조되었던 이유는, 식민지적 현실을 극복하기 위해서 자강이 반드시 필요하다는 절박감 때문이었다. 물론 신채호와 같이 준비론의 한계를 지적하는 예외적 목소리도 분명 존재했지만, 사실상 『청춘』이나 『학지광』으로 대표되는 1910년대의 잡지에서는 교육과 식산을 내세운 준비론이 주요한 독립의 방략으로 제시되었다.

1920년대에도 일부 민족주의자들의 입을 통해 "强者善 弱者惡은 萬古의 鐵案이요 생물의 원칙이라 한다. 인류-다 强이 되면 세계는 균형을 得할 것이다."[40]와 같은 '강력주의'가 여전히 발화되고 있었다. 하지만 초기 사회주의자들은 약자가 필멸한다는 인식으로부터 벗어나, 약자를 새로운 저항의 주체로 세우기 위한 이론적 자원들을 점차 동원하기 시작했다.

> 弱者에게는 生命이 업는가. 그러치 아니하다. 弱者일사록 큰 生命을 가지는 것이다. 弱者된 그 自體를 維持하는 生命이 잇슬 뿐 아니라 强者를 먹을 生命이 눌릴 生命이 잡을 生命이 잇는 것이니 이럼으로 弱者의 生命은 强者의 生命보다 一層 偉大하고 더욱 雄渾한 것이다. (…) 今日의 勞働者는 資本家보다 弱하며 小弱民族은 强大民族보다 弱하다. 그러나 저들에게는 生命이 업지 아니하다. 反히 强大民族을, 資本家를 牽制하

38) 玄相允, 「말을 半島靑年의게 븟침」, 『학지광』 4, 1915.2, 17면.
39) 李相天, 「새 道德論」, 『학지광』 5, 1915.5, 18면.
40) 朴達成, 「東西文化史上에 現하는 古今의 思想을 一瞥하고」, 『개벽』 9, 1921.3, 25면.

고 排斥하는 偉大한 生命을 가지고 잇다.[41)]

'생명'은 청년지식인들이 다이쇼기의 사상적 흐름과 접촉하는 가운데 자연스럽게 수용된 것이자, 『학지광』이라는 학우회 기관지 내부에서 그 실제적 의미를 체득한 근대어였다.[42)] 생명 개념이 도입되는 과정에서 베르그송의 '생의 약동*elan vital*' 개념과 이를 민중예술론과 접목시켜 설명했던 오스기 사카에의 생명담론이 두루 참조되었던 바,[43)] 위의 글에서도 강자에 대한 저항을 곧 생명으로 이해했다는 점에서 오스기의 이론적 색채가 역력하다는 사실을 쉽게 확인할 수 있다. 위 인용문에 따르면 약자(약한 민족)는 강자(강한 민족)와 동일한 생명의 무게를 갖고 있을 뿐 아니라 강자를 견제하고 배척할 수 있기에 한층 더 '위대한 생명'을 갖는다. 따라서 여기에서 말한 '생명'은 단순히 생물학적 생존이나 육체적 충동과 같은 생물학적 개념어라기보다는, 강자에 대한 저항과 투쟁을 수반한 정치적 개념어에 가깝다. 약자의 위치에 놓인 존재들이 투쟁과 배척의 역능을 갖추고 있을 때라야 비로소 강한 민족과 약한 민족, 자본가와 노동자라는 이분법적 구도를 혁파하고 위대한 생명으로 거듭날 수 있다는 사실을 강조했다는 점에서 더더욱 그러하다. 이에 따르면 약자는 단순히 육체적 욕구에만 이끌려 삶을 영위하는 존재도 아니며, 생존경쟁과 약육강식의 논법에 따라 소멸하거나 도태되어야 할 존재도 아니다. 오히려 약자는 의식적이고 자유로운 저항의 의지를

41) 拏山(김명식), 「조선여자교육협회의 사명」, 『신생활』 6, 1922.6, 20면.

42) 이에 대한 논의는 이철호, 「1920년대 초기 동인지 문학에 나타난 生命 의식 - 전영택의 「생명의 봄」을 위한 서설」, 『한국문학연구』 31, 2006, 193~224면 참조.

43) 오스기의 생명담론이 구성된 과정에 대해서는 유병관, 「1910년대 일본이 개인주의와 아나키즘 - 오스기 사카에와 『근대사상』을 중심으로」, 『일본언어문화』 20, 한국일본어문화학회, 2011, 367~388면을 참조.

가진 창조적 존재이다. 위 글의 필자가 같은 글에서 "弱者가 弱者되는 것은 그 弱者라는 存在를 保有하고 生命을 擴大하야 不正의 强者에게 對抗함에 잇는 것이니, 이 對抗의 彈力이야말로 弱者의 生을 表示하는 唯一한 武器"[44]라는 점을 재차 강조했던 것도 그 논지를 보다 선명하게 드러내기 위함이었다.

이와 더불어 초기 사회주의자들은 노동을 통해 약자의 존재론적 지위가 격상될 수 있다고 믿었다. 사실 1920년대 초의 상황을 놓고 볼 때, 노동은 사회주의자들만이 전유했던 개념은 아니었다. 일찍이 노동이 곧 세계를 움직이는 행위라는 유길준의 규정 이래로,[45] 1920년대 민족주의와 사회주의 계열 지식인들은 일본으로부터 유입된 개조주의와 문화주의 흐름에 따라 노동을 새로운 문화 창조의 원천으로 이해하고 있었다.[46] 좌우 이데올로기를 막론하고 노동에 대해 특권적 의미를 부여했던 것은, 노동이 곧 자기 스스로가 주체가 되어 무언가를 창조하고 생산하는 능동적 행위였기 때문이었다. 그러한 가운데 노동의 가치를 가장 고창했던 잡지는 단연 『공제』라고 할 수 있는데, 이 잡지는 표제에 '노동(자)'를 활용한 글이 전체의 35%에 육박할 정도로 노동을 지속적으로 강조하였다. "노동은 산목숨이 죽지 못하니까 엇지할 수 업서 하는 것이 아니오. 필연이나 우연이나 이 우주를 창조하는 존귀한 원천이다."[47]이라든지 "노동은 사회문화의 기초적 가치를 有하엿다. 그뿐 안이라 창조에 대한 노동과 생산에 대한 환희는 원래 인류의 고유한 天稟性의 본능이다."[48] 등의 표현에서 알 수 있듯이, 노동은 능동적이면서도

44) 拏山(김명식), 앞의 글, 22면.

45) 유길준, 『노동야학독본』, 경성일보사, 1908, 35~36면.

46) 이에 대해서는 김현주, 『문화』, 소화, 2019, 288~292면; 김경일, 「한국 근대 노동개념의 성격과 변화」, 『사회와 역사』 99, 한국사회사학회, 2013, 9면을 참조.

47) 霽觀, 「全國勞動者諸君에게 檄을 送하노라」, 『공제』 1, 1920.9, 48면.

창조적인 인간의 역능을 강조하기 위해 지속적으로 활용되었다.

이렇듯 1920년대에 노동 개념은 좌우 진영 모두에게서 중요하게 간주되었는데, 초기 사회주의자들에게는 '노동의 주체'를 넘어서 강자에 대한 투쟁과 혁명에의 의지를 고양시키는 주체에 관해 논의할 필요가 있었다. 이를 위해서는 합리성의 범주를 넘어서는 우발적 계기가 필요하다.

> 충동적 행위 즉 본능적 행위에는 중대한 가치가 잇스니 본능에 위대한 창조력을 의미하는 그것이다. 나는 이리 생각한다. 충동적 행위·본능적 행위는 근일에 잇서 총명한 대신에 그마치 優柔不斷한 청년들에게는 일종의 해독제가 될 것이다. 이것이 이른 바 벨크손의 창조적 진화의 원동력이 되어 현대사회에 沈滯腐敗한 일절의 頹廢的 風氣를 淸新하게 하는 중요한 요소가 될 것이다. 본능은 맹목이다. 그럼으로 본능에는 아모 이성적 洗滌이 업고 본능 그대로 표현함에는 多大한 오류를 生하는 것이다. 그러하나 실패는 무위보다는 우량하고 가치가 잇는 것이다. 소년은 驚異를 愛하고 冒險을 好하고 剛勇을 懷하는 본능적 정신을 가젓다.[49)]

이 글의 필자는 베르그송의 이론을 활용하여 '충동적 행위'가 필요하다고 주장한다. 여기에서 언급된 '충동적 행위'는 문맥상 베르그송의 '생의 약동'[50)] 개념을 지칭하는 것으로 보인다. '생의 약동'이 선형적인

---

48) 鄭泰信, 「眞理의 聖戰」, 『공제』 2, 1920.10, 3면.

49) 又影生, 「活眼」, 『공제』 2, 1920.10, 93~94면.

50) 베르그송의 '생의 약동'에 대해서는 H. Bergson, *L'évolution créatrice*, 황수영 역, 『창조적 진화』, 아카넷, 2005, 144~157면을 참조.

진화의 운동성을 비판하고 진화의 우발성을 강조하기 위해 기획된 개념이라는 점을 고려해 볼 때, 위의 인용문에 제시된 '충동적 행위'는 혁명적 실천과 연동될 수 있는 개념어이기도 했다.[51] 실제 이 글의 필자는 식민지 조선의 지식인들에게 '총명한 우유부단함'보다는 충동에 의한 행동을 촉구하면서, 충동이야말로 바로 사회를 청신하게 만드는 원동력이 될 것이라고 보았다. 물론 본능이 많은 오류를 만들 수 있다는 점도 경계하고는 있지만, 아무것도 하지 않는 '무위'보다는 본능적 충동에 의한 실천적 행위가 훨씬 가치 있다고 말하는 지점에서 우리는 이 글의 필자가 충동을 얼마나 중요하게 간주했는지를 가늠할 수 있다. 이러한 관점은 점진적으로 이루어지는 자연적인 진화의 흐름을 인간의 의지에 의해 변환시킬 수 있다는 확신을 전제로 한다. 이렇듯 초기 사회주의자들은 점진적인 진화의 시간에 예속된 주체, 즉 자연선택과 적자생존의 논리에 의해 사멸해갈 수밖에 없었던 수동적 주체의 문법으로부터 벗어나 능동적으로 자신의 생명력을 발산할 수 있는 주체 모델을 새롭게 고안하고자 했다. 그러한 주체는 노동을 통해 계급적 각성을 도모하고, 그러한 각성을 통해 충동적이고 본능적인 생의 의지를 고양시켜야 한다.

지금까지 살펴본 바와 같이 초기 사회주의자들은 식민지라는 불모의 시간 속에서 사멸하고 도태되는 약자가 아니라, 노동과 혁명을 통해서

51) 참고로 베르그송은 『창조적 진화』에서 드 브리스의 돌연변이설이 다윈의 점진주의가 갖는 근본적 한계를 극복하게 해주었다고 말한 바 있다. "예를 들면 드 브리스의 흥미로운 실험은 중대한 변이들이 갑작스럽게 일어나며 규칙적으로 전달된다는 것을 보여줌으로써 진화론의 주장이 야기한 가장 큰 어려움들 중 몇 가지를 없애 주었다."(앙리 베르그손, 『창조적 진화』, 앞의 책, 54면) 한편 베르그송이 내세운 비약적 진화 이론은 프랑스 노동조합주의를 표방하거나 마르크스적 사회주의를 옹호했던 사람들에게 사회혁명을 정당화하기 위한 이론적 근거로 원용되기도 하였다. 이에 대해서는 한상우, 『베르그송 읽기』, 세창미디어, 2015, 47~48면.

계급적 각성과 세계의 변혁을 도모하는 존재를 바로 세우고자 했다. 그들이 말한 '위대한 생명'은 생존경쟁과 자연선택의 논리에 따라 도태되는 약자를 새로운 운동의 주체로 정립하기 위해 기획된 용어였다. 심지어 본능적이고 충동적인 행위가 '창조적 진화'의 한 과정임을 웅변했던 것도, 약자들이 능동적이면서 우발적으로 혁명과 투쟁의 시간을 주조할 수 있는 주체임을 선언하기 위해서였다. 이러한 선언을 통해서 약자는 곧 사멸하거나 도태되어야 할 '죽은 생명'이 아니라, 생명과 변혁의 미래를 생성하는 '위대한 생명'으로 거듭나게 되는 것이다.

4. 상호부조의 논리와 윤리적 진화의 길

1910년대 작가들이 바라본 식민지 조선은 "도덕과 정의는 업고 모다 서로 먹고 서로 죽이는 빗"만이 존재하고,[52] "서로 속이고, 서로 싸홈하자는 부르지짐"이 터져나오며,[53] 심지어는 "進化論的 모든 條件은 한 秒 동안도 걸으지 안코 進行되겟지! 生存競爭이 잇고 自然淘汰가 잇고 네가 잘낫느니 내가 잘낫느니 하고 으르렁"대는 '무덤' 같은 곳이었다.[54] 이러한 표현대로라면, 1910년대 식민지 조선은 생존경쟁과 자연선택으로 점철된 진화론의 시공간에 놓여 있었다고 해도 과언은 아닐 것이다. 물론 약자도태라는 논리에 내포된 비윤리성을 이해하기란 그리 어려운 일은 아니었지만, 사실상 강자 중심의 세계질서가 공고하게 유지되고 있는 한 진화론적 세계관을 마냥 파기할 수만은 없었다.

52) 沈天風, 「酒(술)」, 『매일신보』, 1914.9.12, 1면.
53) 瞬星, 「부르지짐(Cry)」, 『학지광』 12, 1917.4, 59면.
54) 염상섭, 『萬歲前』, 고려공사, 1924, 146~147면.

이러한 상황 속에서 1910년대 중반부터 '동정'이라는 개념어가 진화론에 내포된 비윤리적 문제를 해결할 수 있는 대안으로 주목되기 시작했다. 주지하다시피 맹자의 '측은지심'과도 연동되는 동정 개념은 통상적으로 인간 본연의 감정으로 인식된다. 이광수는 이러한 입장을 수용하면서 동정이야말로 '진화'를 가능케 할 문명적 감정이라고 주장하였다.

> 愛敬하는 靑年諸子—여 諸子는 將次 健全한 中流階級——卽 社會의 主人이 되어 腐敗 墮落한 낡은 空氣를 불어내고 淸凉 新鮮한 새 精神을 建設하야 將次 우리 주장할 이 社會에게 善한 意味의 進化를 주어야 할 우리 靑年이니 造次顚沛에 大洋가튼 넓고 기픈 同情을 가질지어다.[55]

1910년대 동정론을 다룰 때 이광수의 「동정」이라는 문헌은 중요하게 간주되는데,[56] 위 인용문에서 이광수는 '선한 의미의 진화'를 가져다주기 위해서 '넓고 깊은 동정'을 가져야 한다고 주장하고 있다. 자연선택과 생존경쟁이라는 논법에 의해 약자가 도태될 수밖에 없다는 인식으로는 식민지적인 문제를 해결할 수가 없었기에, 약자도 공생할 수 있다는 주장을 새롭게 내세울 필요가 있었다. 바로 그 맥락에서 이광수는 '동정'이라는 감정을 망각한 조선 사회를 더욱 청신하게 만들 수 있고, 또 그것을 통해서 사회가 더 나은 상태로 '진화'할 수 있다고 보았다.

조선 민족이 동정심을 가짐으로써 보다 선한 방향으로 진화할 수 있다는 이광수의 확신은, 동정을 통해 민족적 유대가 더욱 공고해질 수

---

55) 외배, 「동정」, 『청춘』 3, 1914.12, 64면.

56) 식민지 시기 동정 담론에 대한 논의는 이미 여러 차례 진행된 바 있다. 그 가운데 주목할 만한 논저는 다음과 같다. 김성연, 「한국 근대문학과 同情의 계보: 이광수에서 『창조』로」, 연세대학교 석사논문, 2002; 김현주, 『이광수와 문화의 기획』, 태학사, 2005, 175~193면; 손유경, 『고통과 동정』, 역사비평사, 2008.

있을 것이라는 관점을 전제로 하고 있다. 그러나 그가 제출한 '동정'은 분명한 한계를 지니고 있었다. 왜냐하면 그것은 특정한 사회적 규율에 의해서가 아니라 동정 주체의 내면적 성찰에 의해 발양되기 때문이다. 동정을 베푸는 행위는 타인의 고통과 불행에 기꺼이 참여하겠다는 자발적 의지 내지는 그에 대한 연민의 정서를 동반해야만 비로소 가능해진다. 이를 강자인 제국과 약자인 식민지라는 두 가지 대립항에 적용할 때에는 어떠할까. 동정이라는 감정이 분명 상호호혜적인 측면도 있지만, 일반적으로 그 감정이 수행되는 과정에서는 동정의 시혜자(주체)와 수혜자(대상)이라는 두 개의 항이 설정된다. 이러한 관계망 속에서 제국과 식민지는 각각 시혜자와 수혜자의 자리에 배속되는데, 앞서 언급했던 것처럼 동정을 베푸는 행위는 동정 주체의 내면적 성찰에 의해 발양되는 것이기 때문에 식민지는 제국의 자발적이고 내면적인 성찰에 전적으로 의존할 수밖에 없는 처지에 놓인다. 결론적으로 이광수가 말한 동정은 식민지라는 공통 경험을 하고 있는 사람들 간의 결속을 강화하는 데에는 어느 정도 효력을 가질 수 있을지는 몰라도, 제국-식민지로 분할된 세계 질서의 문제를 타개하기에는 한계가 있는 대안이었다.[57)]

---

57) 이와 관련하여 안토니오 프레테는 동정이 작동하는 조건을 '공감', '유사성', '상상력'으로 제시한 바 있다. 그에 따르면 동정은 ① 물리적·정신적 근접성을 토대로 하는 공감이 형성되어야 하고, ② 타자와의 유사성을 느낄 수 있는 조건, 즉 동일한 운명에 처해있거나 개인사적 관점에서 비슷한 요소를 가졌다거나 하는 조건이 마련되어야 하며, ③ 타자가 느끼는 고통을 상상할 수 있어야만 비로소 작동할 수 있다. 그가 제시한 동정의 작동 조건은 제국-식민지의 상황에 적용했을 때 흥미로운 지점이 있다. 식민지라는 공통의 경험을 공유하고 있는 사람들끼리는 공감, 유사성, 상상력이라는 조건이 보다 잘 마련될 수 있다. 하지만 제국(인)은 식민지(인)와의 물리적·정신적 근접성도 떨어질 뿐 아니라 그들과 유사한 조건에 놓여 있지 않기 때문에, 식민지(인)에 대한 동정이 작동할 수 있는 가능성은 현저히 떨어질 수밖에 없다. 동정이 작동하는 조건에 대해서는 A. Prete, *Compassione: Storia di un sentimento*, 윤병언 역, 『동정에 대하여』, 책세상, 2019, 202~203면 참조.

그뿐만 아니다. 이광수가 말한 '동정을 통한 진화'가 타당성 있는 주장으로 받아들여지기 위해서는 보다 과학적이고 실증적인 근거가 필요했다. 이를 위해서는 동정 혹은 협업이 집단의 생존을 보장할 수 있다는 주장을 뒷받침할 만한 실례가 제시되어야 하는데, 그가 희생과 동정의 대표적인 표상으로 제시했던 "예수, 孔子, 釋迦, 等 諸聖과 린컨 마지니 나이팅겔 等 諸賢"[58]은 그 주장을 뒷받침하는 과학적 근거라고 보기는 어려웠다. 이러한 상황 속에서 주목된 것이 바로 크로포트킨의 상호부조론이었다.

1920년대 초기 사회주의자들의 문헌에서 발견할 수 있는 특색 중 하나는, 생존경쟁과 자연선택이라는 진화론의 핵심 논리를 비판하는 데 있어서 '크로포트킨'이 적극적으로 차용되었다는 사실이다.[59] 물론 현철이나 이돈화와 같은 비사회주의 계열의 지식인들도 크로포트킨의 상호부조론을 두루 참조하곤 했지만,[60] 그 이론은 주로 『신생활』, 『공제』, 『아성』 등의 초기 사회주의 잡지의 지면을 통해 활발하게 소개되고 있었다.[61] 그만큼 크로포트킨의 상호부조론은 다윈의 생존경쟁 논리를 쇄

58) 외배, 앞의 글, 59면.

59) 1910년대에도 크로포트킨에 대해서 꾸준히 언급되고 있었지만, 이는 주로 상호부조론에 대한 소개보다는 『크로포트킨 자서전』이나 『빵의 쟁취』에 관한 이야기에 집중되어 있었다. 따라서 상호부조론에 대한 소개가 활성화되었던 시기는 1920년대 초기로 보는 것이 합당할 것이다.

60) 曉鍾(현철), 「모름이 美로부터」, 『개벽』 17, 1921.11, 124면; 李敦化, 「吾人의 新死生觀, 意識과 死生=生命과 死生=靈魂과 死生」, 『개벽』 20, 1922.2, 30~31면.

61) 오스기 사카에의 『크로포트킨 연구』(1920)를 발췌 번역한 것으로 알려진 윤자영의 「상호부조론」(『아성』 3, 1921.7, 15~21면)을 필두로, 이성태가 번역한 「適者의 生存」(『신생활』 3, 1922.4, 32~35면.)과 「크로포트킨 學說硏究」(『신생활』 7, 1922.7, 28~37면) 등이 있다. 그 외에도 『공제』에 실린 유진희의 「노동운동과 사회주의적 고찰」이나 제관의 「國家의 理性 及 政策과 眞理의 反抗」(『공제』 2, 1920.10, 27면)에서는 크로포트킨의 상호부조론이 새로운 시대의 이론이 되어야 한다는 주장을 찾아볼 수 있다. 식민지 조선에서 크로포트킨의 저작이 번역·소개되었던 양상은 오장환, 『한국 아나키즘운동

신시킬 만한 이론적 근거를 갖고 있었고, 더 나아가 그것은 노동자 간의 연대와 협동을 강조하는 데에도 용이한 측면이 있었다.

> 相互扶助說이 유명하게 되기는 노동운동이나 사회운동을 하는 사람들 사이에 자기들의 전투하는 무기로써 그것이 非常이 有效한 것이 된 까닭입니다. 뿔조아지가 따윈을 이용하매 대하야 노동계급에서는 크로포토킨의 相互扶助說을 이용하는 것이 대단히 효력이 잇슴으로 그래서 크로포토킨의 학설이 비상이 환영을 밧게 된 것입니다.[62)]

사카이는 다윈의 진화론과 크로포트킨의 상호부조론을 병치시키면서 전자를 부르주아의 이론으로, 후자를 노동계급의 이론으로 규정한다. 그의 말처럼 당시 사회주의자들에게 있어서 다윈의 이론은 강자와 부자의 이데올로기에 부합하는 이론이었던 반면, 크로포트킨의 이론은 노동계급 간의 연대와 협동을 강화하는 데 있어서 적절한 근간으로 간주되었다. 물론 1차 세계대전 직후부터 개조의 물결에 힘입어 생존경쟁의 논리는 꾸준히 비판되고 있었지만,[63)] 1920년대 들어서서 다윈은 계

사 연구』, 국학자료원, 1998; 이호룡, 『한국의 아나키즘 - 사상편』, 지식산업사, 2001; 김성국, 『한국의 아나키스트: 자유와 해방의 전사』, 이학사, 2007; 박양신, 「근대 일본의 아나키즘 수용과 식민지 조선으로의 접속 - 크로포트킨 사상을 중심으로」, 『일본역사연구』 35, 일본사학회, 2012, 127~157면; 김미지, 「동아시아와 식민지 조선에서 크로포트킨 번역의 경로들과 상호참조 양상 고찰」, 『비교문화연구』 43, 경희대 비교문화연구소, 2016, 171~206면 등을 참조.

62) 堺利彦, 「社會主義와 資本主義의 立地, 社會主義學說 大要(其二): 階級鬪爭과 進化論 - 續 -」, 『개벽』 41, 1923.11, 43면.

63) 1차 세계대전 직후의 인식론적 변화에 대해서는 이태훈, 「1910~20년대 초 제1차 세계대전의 소개양상과 논의지형」, 『사학연구』 105, 한국사학회, 2012, 187~227면; 오문석, 「1차대전 이후 개조론의 문학사적 의미」, 『인문학연구』 46, 조선대 인문학연구원, 2013, 299~323면; 백지운, 「문명의 전환과 세계의 개조」, 『동방학지』 173, 연세대 국학연구

급적 연대와 협동을 부정하는 부르주아의 이론가로 폄훼되기에 이른다. 위에 제시된 사카이의 언급은 그러한 입장을 뒷받침하는 증례로 받아들여질 필요가 있는데, 실제로 당시 다윈은 공공연하게 비판의 표적이 되어왔다. 이를테면 다윈의 생존경쟁 논리가 전쟁의 근본적 원인을 제공했다거나,[64] 다윈이 폭력과 약탈과 침략을 조장하는 학문을 발전시켜 도덕문명을 퇴보시켰다고 비난한 데에서 알 수 있듯,[65] 당시 사회주의자들에게 있어서 다윈의 이론은 대체로 '생존'에 관한 이론이 아니라 '절멸'에 관한 이론으로 인식되었다.

이러한 상황에서 그들은 크로포트킨의 상호부조론을 '인류애의 과학'으로, 상호부조는 제도적 강요에 의해서가 아니라 인간의 본능에 의해 작동되는 행위 원칙으로 이해했다.[66] 그들이 이렇게 크로포트킨의 이론에 매료되었던 이유는, 그것이 생물학적 사례를 근거로 입증되었을 뿐 아니라 노동자의 협동과 단결을 환기시킬 수 있는 이론이었기

원, 2006, 2016, 135~159면 등을 참조.

64) "전쟁은 광의로 해석하면 싸-윈의 생존경쟁도 물론 전쟁의 一形式이다. 아니라 이것이 전쟁의 근본이며 전쟁의 전부이다."-琴山(김명식), 「전쟁철학의 비판」, 『신생활』 8, 1922.7, 43~44면.

65) "十七八世紀로부터 西洋에 藿布士(홉스), 達爾文(다윈), 康德(칸트) 諸氏의 學이 皷吹活躍하야 '物競天擇'이라니 '强食弱肉'이라 '優勝劣敗'라는 思潮가 二十世紀 世界的 活劇舞臺를 作하야 國際政策도 社會風紀도 個人心理도 橫暴, 掠奪, 侵畧의 主義로 强國은 弱國을 倂呑하며 大會社는 小會社를 蠶食하며 富人은 貧人의 膏血을 吮食하야 裏面的 道德文明은 時日로 退步되고"-金廣植, 「세계개조와 노동문제」, 『공제』 2, 1920.10, 58면. 괄호 안은 인용자 주.

66) "이때이다. 人類는 喪失되엇던 正路 우에 幾人의 사람스러운 先驅를 發見하엿다. '크로포트킨'은 豪奢한 貴族家에 生長하엿스나 幼時부터 眞正한 愛의 曙光이 發芽하엿스며 後年에 漂浪한 悲慘生活 中에도 互相扶助論을 發表하야 完美한 **人類愛의 科學**을 創造한 것이다. 크로포트킨은 말하되 "사람의 生存코자 하는 努力은 소위 生存競爭에 依하야 達成되는 것이 아니요. **互相扶助의 本能**에 의하야 達成한다"고 絶叫하엿다."-兪鎭熙, 「勞動運動의 社會主義的 考察」, 『공제』 2, 1920.10, 19면, 강조와 밑줄은 인용자.

때문이었다.

> 개암이(蟻)의 棲巢를 取하야 그 生活狀態를 見하면 만흔 著書에 記載된 事實, 곳─植物의 運搬, 住居의 建築, 子孫의 養成, '蛾' 蟲의 飼養, 其他 萬般의 事實이 하나도 他의 命令에 依賴함이 업시 任意的 相互扶助의 原例下에서 行하는도다. 그섇 아니라 蟻의 多數한 種類 중에는 各個의 蟻는 互相間에 食物을 分配치 아니치 못하는 事實이 그 社會의 最히 重要한 義務가 되엿도다.[67]

위의 글은 개미[蟻]의 생태에 관한 크로포트킨의 입장을 발췌 정리한 부분으로, 이에 따르면 개미는 누군가의 명령에 의해서가 아니라 자발적으로 상호부조의 원리에 따라 행한다. 특히 개미들은 자신의 식물(食物)을 전유하지 않고 타 개체와 분배함으로써 사회를 유지해 나간다. 이 글에서 우리는 상호부조가 자발적으로 작동되는 '본능'이라는 사실, 그리고 사유가 아니라 공유와 분배를 통해 사회가 건강하게 지탱될 수 있다는 믿음을 읽어낼 수 있다. 이처럼 크로포트킨의 상호부조론은 관찰된 사실을 근거로 한 과학적 이론이라는 점에서 초기 사회주의자들의 이목을 끌었다. 또한 개미와 벌의 군집 생활은 공유와 분배를 지향하는 사회주의적 이념을 지탱하는 근거로 활용될 수 있었기 때문에, 초기 사회주의자들에게는 자주 거론되는 생물학적 사례이기도 했다. 이성태가 「크로포트킨學說硏究」에서 벌과 개미의 군집생활이 갖는 이점에 대해 언급한 경우나, 신백우가 「蟻의 蜂의 互相扶助」에서 벌과 개미의 생태에 대한 관찰 이력을 집중적으로 소개한 것도 모두 그러한 맥락에서 이해될 수 있는 것이다.[68]

---

67) 尹滋瑛, 「相互扶助論 (續)」, 『아성』 4, 1921.10, 27면.

다윈의 진화론은 주로 개체 생활을 하는 생물의 진화에 초점을 두고 있었던 반면, 크로포트킨은 집단 및 사회 생활을 하는 생물의 진화에 초점을 맞추고 있었다. 그에 따라 초기 사회주의자들은 다윈의 진화론을 부르주아의 이론으로, 크로포트킨의 상호부조론을 노동자의 이론으로 각각 규정하였다. 특히 상호부조론은 약자 도태를 통해 사회가 점진적으로 진화해 나갈 것이라는 인식론에 커다란 균열을 가져왔다. 초기 사회주의자들은 크로포트킨의 이론을 받아들이면서, 벌과 개미가 그러했던 것처럼, 공동노동을 통한 협동과 부조가 오히려 집단과 사회의 진보와 발전에 기여할 수 있다고 믿었다. 경쟁보다는 공존을 강조하는 이 논리는 계급적 연대를 강화할 수 있는 기제로서 두루 활용했을 뿐 아니라 다윈의 진화론이 갖고 있었던 윤리적 한계를 비판하는 도구로 활용할 수 있게 되었다. 이처럼 크로포트킨은 초기 사회주의자들에게 윤리적 진화의 길을 모색할 수 있는 가능성을 선사해주었던 것이다.

5. 나가기

20세기 초 식민지 조선의 지식인들에게 진화론은 역사의 진보를 보증해주는 담론적 기제로 인식되었다. 다윈 본인의 의도와는 상관없이,[69] 지구상의 모든 생물체가 항구적으로 진화한다는 다윈의 테제는

---

68) 특히 신백우는 공동생산과 상호부조로 이루어진 벌과 개미의 군집생활을 "정직한 노동의 증거"라고 말하고 있는데, 이는 사회주의가 지향하는 노동자의 공동생산과 협동을 환기시킨다는 점에서 특히 주목된다. 耕夫(신백우), 「蟻의 蜂의 互相扶助」, 『공제』 7, 1921.7, 44~47면.

69) 다윈의 진화론은 스펜서와 큰 차이를 보인다. 다윈은 최근의 종이 과거의 종보다 우월하다고 가정하지 않았다는 점에서 스펜서의 사회진화론과는 입장이 크게 다르며, 다윈

진보 이데올로기가 지배적 지위를 차지하는 데 결정적 계기를 마련해주었다. 특히나 다윈의 진화론은 식민지 조선의 더 나은 미래를 투사하기 위한 근거로 활용되었다. 조선은 진보와 퇴보라는 간명한 양자택일의 기로에서 반드시 진보의 여정으로 나아가게 될 것이라는, 그래서 부국과 독립에의 꿈을 성취할 것이라는 전망을 하게 되었다.

그러나 다윈의 진화론이 가진 한계는 1차 세계대전 이후부터 노정되고 있었다. 인류 역사가 진보할 것이라는 강렬한 믿음과는 달리, 세계질서는 제국과 식민지라는 구도에 의해 재편되고 있었고 심지어 세계는 강대국의 야욕이 범람하고 살육이 자행되는 각축장으로 변모하였다. 이러한 상황 속에서 러시아에서 혁명의 포성이 울리고, 그 이후부터 조선 사회에 급격하게 유입된 사회주의 이념은 다윈 진화론에 대한 반성과 비판을 촉진시켰다.

먼저 이들은 진보의 과정 속에서 '혁명의 시간'을 새롭게 배치하고자 하는 욕망을 갖고 있었다. 하지만 다윈이 말한 진화는 점진적이고 단계적인 의미의 변화를 내포하고 있었기에, 혁명이라는 일종의 단절점 내지는 변곡점을 논하기 위해서는 다윈식 진화론을 넘어서는 이론적 자원이 동원되어야만 했다. 이 과정에서 드 브리스의 돌연변이 개념이나 헤겔의 양질 변화와 같은 새로운 담론들이 소개되었다. 이리하여 인류 역사는 일직선으로 발전해온 것도, 누적적이고 정량화된 방식으로 진보해온 것도 아니라는 주장들이 점차 대두되기 시작했던 것이다. 다음으로 이러한 혁명적 사건을 실천할 수 있는 주체 이론을 새롭게 마련해야만 했다. '도태될 수밖에 없는 약자'라는 자기인식에 고착되어 있다면

스스로도 자신의 자연선택 이론이 인류사회 및 역사에 적용되는 것을 경계하였다. 이에 대해서는 G. Rist, *Le developpement : Histoire d'une croyance occidentale*, 신해경 역, 『발전은 영원할 것이라는 환상』, 봄날의 책, 2013, 82~85면을 참조.

혁명적 의식은 고양될 수 없다. 따라서 1910년대에 활용되었던 '생명' 개념을 '강자에 대한 저항의식'으로 규정하고, 이를 본능적이고 창조적으로 표출할 수 있는 주체를 상상했던 것이다. 심지어 계급투쟁에 대한 의지를 고취시키기 위해 충동적이고 우발적인 운동력을 강조하기도 하였는데, 이는 급진적이고 돌발적인 의미의 혁명 개념과도 쉽게 조응하였다. 마지막으로 "19세기에 在하야 약육강식을 천연공례로 認하던 강자들도 맛츰내 枉하고 屈하야 정의인도를 주장치 아니치 못하는 20세기의 活舞臺이다."[70]라는 목소리를 통해 확인되듯, 1920년대의 사회주의자들에게는 진화론이 가졌던 윤리적 문제를 갱신해야 한다는 절박한 과제가 주어져 있었다. 이 과정에서 크로포트킨의 상호부조론은 여러 매체를 통해서 소개되고 있었고, 그 입론에 제시된 생물학적 사례는 다윈 진화론의 한계를 비판하는 소재로 활용되었다. 특히 상호부조의 본능을 강조함으로써 인류가 파편화되고 고립된 개체가 아니라 연대하고 협동할 수 있는 사회적 존재임을 선언할 수 있게 되었다.

70) 革菴生, 「覺醒하라 新思想을」, 『신생활』 1, 1922.3, 41면.

제Ⅱ장

식민지라는 문제와 사회주의적 저항의 가능성: 염상섭의 『진주는 주엇스나』를 중심으로

1. 서론—돈과 지식, 그리고 식민성

근대 경제 체제에서 돈은 상품의 거래를 가능케 하는 매개체로서 그 지위를 확고하게 유지한다. 그런데 돈이 상품과 상품을 매개하는 형식이라는 점만큼이나 중요한 사실은, 그것이 인간과 인간의 관계를 매개하는 형식일 수 있다는 것이다. 일찍이 짐멜(G. Summel)은 바로 이 지점에 주목한 바 있는데, 그에 따르면 돈은 "지금까지 모든 인격적인 것과 특수한 것을 절대적으로 유보한 채 개인들을 결합시킬 수 있는"[71] 인간관계의 매개체이다. 요컨대 돈은 상품교환의 매개물이기를 넘어서 인간관계의 매개물이 되기도 하며, 인간들의 행동과 관계를 결정지을 뿐 아니라 인간 간의 우월관계를 설정하는 결정적 인자(因子)가 되기도 한다.[72]

염상섭은 바로 이러한 사실, 즉 돈이 단순히 상품거래의 매개물로만 존재하지 않는다는 사실을 잘 인지하고 있었다. 그는 전방위적으로 침투해 들어오는 제국의 돈에 의해 식민지 조선이 오염되고 있는 당대의 현실을 응시하면서 돈에 의해 인간들의 행위와 관계가 어떻게 굴절되고

71) G. Simmel, 김덕영·윤미애 역, 『짐멜의 모더니티 읽기』, 새물결, 2005, 15면.

72) G. Simmel, *Philosophie des Geldes*, 안준섭 외 역, 『돈의 철학』, 한길사, 1983, 546면.

위계화되는지를 드러내고자 했다. 『진주는 주엇스나』(이하 『진주』로 약칭함)는 바로 그러한 문제의식을 직접적으로 드러낸 작품 중 하나이다. 이 작품은 경성제대 예과생 효범과 그의 학비를 지원하는 매형이자 친일 악덕 변호사인 진형석 간의 갈등을 통해, 식민지 조선에서 지식인이 된다는 것에 대한 가장 근원적인 질문을 던지고 있다. 돈의 원조자인 매형으로부터 벗어나기 위해 분투하지만 결국 그에 예속될 수밖에 없는 효범의 서사는, 식민지 조선에서 돈에 의해 지식이 어떻게 오염되고 '제국 - 식민지'라는 위계적 관계가 어떻게 공고하게 유지될 수 있는지를 잘 보여준다. 요컨대 『진주』는 '돈 - 지식 - 식민성'의 네트워크가 얼마만큼 긴밀하게 작동되는지를 묘파한 작품이라고 명명할 수 있다. 이 작품에서 세미 플롯에 해당하는 신문기자 신영복의 서사 또한 마찬가지이다. 효범과 짝패의 형상을 하고 있는 신영복은 진형석의 돈에 의해 좌지우지되는 언론사의 부당한 행태에 끝까지 저항한다. 이처럼 『진주』는 돈을 가진 진형석 일파와 그에 예속된 김효범 일파의 이분법적인 인물 구도를 통해서, 식민지 조선에서 담론 생산지로서의 대학과 언론이 돈을 가진 자에 의해 어떻게 잠식당하는지를 잘 재현하고 있다.

잘 알려져 있다시피 『진주』는 염상섭의 여타 작품에 비해 논의의 진척이 더딘 실정이다. 그 이유로는 연재 직후에 단행본으로 출간되지 않았다거나,[73] 발표된 지 거의 100년이 지나서야 이 작품이 염상섭 전집 기획에 포함되었다는 사실[74] 등을 거론할 수 있을 것이다. 이러한 이유

73) 『별건곤』 5(1927.3.1)에 실린「文士의 書翰」에는 염상섭의 서한이 게재되어 있다. 1927년 1월 7일자에 작성된 이 서한에는 "『진주는 주엇스나』를 혹 형의 시집교섭하야 본대가 잇거든 무러 보아 주시고 또 서해형과 상의하야 보시어서 아모데라도 팔도록 노력하야 보아주소서."라는 내용이 기술되어 있다. 이로 볼 때 염상섭은 『진주는 주엇스나』의 연재를 마친 지 1년이 지난 후 이 작품의 단행본 출간을 시도했으나 결국 뜻을 이루지 못한 것으로 보인다.

에도 불구하고 이 작품에 대한 연구가 간헐적으로나마 제출된 바 있는데, 그 선구적인 연구는 김종균, 이보영 등에 의해서 이루어졌다. 먼저 김종균은 1925~1927년에 발표된 염상섭의 작품들 중 『진주』를 중요한 작품 중 하나로 논하면서, 이 작품을 "전반기의 대장편소설 『사랑과 죄·삼대』를 이루기 위한 준비단계의 작품"으로 규정한 바 있다.[75] 이 연구는 그간 소외받아왔던 『진주』를 연구 대상으로 직접 호출했다는 데에 의의가 있지만, 작품 자체에 대한 세밀한 분석보다는 해당 작품의 문학사적 위치를 설정하는 데에 초점을 맞추고 있다는 점에서 한계를 지닌다. 다음으로 이보영은 주인공 김효범이 진형석과 리근영으로부터 조인숙을 구출하고자 하는 의협적 태도에 주목하여, 이 소설을 "타락한 식민지사회의 인간들에 대한 도덕적 고발의 요소가 짙은 일종의 의협소설"이라고 규정했다.[76] 이보영의 논의는 텍스트에 대한 면밀한 분석이 뒷받침되고 있으나, 전반적으로 김효범이 조인숙을 구출하는 멜로드라마적 모티프에 주목했다는 점에서 본고에서 다루고자 하는 주제와는 다소 거리가 멀다.

이러한 기존의 논의를 바탕으로 하여, 최근에는 김경수·조미숙·김명훈 등의 연구자들에 의해 『진주』의 創作 方法에 대한 폭넓은 논의가 진행된 바 있다. 김경수는 『진주』의 서사가 당대의 신문지상에 나타난 '스캔들'을 상당부분 借用한 것이라는 점을 분명히 하면서, 이 작품이 당대의 스캔들과 어떠한 복합적 관계를 맺고 있는지를 집중적으로 검토

74) 염상섭의 『진주는 주엇스나』는 2020년 7월에 와서야 한국문학평론가협회에서 단행본으로 출간되었다. 염상섭, 한국문학평론가협회 편, 『너희들은 무엇을 얻었느냐·진주는 주었으나』, 글누림, 2020.

75) 김종균, 「염상섭 소설의 연대적 고찰: 중기소설을 중심으로」, 『국어국문학』 55~57 합본, 국어국문학회, 1972, 153~174면.

76) 이보영, 「부랑자로서의 시민들(2)」, 『난세의 문학』, 예림기획, 2001, 178~231면.

했다.[77] 또 다른 논문에서 그는 염상섭의 『진주』와 오스카 와일드의 희곡 『살로메』의 교차적 읽기를 시도하면서, 『진주』의 인물과 구성적 장치가 모두 연극적 특성에 부합하는 것이라는 견해를 제출하였다.[78] 다음으로 조미숙은 창작 기법에 대한 김경수의 관심을 계승하여, 근대적 장치를 활용한 『진주』의 창작 방식에 주목한다. 그에 따르면 『진주』는 정치·사회적 발화가 불가능한 당대의 현실을 우회적으로 비판한 작품이다. 작가의 정치적 언설을 직접 표면화하는 방식보다는 '편지글'이나 '연설', '신문기사 인용' 등의 근대적 장치를 활용하는 방식을 채택하여, 당대의 타락한 시대에 대한 비판의식을 우회적으로 드러냈다는 것이다.[79] 마지막으로 김명훈의 연구는 『진주』와 『살로메』의 교차적 읽기를 시도한 김경수의 논의 방식과 유사한 방법론을 채택하고 있다. 하지만 김명훈은 『진주』 전체의 서사구조에서 『살로메』가 차용된 부분은 극히 일부라고 지적하면서, 『진주』가 오히려 셰익스피어의 『햄릿』을 패러디한 것에 가깝다고 주장하였다. 그는 염상섭이 1차 일본 유학 시절에 셰익스피어의 번안극을 접했을 가능성, 그리고 『진주』에 나타난 인물 간의 대응관계와 서사구조가 『햄릿』의 그것과 상당히 유사하다는 점 등을 그 근거로 제시하고 있다.[80] 이상과 같이 최근의 연구는 주로 『진주』의 창작 기법을 연구하는 데 초점을 맞추고 있다. 이 논의들은 염상섭의 초기 텍스트가 가진 다양한 창작 기법을 확인하는 데에는 기여하

77) 김경수, 「현대소설의 형성과 스캔들」, 『국어국문학』 143, 국어국문학회, 2006, 357~378면.

78) 김경수, 「염상섭 소설과 연극」, 『현대소설연구』 31, 한국현대소설학회, 2006, 73~95면.

79) 조미숙, 「『진주는 주었으나』의 이야기 방식과 근대성」, 『한국문예비평연구』 34, 한국현대문예비평학회, 2011, 309~340면.

80) 김명훈, 「염상섭 초기소설의 창작기법 연구」, 『한국현대문학연구』 39, 한국현대문학회, 2013, 5~39면.

고 있지만, 염상섭 문학의 본령이라고 할 수 있는 리얼리즘적 특색을 해명하는 데에는 다소 한계가 있다.

그에 따라 이 글에서는 『진주』에서 나타난 기법적 차원의 문제보다 이 작품을 통해서 염상섭이 주목했던 당대의 문제가 무엇이었는지를 해명하는 데 초점을 맞추고자 한다. 이를 해명하기 위해 염상섭의 여타 작품보다 『진주』를 주목하려는 이유는 분명하다. 무엇보다 이 작품이 경성제대 예과생을 주인공으로 내세워 피식민지 지식인의 향방이라는 문제를 가장 구체적이면서 심도 있게 그려내고 있다는 판단 때문이다. 돈과 사랑의 관계를 중점적으로 부각시켰던 전작 「해바라기」나 「너희들은 무엇을 어덧느냐」 등과는 달리, 『진주』는 돈과 사랑의 관계뿐만 아니라 돈과 지식(인)의 관계, 더 나아가 돈과 식민성의 관계를 보다 포괄적인 시선으로 다루고 있다. 이러한 기본 관점을 토대로, 이 글에서는 『진주』에 나타난 '돈-지식-식민성'[81]의 상관관계를 해명해보자 한다. 더 나아가 『진주』 이후의 작품에서부터 '사회주의자'가 정의 실현의 주체로 호명되었다는 사실에 착목하여, 이 작품이 염상섭 작품의 계보 속에서 차지하는 위상을 새롭게 조명할 것이다.

---

81) 본래 식민성이란 정치경제학적으로 제국주의/자본주의에 의해 강대국이 약소국을 지배하는 상태를 의미한다. 본고에서 말하는 식민성은 식민자가 피식민자의 의식과 생활을 통제·규율하는 과정에서 내면화시키고자 하는 식민 담론적 특성을 의미한다. 이를테면 제국/식민지의 이분법적인 권력 구도가 대학과 언론과 같은 훈육 기제 속에 침투해 들어가 지배/종속의 관계를 보다 공고히 하려는 담론적 특성이 바로 그것이다. 『진주』는 조선을 문화적으로 또는 이데올로기적으로 지배하려는 식민지적인 정책, 좀 더 구체적으로 말해 중요한 담론 생산체인 대학과 언론을 잠식해 나가는 식민지적 지배 양태에 대해 비판적인 시선을 드러내고 있다. 식민성과 관련된 내용은 김성국, 「식민지성과 한국사회이론」, 『사회와 이론』 창간호, 이학사, 2002, 140면; 김병구, 「1930년대 리얼리즘 장편소설의 식민성 연구」, 서강대 박사논문, 2000, 19면; 임정연, 「1920년대 연애담론 연구-지식인의 식민성을 중심으로」, 이화여대 박사논문, 2005, 2면 등을 참조.

2. 경성제대와 식민지식

1924년 6월 12일. 京城帝國大學 예과 개학식을 참관한 한 기자는 다음과 같이 자신의 소회를 밝힌 바 있다.

> 6월 12일! 오후 10시 30분부터 式을 행한다 하얏기에 분주히 나갓다. (……) 이날로 말하면 朝鮮에서 경사스러운 날이라 할 수 잇다. 서양식 교육이 수입된 지 30여 년에 아직것 최고학부를 가지지 못하야 중학이나 전문학교를 졸업한 사람이 외국에 유학을 가지 안으면 그 이상 연구를 하기 어렵던 朝鮮에서 대학을 가지게 된 것은 文化上은 물론이어니와 기타 각 방면으로 보아 대단히 반갑고 깃분 날이다. 그러나 나는 門間을 드러가면서부터 이상스러운 늣김을 가지게 되엿다. 말하면 반갑고 즐겁다는 것보다도 가이업고 애닯다는 말할 수 업는 悲哀를 가지게 되얏다. 그 이유는 一言으로 蔽之하면 「이것도 우리의 것이 아니다」하는데 지나지 아니한다. (……) 그뿐만 아니라 그 곳에 초대를 바다 온 사람들도 거의 전부가 남이오, 朝鮮사람은 그것이 남아 제 정신을 가진 사람은 멧 사람이 아니되고 그남아는 모도다 倭將臺 압헤 가서 허리를 굽히는 者들이엇다. 그러닛가 우리는 그저 남의 세상에 돈만 내는가 하였다.[82] (강조와 밑줄은 인용자)

성황리에 개최된 경성제대 개교식에서 이 기자가 본 것은 학문의 산실로서의 대학이 아니었다. "이것도 우리의 것이 아니다."라든지 "우리는 그저 남의 세상에 돈만 내는가"라는 표현에서 알 수 있듯, 그에게 있어서 경성제대는 일제의 통치를 견고하게 하기 위한 하나의 거버넌스

---

82) 一記者, 「京城帝國大學 豫科의 開校式을 보고서」, 『개벽』 49, 1924.7.1, 76~77면.

정도로밖에 보이지 않았다. 실제로 그 기자가 느낀 비애감은 당시 언론을 통해서 보도된 경성제대 관련 정보를 목격한 사람이라면 충분히 느낄 수 있을 법한 감정이었다. 가령 '조선제국대학'이라는 명칭이 불온하다는 이유로 당초의 계획을 수정하여 경성제국대학으로 개명한 사실이라든지,[83] 경성제대 예과 설립 초기에 해당하는 1924~1925년간 조선인 입학생이 전체의 30%에도 미치지 못한다는 사실[84] 등이 광범위하게 유포되었던 상황임을 고려해볼 때, 위의 기자가 느낀 비애감은 피식민지 지식인들에게 공감될 만한 여지가 컸다. 이러한 비애감은 급기야 경성제대가 '노예 제조'의 산실에 불과하다는 목소리로까지 비약되기도 한다.

> 경성제국대학의 개교로 말미아마 조선의 문물은 면목을 개하게 되엿다 함은 <u>그 대학의 설립된 동기와 존재한 이유로 보아서 이곳 정복적 성공의 미소를 표하는 장랑의 노래</u>이다. 엇지 그러냐 하면 경성제국대학은 조선인의 전문교육을 위하는 것 아니오. 조선에 잇는 일본인의 그것을 위하는 것이며 이뿐만 아니라 일본에서까지 청년수재(靑年秀才)를 모집하야

83) 경성제국대학 예과 설립 직전까지만 하더라도 학교 명칭에 대한 사회적 논란이 반복되었다. 가령 "조선제국대학이라는 명칭이 불온하다 하야 경성제국대학이라는 개명운동을 하는 자가 잇다."(「횡설수설」, 『동아일보』, 1924.3.26)라는 내용이나 "'조선제국대학'이라는 것의 명칭을, '경성제국대학'이라고 고치는 이유는 '조선제국' 대학이라고 오해할 사람이 잇슬가 함이라고."(「횡설수설」, 『동아일보』, 1924.4.9.) 등의 내용에서 확인할 수 있듯, 당시 조선제국대학에서 경성제국대학으로 명칭을 변경하는 것에 대한 사람들의 관심은 지대했다. 또한 "명칭부터 문제 만튼 該 대학"(「京城帝國大學 令發布에 對하야」, 『동아일보』, 1924.5.6)이라는 표현에서도 확인되는 바, 당시 '조선제국대학' 대신에 '경성제국대학'이라는 용어로 대체된 것에 대한 비판적 인식이 지식인뿐만 아니라 대중들 사이에서도 광범위하게 확산되고 있었다.

84) 1924년과 1925년 예과 입학생을 보면 조선인의 비율은 전체의 30%에도 미치지 못했다. 그에 반해 재조선 일본인은 약 31~34%, 일본 본국 및 그 외의 지역에서 온 일본인은 약 38~39%를 차지하고 있었다. 이와 관련된 내용은 정근식 외, 『식민권력과 근대지식: 경성제국대학 연구』, 서울대학교출판문화원, 2011, 511면을 참조.

> 다가 조선 사정에 정통한 인재를 양성하는 것이 목적이기 때문이니 **말하자면 조선의 문화를 완전히 구축하고 그 우에 일본의 문화를 완전히 수립하게 되엿다는 표징이 이곳 경성제국대학의 존재**이다.(……) **이럼으로써 질(質)의 개량에 치중하야써 소수의 심복한 노예를 제조하랴는 것이 엇지 저들로 보아서 매우 영리한 계획이 아니냐.**[85] (강조와 밑줄은 인용자)

위 인용문에서도 나와 있듯, 당대 지식인들 사이에서 경성제대는 근대적 학문을 도입하는 핵심적 통로로서가 아니라 식민지 지배기구의 하나로서 간주되었다.[86] 이처럼 조선인이 아니라 일본인이 장악하고 있는 경성제대는 그야말로 '노예 제조'의 산실로 여겨졌던 바, 경성제대의 설립은 당시 조선인들에게 있어서 무조건적으로 반길 만한 사안은 아니었다. 그렇다면 당시 경성제대를 바라보는 염상섭의 시선은 어떠했을까. 염상섭은 『진주』 연재를 마무리한 지 4개월 만에 경성제대에 대한 생각을 다음과 같이 기술한 바 있다.

> 조선사람의 손으로 된 것은 무엇이냐. 청량리에 나가면 대학의 달걀이 하나 생겼다. 駝山 밑에 가보면 장래에 조선의 학자를 길러낼 큰 집을 세우느라고 분주한 것을 볼 것이다. 그러나 그것도 조선사람의 손으로는 아니다. 민립대학은 소식이 묘연하지 않으냐.[87]

---

85) 「朝鮮總督府의 敎育方針－下岡總監의 大膽한 告白」, 『동아일보』, 1925.5.22.

86) 1924년 경성제대 예과가 설립되자마자 총독부 관리인 정무총감이 총장을 대행하였고, 그 이후 1926년부터 1945년까지 경성제대의 총장은 조선총독부에서 임명한 동경제국대학 출신의 교수들이 자리를 차지하고 있었다는 사실도 이를 뒷받침하는 근거라고 할 수 있다. 경성제대의 총장과 관련한 내용은 정근식 외, 앞의 책, 13~35면을 참조.

87) 염상섭, 「六年後의 東京에 와서」, 『신민』 13, 1926.5.

위의 글에 언급되었다시피 염상섭은 불모 상태로 전락한 조선 사회에 대해 비판적 시각을 견지하면서 청량리에 있는 대학, 즉 경성제대를 주목하고 있었다. 그는 경성제대가 당시 조선의 손으로 설립된 여타의 민립대학과는 다른 차원의 것임을 분명하게 감지하고 있었다. 비록 경성제대가 조선의 학자를 길러낼 만한 '큰 집'의 역할을 할 수 있을지 몰라도, 그들을 길러내는 주체가 다름 아닌 일본 사람이라는 사실을 공표할 수 있었던 것이다. 이처럼 염상섭은 경성제대라는 하나의 표상 속에서 훈육하는 자와 훈육되는 자의 이분법적 권력관계를 읽어내고 있었다.

『진주』는 이러한 염상섭의 감각을 읽어낼 수 있는 중요한 텍스트이다.[88] 특히 친일 변호사 진형석의 굴레로부터 벗어나고자 하는 경성제대 예과생의 저항적 서사는, 돈에 의해 운용되는 식민권력이 피식민지 지식인을 어떻게 예속시키려 하는지를 잘 보여주고 있다. 물론 염상섭은 이보다 앞선 작품들, 이를테면 「해바라기」나 「너희들은 무엇을 어덧느냐」와 같은 작품들을 통해서 일상을 육박해 들어가는 식민권력의 문제에 주목한 바 있다. 「해바라기」는 최영희라는 여성 인물을 통해서 돈과 연애의 문제를 심도 있게 고찰한 소설로, 이 작품에서 주목할 것은

88) 참고로 염상섭의 장편에서 '경성제대'라는 표상은 빈번하게 활용된 바 있다. 『진주』에서는 매판 변호사인 매형의 재정적 도움으로 경성제대 예과에 재학 중인 효범이 등장한다. 이 작품에서 효범은 운동가로서의 이념은 부재하지만, 조인숙을 구출하기 위한 정의의 투사로서 그려진다. 그리고 『광분』(1929)에서는 민병천이라는 인물의 재정적 도움으로 경성제대 의과에 재학 중인 이진태가 등장하는데, 그는 효범과는 달리 사회주의에 접속한 인물이자 운동가로서의 면모를 보인다. 마지막으로 『불연속선』(1936)에서는 경성제대 법문과 출신인 최영호가 등장한다. 그는 정의의 투사 혹은 운동가로서의 면모를 전혀 갖추지 못한, 그저 돈에 이끌려 사는 속물형 인간으로 그려진다. 이렇듯 염상섭의 작품에서 경성제대 출신의 인물들이 반복적으로 출현·변주되었다는 점을 고려해볼 때, 염상섭은 경성제대가 갖는 사회적 의미에 대해 지속적인 관심을 보였다고 판단된다.

그녀가 결혼의 대상으로 선택한 이순택이라는 사람의 지위이다. 이순택은 일본인이 경영하는 만선건물주식회사의 전속 기사이면서 동시에 총독부 토목과의 촉탁이었다. 정신적 보수를 위해 예술을 선택할 것인가, 아니면 물질적 보수를 위해서 결혼을 선택할 것인가의 갈림길에서 최영희가 택한 것은 이순택과의 결혼이었다. 사실 그녀의 선택은 물질과 연애의 결탁을, 더 나아가 식민자본과 연애의 결탁을 의미하는 것이었다. 이와 같이 「해바라기」는 순결한 의미의 연애 관념이 식민지에 급격하게 유입되는 돈에 의해 어떻게 오염되고 있는지를 묘파해냈다. 이와 유사한 주제 의식 속에서 염상섭은 「너희들은 무엇을 어덧느냐」에서 덕순, 명수, 마리아, 희숙 등의 인물을 통해 연애가 불가능한 식민지 조선의 현실을 지적하고 있다. 다시 말해 "성적 자본주의"[89]라든지 "황금의 철학=돈의 철학"[90]이 지배하는 식민지적 상황으로 인해 연애라는 감성적 교감이 불가능해져버린 식민지적 현실, 그것이 바로 이 소설이 지시하는 문제적 현실이었던 것이다. 『진주』는 연애의 (불)가능성을 돈의 문제와 결부시켰던 기존의 작품보다 주제의 외연을 확장시키고 있다. 즉, 염상섭은 돈과 연애의 문제를 논의한 것에서 한발 더 나아가 '돈-지식-식민권력'의 불온한 네트워크를 한꺼번에 발화하고자 했던 것이다.

> "효범이는 사랑으로 쭈루루 나가서 교복으로 밧구어 입고 넓다란 쌍줄 흔테를 두른 경대(京大)의 교모를 쓰고 굽다란 단장을 휘저으며 나섯다."[91]

---

89) 염상섭, 「너희들은 무엇을 어덧느냐」, 『염상섭 전집 1』, 민음사, 1987, 246면.

90) 같은 책, 312면.

91) 염상섭, 『진주는 주엇스나(5회)』, 『동아일보』, 1925.10.21. 이하 본 작품을 인용할 시, 인용문 옆에 회차와 연재날짜만 기재토록 함.

"진형석이란 놈이 누구요? 한국시대에는 ××사건에 매국검사라고 패차고 나섯든 놈이요. 합병 후에는 고리대금업 변호사로 세상이 다 아는 일인데" -〈58〉(1925.12.15)

식민지 조선은 돈이 급격하게 유입되는 하나의 통로이자 돈으로 모든 위계가 설정되는 각축장으로 변모하였다. 그러한 현실적 조건 속에서 김효범은 자신의 매형인 진형석으로부터 학비를 지원받는 경성제대 엘리트 대학생으로 등장하는 한편, 진형석은 매국검사이면서 고리대금업 변호사로 활동하는 친일 인사로 그려진다. 이처럼 경제적으로 자립이 불가능한 경성제대 학생과 경제적인 원조자를 자임하는 친일 인사의 대립 구도는, 돈으로 위계가 설정되는 식민지적 상황을 그려내기 위한 기획의 소산이다.[92] 돈의 굴레로부터 벗어나고자 하는 피식민지 지식인과 그를 계속해서 자기 권력의 순응자로 위치시키려는 친일 인사 사이의 갈등은, 단순히 권력의 억압적 기능을 보기 위해서 기획된 것은 아니다. 오히려 그보다는 돈이 곧 권력이 되어버린 식민 자본권력의 생산적 기능을 파헤치기 위해 기획된 것에 가깝다. 즉, 식민지 조선에서 돈으로 자신의 입지를 견고히 한 자들이 어떻게 피식민자의 영혼을 훈육하고 주체를 예속화하는지에 대한 정치적 메커니즘을 보여주는 것, 그것이 이 작품의 인물 구도가 함축하고 있는 의미인 것이다.

하지만 돈으로 맺어진 이 두 사람의 유대관계는 '인천의 미두대왕' 리근영의 등장으로 인해 깨지고 만다. 리근영은 효범의 집에 살고 있는

92) 이와 유사한 인물 구도를 보이는 작품이 바로 『광분』이다. 이 작품에서는 경제적으로 자립이 불가능한 경성제대 의과 2년생 이진태와 그를 재정적으로 도와주는 민병천이 등장한다. 그러나 『진주』의 진형석과는 다르게, 민병천은 학생운동에 가담한 이진태와 사회주의 색채를 띤 극단 운영자 주정방을 지원하는 '심퍼사이저'로 그려진다. 바로 그 이유 때문에 이 작품의 서사는 『진주』와는 사뭇 다른 양상으로 전개된다.

조인숙과 결혼하기 위해 애를 쓴다. 하지만 뜻대로 되지 않자 진형석에게 돈 만 원을 쓰면서까지 그녀를 '사고자' 한다. 바로 이러한 상황 속에서, 효범은 돈으로 결혼을 성사시키려는 진형석과 리근영의 기획을 무산시키고자 끝까지 저항한다. 사실 효범은 진형석과 자신의 누나 효정이 결혼할 때만 하더라도 그저 "먼 산을 바라보듯" 방관했었고, 그들이 결혼한 이후에는 철저하게 진형석에 예속된 삶을 영위해왔다. 하지만 진형석이 조인숙과 리근영의 결혼 문제에까지 관여하자, 효범은 진형석에 의해 예속되어왔던 그간의 삶을 청산하고자 한다. 매국 변호사인 진형석과 미두대왕 리근영이 돈으로 결탁한 시점부터 그는 예속된 지식인으로서의 자기 자신을 응시하게 된다.

> "나는 이러케 썩은 정신을 가진 놈이올시다! 그러치만—아! 그러치만 <u>나는 그런 썩은 돈을 가지고 공부할 생각도 업는 놈이얘요.</u> 내 누의를 팔아서 이때까지 공부한 것도 분한데 인숙이를 (흘흘늣기면서) 젊은 계집애를 롱락할대로 롱락하고나서 고기덩어리를 팔아가지고 질탕히 먹고 입고 쓰고 한남은 턱찌기인줄 번연히 알면서 그것을 어더가지고 공부할 내가 아니얘요." (강조와 밑줄은 인용자) —〈52〉(1925.12.8)

매판 지식인 진형석과 매판 자본가 리근영이 식민권력을 환유하는 '제국적 몸체'라면, 그에 예속되어 있으면서도 끊임없이 그에 저항하고자 하는 효범은 '피식민자의 몸체'를 환유한다.[93] 효범이 이제부터 싸우

93) 물론 진형석과 리근영이 식민권력의 협력자에 해당한다는 점에서 곧바로 이들을 '제국적 몸체'라고 지칭하기에는 다소 어려움이 따를 수 있다. 하지만 이 소설에서 진형석과 리근영이 제국 권력에 빌붙어 '못 가진 자'의 돈을 빨아들이는 고리대금업자 또는 미두꾼으로 그려졌다는 점, 그리고 이들이 일본 제국으로부터 작위를 부여받은 안남작(安男爵)과 긴밀한 네트워크를 형성하고 있다는 점 등을 고려해 볼 때, 이들을 '제국적 몸체'라

게 될 대상은 그야말로 제국적 몸체와 다를 바 없는 진형석과 리근영이다. 진형석은 리근영의 돈을 획책하기 위해 조인숙을 이용하려는 계략을 세운다. 바로 이러한 내막을 알게 되면서, 효범은 그간 학비 명목으로 받아왔던 진형석의 돈을 '썩은 돈'으로 인식하게 된다. 이제 그는 앞서 짐멜이 말했던 돈의 영향력, 즉 돈이 인간의 위계관계를 설정하는 매개체였음을 비로소 깨닫게 된 것이다. 따라서 진형석의 돈의 굴레 속에 갇혀 있지 않겠다는 효범의 선언은 경제적 예속 관계뿐만 아니라 정치적 예속 관계를 청산하겠다는 의미로도 읽힌다. 돈을 가진 자가 권력을 갖고 권력을 가진 자가 식민권력의 앞잡이라고 한다면, 그 권력자로부터 받는 돈이란 이미 식민권력에 의해 오염된 돈이라고 할 수밖에 없다. 따라서 경제적 예속으로부터의 탈피하고자 하는 효범의 의지는 궁극적으로 공고하면서도 음험하게 작동되는 식민권력으로부터 탈피하고자 하는 피식민자의 저항적 제스처로 읽을 수 있다.

경성제대 예과생 효범은 매국적 친일 인사로부터 받은 경제적 원조로부터 탈피함으로써 자립적인 저항 주체로 올라서고자 한다. 하지만 경제적인 것이 모든 인간관계를 구성하는 최종 심급임을 거부하려 해도, 그는 그들의 굴레로부터 벗어날 수 없는 현실을 인정할 수밖에 없다. 왜냐하면 결국에는 그에 예속될 수밖에 없는 인간의 '삶'과 '생활'이 엄연히 존재하기 때문이다.

> 결과로만 보면 위선 리가나 진가는 확실히 실패를 하얏다. 그리고 내가 승리를 한 것이다! 그러나 그 승리를 위하야 바친 희생이 얼마나 되는가? 지주사는 쫏겨낫다—이집 식구는 한말가옷의 량식만 떨어지면 굴머죽게 되

고 지칭하는 것은 크게 무리가 없을 것이다.

> 엇다—이주일 동안 해ㅅ발을 못 보게 되엇다—게다가 문자는 엇더케 되엇나—마은 엇더케 되엇나—그리고 나 자신은 엇더케 되엇나!—아니 지주사의 말을 들으면 신영복이도 쫓겨난 모양이 아닌가—한 계집의 '올흔 생활'을 강제하기 위하야 이만한 희생을 바처도 아까울 것은 업다고 대담히 주장할 사람이 누구냐? (강조와 밑줄은 인용자) —〈75〉(1926.1.6)

> "한 구멍에서 나온 돈"이라는 누의 말에 효범이는 속으로 웃고만 안젓섯다. 이번에 려행 문뎨가 닐어날 제부터 매부의 돈이면 아니 쓰겟다 하기 때문에 효뎡이가 자긔가 모흔 봉창돈을 내노마고 하야서 나서기로 한 일이다. 그러나 생각하면 효범이 몸에 부튼 물건 처노코 진가의 돈으로 아니 된 것이 업는 것을 생각하고는 자긔를 스스로 비웃는 우슴이 아니나올 수 업섯다. (강조와 밑줄은 인용자) —〈77〉(1926.1.8)

효범의 관점에서 볼 때, 저명한 피아니스트 조인숙이 처자식뿐만 아니라 첩이 둘이나 있는 리근영과 결혼할 하등의 이유가 없었다. 오로지 인숙이 리근영과 결합될 수 있는 근거는 단 하나, 돈이었다. 그에 따라 효범은 조인숙의 도덕적 순결을 지켜주기 위한 투쟁을 감행한다. 당시 미두시장이 식민자본을 착취하는 하나의 통로였다는 사실을 감안해 볼 때, 리근영으로부터 인숙을 구출하기 위한 효범의 투쟁은 매판 자본에 의해 사랑과 연애의 감각이 소실되거나 감염되는 것을 막기 위한 피식민자의 투쟁으로 해석될 수 있다. 하지만 위에 언급된 두 인용문은 그러한 투쟁 행위를 계속하더라도 끝내는 경제적 예속 상태로부터 벗어날 수 없다는 피식민자의 곤경을 잘 드러내주고 있다. 첫 번째 인용문에서 나와 있듯, '옳은 생활'로 이끌기 위한 자들의 희생은 곧바로 경제적 생활의 파탄으로 귀결된다. 효범을 도왔던 지주사는 진형석에 의해 실직자로 전락하고, 문자는 신문지상에 난 스캔들로 인해 음악 선생의 길을 포기하게 되며, 효범은 학업을 중단한 채 고향으로 떠나게 된다. 이제 효범은 한 여성을 돈의 세계로부터 구출하기 위한 정의의 투쟁이 불가능한 현실을 목도하게 된다. 이미 철저하게 돈으로 감염된 세계 속에서 정의라는 형이상학적 이념을 옹호한다는 것은 생활의 포기를 선언하는 것과 다를 바 없는 사실을, 그리고 돈과 권력에 의해 운용되는 조직적인 억압체계에 대응하더라도 끝내는 그 체계 안에 귀속될 수밖에 없는 현실을 깨닫게 된 것이다. 그가 발견하게 되는 것은 돈과 권력의 논리가 삶 전체를 잠식했다고 봐도 무방할 만큼 뿌리 깊은 장악력을 자랑하고 있다는 사실뿐이다. 이는 위의 두 번째 인용문을 통해서도 확인할 수 있다. 효범은 고향으로 내려가야 하는 상황에서 누이 효정에게 용돈을 받는다. 그녀가 건넨 돈은 '한 구멍에서 나온 돈', 즉 진형석으로부터 나온 돈이다. 바로 여기에서 효범은 돈의 세계로부터 자신을 철저하게 표백하고 싶어도 결코 그렇게 할 수 없는 불가능성의 지점을 발견한다.

3. 오보(誤報) 혹은 오염되는 지식

돈을 통해 끊임없이 재생산되는 권력은 담론을 생산해내는 모든 네트워크를 통해 더욱 공고하게 유지된다. 그야말로 권력은 "담론적 네트워크의 모든 지점에서 재생산"[94]되는 것이다. 대학과 언론이 담론을 재생산하는 중요한 거점지라는 사실은 두말할 나위가 없다. 『진주』에서

---

94) S. Gunew, *Feminist Knowledge: Critique and Contruct*, Routledge, 1990, p.22.

김효범이 돈으로 침윤되는 피식민지 대학생의 표상이라면, 신영복은 돈으로 침윤되는 피식민지 언론인의 표상이다. 친일 변호사 진형석은 자신의 돈을 통해 김효범의 행위뿐만 아니라 신영복이 몸담고 있는 언론사까지도 제어하고 규율한다. 이처럼 돈을 가진 자의 권력이 거미줄처럼 확장된 상태에서 마땅히 폭로되어야 할 진형석의 비리와 모함은 은폐되거나 왜곡될 수밖에 없다. 실제 식민지 조선에서의 대학과 언론은 식민권력에 저항하는 하나의 코드로 작동하기도 했지만, 때로는 식민권력을 유지하고 재생산하는 코드로 작동하기도 했다. 이처럼 『진주』는 김효범과 신영복이라는 두 인물을 통해 권력에 의해 담론 생산체로서의 대학과 언론이 감염되고 손상되는 양상, 즉 식민권력에 의해 오염된 정보와 지식이 재생산되고 유통되는 식민지적 현실을 잘 드러내고 있다.

기자 신영복은 "녀류음악가를 중심으로 한 오각련애의 갈등"이라는 제하의 기사[95]를 통해 조인숙-김효범-정문자의 삼각관계를 하나의 스캔들로 다루고자 했다. 하지만 이 기사의 일부 내용은 명백한 오보에 해당했다. 조인숙이 김효범을 꾀었다는 내용도 그러하거니와 정문자가 김효범과 깊은 관계를 맺고 있다는 내용도 사실과는 거리가 멀었다. 오히려 사실에 가까운 기사 내용은, 리근영이 진형석과의 돈 거래를 통해 조인숙을 '사려' 했다는 것과 진형석이 리근영의 돈을 받아내기

95) 그 기사문의 주요 내용을 발췌하자면 다음과 같다. "인숙이가 학교에 단이는 효범이를 꼬여가지고 다라난 것은 리가에게로 살림을 드러가랴 하나 리가가 내어노흔 이만 원을 진가가 다-먹은 데에 불평이 잇는 판에 김효범이는 인천XX학교 녀교원 뎡모라는 여자와 깁흔 관계를 맷게 된 것을 보고 질투에 타는 남어지에 그와 가치 한 것인데 그녀교원은 긔자가 효범이의 매부인 진씨ㅅ집에 차저갓슬 때에도 수심이 만연한 낫빗으로 긔자를 대하얏는데 그녀자에게는 약혼한 M이 잇다는 말까지 소상히 하얏다. 그리고 끄테는 효범이가 인숙이를 쪼차가든 날에 진변호사와 질투로 싸움을 한 까닭에 삼년전에 세상의 이목을 끌면서 그처럼 굉장히 혼인례식을 거행하든 김효뎡녀사와 도리혼문뎨까지 닐러나리라고 하더라." - 〈57〉(1925.12.13)

위해 사라진 조인숙을 찾고 있다는 것이었다. 요컨대 조인숙-김효범-정문자 사이에 일어났던 '연애' 사건이 오보에 가까웠다면, 리근형-조인숙-진형석 사이에 일어났던 '돈' 사건은 사실에 가까웠다. 신영복은 자신이 쓴 기사가 오보임을 인지한 후 기사문을 바로잡고자 한다. 하지만 그를 가로막고 있는 것은 "금전과 지위"를 가지고 언론사 자체를 뒤흔드는 언론사 사장 태추관이다. 그는 신영복에게 진형석에 대한 불리한 기사를 시정할 것을 요구한다. 왜냐하면 진형석이 신문사 주주로 예정되어 있을 뿐만 아니라 현재 신문사의 대주주인 안남작(安男爵)[96]의 소송대리인이었기 때문이다. 그러한 내막을 알고 있었던 신영복 기자는 결국 사장과 언쟁을 벌이게 된다.

> "그러케는 도뎌히 쓸수 업세요. 진가가튼 위인은 인격은 고사하고 좀 응증을 할 필요가 잇드군요. 그뿐 아니라 만일 이 붓대를 잘못 드럿다가는 사(社)의 신용문뎨도 문뎨려니와 여러 사람의 전성을 그릇처 줄 것이요. 유망한 청년을 죽이고 말 것이니까요."
>
> "응증을 누구를 응증한단 말이야? 신문이란 사실을 보도하면 고만이지. 편파한 비판을 하는 것이 사명이 아닌 줄은 신군도 짐작하겟구려."
>
> "글세 말슴이올시다. 그라기에 사실대로 쓴 것임니다."
>
> "그런 쓸데업는 잔소리 말고 어서 쓰랴는 대로 써와요!"

---

96) 일제는 1910년 8월 29일에 「조선귀족령」을 공포하여, 일제의 정책에 순응하고 협력한 공로를 인정받은 사람들에게 각각의 격에 맞는 조선귀족의 작위 및 은사공채(남작의 경우에는 대체로 25,000원 가량을 받았는데, 이는 현재의 화폐가치로 약 5억여 원에 달하는 금액임)를 부여했다. 이러한 점을 고려해볼 때, 안남작-진형석-태추관-리근영으로 이어지는 인적 네트워크는 식민권력이 무한히 확장된 식민지 조선의 상황을 잘 드러낸 것이라 할 수 있다. '조선귀족령'에 관해서는 이용창, 「일제강점기 '조선귀족' 수작 경위와 수작자 행태」, 『한국독립운동사연구』 43, 한국독립운동사연구소, 2012, 337~371면을 참조.

사장은 이때것 참앗든 분이 펄적나며 소리를 한칭 더 질은다.

(……)

"그래도 종시 못 쓰겟다는 말이지?"

"녜. 절더러 사직을 하라면 사직은 해도 그건 못 써요! 지금 사장께서 웨 이러시는 것은 나도 다 알아요. 그래 안남작의 뎐화 한 마듸가 공정한 언론긔관을 좌우한다는 말슴요? 어제 저녁에 사장은 진가더러 무어라고 하셧소?－"하며 신영복이는 소리를 버럭 질으고 한거름 나섯다.

－〈61〉(1925.12.18)

이와 같이 신영복은 돈과 권력으로 맺어진 언론 기관의 불온함을 폭로하고자 한다. 하지만 그의 투신과는 상관없이 효범－인숙－문자 사이의 애정 문제는 스캔들화되고, 형석－인숙－근영 사이의 돈 문제는 철저하게 은폐된다. 이처럼 돈과 권력의 네트워크로 인해 신문의 언어는 철저하게 오염된다. 매판 변호사로서의 진형석과 매판 자본가로서의 리근영, 그리고 매판 언론인으로서의 태추관은 모두 통치 엘리트들의 협력자에 해당한다. 그리고 이들이 형성하는 견고한 '돈－지식－식민권력'의 네트워크는 신문을 통해서 발화되는 사실과 지식을 왜곡하거나 변형시킨다. 따라서 신영복이 겨냥하고자 했던 현실은 바로 이렇게 정리될 수 있다. 식민권력의 불온함을 폭로하는 것조차 불가능한 현실, 다시 말해 식민권력의 폭력성을 재현하고자 하는 회로 자체가 차단되어 버린 현실이라고 말이다. 하지만 신영복은 곧바로 권고사직을 당하고 사장을 향한 그의 비판적 언설 또한 묻히게 된다. 이러한 상황 속에서 그가 던지는 아래의 말은, 염상섭의 작가적 목소리를 응축하고 있다는 점에서 재음미될 필요가 있다.

"여러분! '파워, 이스, 올라잇'이라는 경구가 인류의 력사의 '페ㅣ지' 마다 참혹한 피흔적으로써 긔록된 결과는 인류로 하야금 오늘날의 이러틋한 타락에 빠지게 하얏고, 우리 가질 문화의 정당한 가치를 찾지 못하게 하얏습니다. 그러나 오늘날 와서는 그 혈장(血漿)으로 부레풀 칠한 인류 모독의 력사를 황금갑으로 싸랴고 합니다. 웨 싸나요? <u>권력과 금전이 야합(野合)한 례물로 바치랴는 것입니다. 그리하야 죄악의 '씸볼'로 나온 사생아에게 명명하야 할 '정의'라 합니다. (……) 신문과 및 신문긔자의 유일하고 존귀한 사명은 세상이 버리고 인류가 구박하는 정의라는 사생자를 옹호하고 발육시키기 위하야 의검(義劍)을 들고 나서는데 잇는 것입니다. 권력과 금전이 간통을 하는 추악한 긔록이 신문일 수는 업습니다.</u>" (강조와 밑줄은 인용자)

－〈62〉(1925.12.19)

신영복은 돈과 권력이 '야합'하고 '간통'하는 세계, 그리고 신문이 그 세계에 침윤되어가는 현실을 정확히 응시하고 있었다. 담론 생산체로서의 언론이 사실을 온전히 발화하지 못하는 상태는, 식민권력이 확산되는 정치적 메커니즘 속에서 언론이 권력의 공범자가 되어가는 식민지적 현실을 잘 보여준다. 그러한 현실 속에서도 신영복은 "인류가 구박하는 사생아", 즉 '정의'를 구현하기 위해 리근영과 진형석의 음모를 결혼식장에서 당당하게 폭로한다. 그리하여 그는 물질적 욕망이 범람하는 식민지 세계에서 '진주'를 얻을 수 있을지 모르지만, '순결'이나 '정의'와 같은 정언적 가치들이 모두 휘발되어버리는 상황을 낱낱이 고발하기에 이른다. 이처럼 신영복의 저항은 효범의 저항과 마찬가지로 돈과 권력의 네트워크를 끊고 그 바깥으로 나오고자 하는 시도에 가깝다. 물론 그들의 시도가 돈에 의해 오염되는 식민지적 현실을 '순결'의 상태로 되돌리기 위한 기획이기는 하지만, 사실상 그들에게는 금권이 지배하는 현실을 변화시키거나 전복할 만한 힘이 없다.

돈과 권력이 지배하기 이전의 '순결'한 상태로의 회귀, 그것이 효범과 영복이 지향했던 식민지 조선의 미래였다. 하지만 웅엄하면서도 견고한 돈-권력의 네트워크에 틈을 내기란 쉬운 일은 아니다. 돈으로부터 유리된 '생활'은 불가능하고 권력에 틈입을 낼 만한 발화의 통로는 좀처럼 마련되지 않기 때문이다. 따라서 '순결'과 '정의'는 어찌 보면 식민지적 현실 공간에서 도저히 실현될 수 없는 형이상학적 이념에 가까운 것일지도 모른다. 그야말로 선/악이라는 도덕적 경계조차도 완벽하게 무화시킬 수 있는 강력하면서도 공허한 형식으로서의 돈, 즉 사회관계의 질서를 관장하는 매개체로서의 돈이 식민지 조선을 지배하고 있는 한 '순결'과 '정의'는 그 자체로 실현 불가능한 가치로 존재하는 셈이다.

염상섭의 입장에서 볼 때, 피식민자들이 처한 아포리아는 바로 이것이었다. 식민자본이 시장을 장악하고 식민지적 권력이 도처에 널려 있는 세계 속에서 저항의 프로그램을 기획한다는 것이 어쩌면 불가능할지도 모른다는 사실, 다시 말해 삶 전체에 깊게 침윤된 돈과 권력의 논리로부터 벗어나고자 해도 그것 자체가 불가능한 현실 속에 이미 우리가 던져져 있다는 바로 그 사실 말이다. 그에 따라 진형석의 돈에 예속된 경성제대 예과생 효범은 그러한 '돈-권력'의 회로로부터 벗어나려 애를 쓰지만, 결국 자살의 길을 선택하고야 만다. 또한 신영복은 '진형석-리근영-태추관-안남작'이라는 인물로 맺어진 돈과 권력의 네트워크가 얼마나 불온하게 작동하는지를 폭로하자마자 서사의 뒤편으로 종적을 감춰버린다. 한편 조인숙은 어떠한가. 그녀는 결국 리근영이라는 '돈-권력'의 회로에 접속하는 삶을 선택한다. 식민지 지식인으로서의 효범과 식민지 신여성으로서의 인숙의 선택은 비록 서로 다른 지점을 향하지만, 궁극적으로 이들의 선택은 결국 경제적·정치적 자립이 불가능한 피식민자의 운명을 환기시키는 것이기도 하다. 죽음을 향해 내달리거나 돈의 세계에 편입되거나. 이러한 양자택일의 선택지만을 들어야 하는 피식민자의 운명은, 식민화의 운명에 대한 에드워드 사이드의 언급처럼, "지속적인, 실로 기괴하게 불공정한 결과들을 갖는 운명"[97]에 가깝다. 이러한 선택지를 받아들 수밖에 없는 것, 그것이 바로 피식민자들이 처한 아포리아이자 염상섭 자신이 처한 작가적 아포리아였던 것이다. 그렇다면 이제 남은 것은 염상섭이 이러한 아포리아를 어떠한 소설적 문법으로 극복하고자 했을까 하는 문제이다. 염상섭은 불공정한 결과를 갖는 피식민자의 운명을 그저 수용하는 데 그치고자 했는가. 다시 말해 그는 저항이 불가능할 만큼 식민권력이 폭압적이고 거대하다는 사실을 냉랭하게 발화하는 수준에 머무르려 했는가. 만약 그게 아니라면 저항이 불가능한 식민지 조선을 저항 가능한 장소로 바꿔야 하는 이 난제를 그는 어떻게 서사적으로 극복하고자 했는가. 바로 이것이 염상섭에게, 아니 우리에게 남은 가장 중요한 질문 중 하나이다.

4. 지식인의 행방과 '사회주의(자)'라는 문법

『진주』의 효범과 영복에게는 돈과 권력이 침투하지 않는 최소한의 공간도 허용되지 않는다. 그에 따라 철저하게 봉합될 수밖에 없었던 효범과 영복의 입은, 역설적으로 안남작, 태추관, 진형석, 리근영 등 소위 "조선사회 대표인물들"이 모인 결혼식장 및 피로연장에서 열리게

---

97) E. Said, *Representing the colonized: anthropology's interlocutors*, Critical Inquiry Vol.15, no.2, 1989, p.207.

된다. 그 자리에서 효범과 영복은 이들의 죄과를 폭로함과 동시에 정문자의 결백을 주장한다. 특히 효범은 돈이 모든 사회적 가치를 잠식하고 사실 아닌 것들이 사실로 유포되는 식민지의 맨얼굴을 폭로한 후 스스로 죽음의 길을 향해 걸어간다.

> "만일 도덕이라는 것은 자긔 이외ㅅ것의 행복을 침해하지 안는 것에서부터 출발하는 것이라 하면 한 개톄(個體)의 행복을 위하야 여러 개톄가 희생됨은 무론 죄악이겟지요. 그러나 그것을 금력과 사회라는 집단력으로써 선(善)이라고 공약할 디경이면 조금도 부도덕이 아니라고도 할 수 잇겟습니다. (……) 여러분이 맛잇게 씹어서 여러분의 목구멍에 넘긴 그 진미는 이 여자(문자 : 인용자 주)의 살이요 쌔요 창자가 아니고 무엇임니까?"
> –〈83〉(1926.1.14)

효범의 입장에서 볼 때, 일제의 등에 업힌 자들이 먹는 음식은 문자의 살과 뼈와 창자일 뿐이다. 이렇듯 매판 변호사와 '미두대왕'의 언론플레이에 의해 철저하게 유린당한 문자의 몸은, 제국과 공모함으로써 얻은 돈과 권력에 의해 뜯어 먹히는 식민지 여성의 신체이자 결코 살아있다고 말할 수 없는 신체이다. 이미 「표본실의 청개구리」에서 제시된 바 있듯, 피식민자의 조각난 신체는 오장을 빼앗겨 "사지에 핀을 박고 칠성판 위에 자빠진"[98] 개구리의 형상과도 같다. 효범과 영복이 돈-권력의 네트워크에 의해 마비되어버린 신체였다면, 문자는 그 네트워크에 의해 찢겨지고 절단된 신체였다. 이러한 신체를 '순결'의 상태로 되돌리기 위해 효범이 택한 방법은 바로 죽음이었다. 효범은 자신과 문자

98) 염상섭, 「표본실의 청계고리」, 『염상섭 전집 9』, 민음사, 1987, 11면.

가 죽게 되면 그 주검을 총독부 병원에서 해부해달라고 유언을 남긴다. 이렇듯 그는 마비되고 절단된 신체가 죽고 난 이후 해부되었을 때라야 비로소 자신들의 결백이 공표될 수 있을 것이라 믿었던 것이다.

그러나 앞서 언급했듯, 죽음을 통해 '순결'을 회복하고 '정의'를 실현하겠다는 효범의 기획은 성공하지 못한다. 식민지 조선은 저항의 동기를 제공하는 원초 지점이기는 했지만, 그 저항 끝에 효범-영복-문자가 얻을 수 있는 것은 아무것도 없다. 이들에게 남는 것은 오로지 단 하나의 보도자료, 즉 "리근영의 결혼식의 풍파광경과 효범이의 정사미수사건"이라는 제목으로 시작해서 "인천서에 붓들인 신영복이와 지성룡이는 그날 밤으로 나왓다."로 끝나는 보도자료 뿐이다. 세 사람의 기대와는 다르게 조인숙은 끝내 리근영의 품에 안기게 되고, 신문은 문자의 오욕을 씻어내기는커녕 그녀와 효범이 바다에 투신했다는 기사만을 게재한다. 이처럼 죽음을 통해서 오욕을 씻어내고자 했던 효범과 문자의 기대, 그리고 끝까지 진형석과 리근영의 비리를 폭로하고자 했던 영복의 노력과는 별개로 '정의'와 '순결'이라는 가치는 결코 실현되지 않는다. 이는 목숨을 걸고 정의를 위해 투신했던 것 치고 허망한 결말임에 틀림없지만, 『진주』를 연재했을 당시의 염상섭에게 있어서 식민지 조선은 이렇듯 저항의 불능지에 가까웠다.

그러나 이미 일본 유학 시절부터 독립운동에 가담하여 투옥된 경험이 있고, 식민지 문제를 서사의 핵심적인 사안으로 간주해왔던 염상섭에게는 이러한 질문들이 남아 있지 않았을까. 일상을 육박해가는 식민권력을 재현하는 수준에 머무르지 않고, 그 권력에 대한 저항 가능성을 서사적으로 질문하고 재현할 수 있는 방법은 없는가. 단순히 당대의 식민권력의 불온함을 폭로하는 것만으로, 그리고 그 권력에 의해 '희생양'이 되어버리는 피식민자를 재현하는 것만으로 충분하다고 할 수 있는가. 이것이 바로 앞서 말했던 염상섭의 작가적 아포리아였다. 물론 『진주』에서 정의를 실현하기 위한 효범과 영복의 투쟁이 전면화되어 있는 것은 사실이다. 하지만 그들이 꿈꾸는 정의는 결코 실현되지 않은 채로 남아 있다. 그렇다면 돈과 권력이 모든 것을 오염시키는 식민지 조선에서 정의는 정녕 실현될 수 없는 가치로만 존재하는 것인가. 바로 이러한 문제 때문에 염상섭은 새로운 서사적 문법을 창안하기 위해 고민했던 것으로 보인다. 이를 확인하기 위해 그간의 연구에서 다소 간과되어왔던 아래의 글을 한 번 살펴보자.

> 종교와 정의는 별개시하여야 할 것이다. 우리는 종교 없이 살 수 있으나, 正義公道 없이는 어떠한 경제조직, 사회구성 하에도 살 수 없기 때문이다. **내가 「미해결」을 쓸 때에 비상한 곤란을 받은 것은 선과 악의 암투에 있어서 결국에 선이 승리는 하였더라도 그것이 종교적 신앙으로 보상된 것이 아니라는 것을 어떻게 하면 독자에게 명백히 전할까 하는 것이었다.** 그 효과가 얼마나 나타났는지, 또는 아주 실패에 돌아갔는지 나의 명언(明言)할 수 없는 바이지마는 어떻든지 종교적 신앙이 정의감을 유발하기는 하지마는 그 정의감의 내용을 절대로 결정하지 못할 뿐만 아니라, 그 결과는 **종교의 힘이 아니라 정의공도 그 자체의 위력이라는 것을 명백히 하여 종교와 정의를 혼동치 않는 것은 필요한 일이다.**[99] (강조와 밑줄은 인용자)

위 인용문은 염상섭이 이기영의 단편 「아사」(1927)를 평가한 부분이다. 「아사」에서는 '한우님'을 믿는 정첨지가 등장한다. 그는 가진 자에 의해 자신의 딸까지 착취당하는 부조리한 현실 속에서도, '한우님'이

99) 염상섭, 「二月文壇時評」, 『조선문단』 4-3, 1927.3, 69면.

계시기 때문에 '옳은 도리'를 끝까지 고수하며 살아가야 한다고 주장한다. 염상섭은 이처럼 종교적 신념을 통해서 정의를 구현하려는 정첨지와 같은 인물형을 거부하면서, 종교적 관념으로부터 발원하는 정의공도가 아니라 정의공도 그 자체의 힘을 명백히 드러낼 수 있는 서사 문법이 필요하다고 주장한다. 그렇다면 그가 말하는 "정의공도 그 자체의 위력이라는 것을 명백히" 드러낼 수 있는 방법이란 무엇인가. 그 해답의 단초를 제공할 만한 작품이 「미해결」이다. 이 작품은 『진주』를 집필한 이후 발표한 첫 중편으로, 염상섭은 이 작품을 통해 선의 승리가 결코 종교적 신앙에서 발원하는 것이 아님을 명백히 드러내고자 했다. 「미해결」은 김장로의 가족들을 중심으로 벌어지는 교회 내의 암투와 모략을 그리고 있지만, 염상섭 스스로가 말한 바대로, 이 작품에서 기독교적 신념은 김장로에 대한 음해와 모략을 폭로하는 데 있어서 아무런 힘을 발휘하지 못한다. 다시 말해 이 작품에서 종교는 정의공도를 드러내는 하나의 매개적 힘조차 되지 못했던 셈이다. 오히려 이 작품에서 김장로를 모함하는 이들을 정론적으로 비판하고 정의공도를 명백하게 드러내려 했던 자는 "무산청년동지회의 회원"이자 "구멍가게의 반찬장사하는 청년"이었다. 그 청년은 『진주』의 효범이나 영복처럼 이념이 부재한 상태에서 정의를 구현하려 했던 인물도 아니요, 「아사」에서처럼 종교적 신념에 의거해서 정의를 실현하려는 인물도 아니었다. 그는 추상적이면서 실현 불가능한 기표라고 할 수 있는 '정의'를 직접적으로 발화하고 실천하는 '주의자', 다시 말해 효범처럼 자살하거나 영복처럼 사라지지 않으면서 정의공도(正義公道)의 가능성을 이념적으로 타진하고자 했던 '주의자'였던 것이다.

「미해결」에 뒤이어 발표된 중편 「두 출발」도 이러한 사실을 뒷받침한다. 이 소설에서 특히 주목할 점은, 고깔참봉 안근원과 그의 집에 얹

혀살았던 원석이의 행방이다. 먼저, 안근원은 서울로 올라가서 단발도 하고 양복을 맞추는 등 새로운 삶의 양식을 체득하고 고향에 돌아온다. 그 이후 그가 총독부와 경찰서, 도청 등의 관공서를 넘나든다는 내용이 서술되는 것으로 보아, 그는 매판의 길로 접어든 것으로 추측된다. 반면 안근원의 집에 얹혀살았던 원석이는 '혁진청년당'의 도움을 받아 서울로 올라가 노동운동에 가담한 것으로 그려진다. 이처럼 이 소설은 안근원과 원석이의 서로 다른 향방을 그려냄으로써, 식민지적 상황에 놓인 사람들이 선택할 수 있는 길이 무엇이었는지를 묻고 있다. 하나가 안근원이 걸었던 매판의 길이라면, 다른 하나는 원석이가 걸었던 사회주의(자)의 길이었다. 염상섭은 식민권력이 공고해지는 조선 땅에서 '운동'의 활로가 막혀버린 현실, 저항이 불가능한 바로 그 현실에 균열을 일으킬 수 있는 가능성을 사회주의로부터 찾고자 했다. 그래서 안근원이 걸었던 매판의 길이 아니라 원석이가 걸었던 사회주의의 길을, 식민지라는 불모의 세계를 갱신시킬 하나의 대안으로 제시하고자 했던 것이다.

「두 출발」의 원석이가 걸었던 사회주의의 길은 『진주』의 효범이 아직 도달하지 못한 미답지이자 앞으로 도달해야 할 예정지였다. 염상섭은 『진주』를 집필하면서 이념으로 무장하지 못한 자의 저항이 무력할 수밖에 없다는 사실을 자각했고, 그에 따라 저항의 주체들이 걸어야 할 새로운 길을 제시하고자 했다. 바로 그러한 점에서, 『진주』는 염상섭에게 있어서 죽거나 사라져야만 했던 식민지 조선에서 저항의 가능성과 지식인의 행방을 되묻게 한 텍스트라고 할 수 있다. 염상섭은 저항 불가능한 공간으로서의 조선이 아니라 그 불가능성을 극복하는 공간으로서의 조선을 형상화하기 위해 「미해결」에서 무산자 청년 동지회의 일원을 출현시켜야 했고, 「두 출발」에서는 매판의 길 반대편에 서서

사회주의의 길을 걸어가는 '원석이'를 그려야 했으며, 『광분』에서는 학생운동에 가담하는 경성제대 의과 2년생이자 사회주의자인 '이진태'를 보다 서사의 전면에 부각시키고, 『삼대』에서도 폭탄을 장착하는 운동가[100]로서의 '김병화'를 작품 속에 기입할 수밖에 없었던 것이다. 염상섭이 말한 "정의공도 그 자체의 위력이라는 것을 명백히" 드러낼 수 있는 서사적 문법은 바로 이것이었다. 즉, 그는 식민지 조선을 저항 불가능한 불모지로서가 아니라 저항 가능한 공간으로 轉化시키기 위해 '주의자'에게 서사적 육체를 부여하고자 했던 것이다.

이렇듯 염상섭은 '주의자'의 등장을 통해서 『진주』의 효범이 감행했던 자살[101]이 아니라 다른 방식의 길을 예비하고자 했다. 자살을 통한 저항에도 불구하고 정의공도가 생동하지 못하는 현실, 그리고 종교의 도움으로도 정의공도의 현현을 기대할 수 없는 현실 속에서 그는 '주의자'를 통해 식민지 조선에서의 저항 가능성을 질문하고자 했다. 물론

100) 김병화의 폭탄 사건은 조선일보 연재본(1931.1.1~9.17)의 결말부에는 다뤄지지만, 을유문화사 판본(1947)에서는 삭제된다. 여기서 말한 폭탄 사건은 개작되기 이전의 판본, 즉 조선일보 연재본을 토대로 말한 것이다.

101) "허영은 생활의 파괴자다. 자살은 그 극치다. 만족시킬 수 없는 허영의 최후의 해결이 자살이다. 어떠한 동기, 어떠한 모양의 자살이라든지 허영의 분자(分子)가 섞이지 않은 것은 없다. 자살의 동기가 과거의 회한의 무거운 짐에서 해방되려는 초조(焦燥)로거나, 미래의 불안에 대한 울민(鬱悶)으로거나, 모두 허영이다. 생활난에 동기를 가진 자살도 물론이거니와 사(死)의 공포나, 사(死)라는 무거운 부담에서 벗어나려는 자살도 결국에 자기의 사(死)를 예술화하려는 허영심에서 나온 것이거나, 그렇지 않으면 자연의 사(死)를 자주적으로 해결하려는 욕망으로이다. 가장 순결하고 시적(詩的)이라는 실연한 소녀의 사(死)에서도 자존심을 손상한 울분이라는 것이 일부의 동기를 짓는 다음에는 역시 허영의 그림자를 발견할 것이다." - 염상섭, 「秋夜斷想」, 『동아일보』, 1927.9.6. 『진주』 연재를 마친 지 불과 6개월이 채 지나지 않은 시점에서 자살을 허영의 그림자라고 명명한 염상섭의 관점은 특히 주목을 요한다. 인용된 내용에 따르면, 어떠한 동기를 갖든지 간에 자살은 죽음을 예술화하려는 허영심에 불과할 뿐이다. 이러한 염상섭의 진술은 『진주』에서 효범의 자살을 미학화하고자 했던 자신의 창작 태도를 반성하는 의미로도 읽을 수 있다.

『진주』 이후의 작품에서 '주의자'가 식민권력에 대한 저항과 실패를 무한히 반복하고 있다는 점을 감안해 볼 때, 염상섭은 식민지 조선에서 사회주의적 저항과 그 운동이 성공할 수 있는지에 대해서 계속 답변을 유보하고 있었다. 그럼에도 불구하고 그에게 있어서 '주의자'는 식민지 조선의 문제를 타개할 만한 내공을 지닌 것이었음에 틀림없었다. 그에 따라 『진주』 이후의 작품들 속에서 때로는 운동하는 주의자를 통해, 때로는 그의 재정적 지원자로서의 심퍼사이저를 통해, 식민지 조선의 문제를 타개할 만한 가능성을 지속적으로 물었던 것이다.

추후 자연주의 문학의 본질을 "무이상(無理想)과 무해결(無解決)"[102]이라고 고백할 수밖에 없었던 염상섭은, 『진주』를 통해서 식민지 조선에서 정의공도의 실현이 가능한지, 그리고 그 실현을 위한 저항이 가능한지 여부를 질문하고자 했다. 그런 의미에서 『진주』는 그간 고수해왔던 자연주의 문학으로부터의 탈피를 염상섭 스스로 선언하려 한 작품이라고 볼 수 있지 않을까. 확실한 점은 이 작품에서 효범과 영복의 저항이 종교나 이념의 도움을 받지 않은 저항에 해당했다는 사실이다. 대학생이나 기자와 같이 당대 지식인을 대표했던 이들은 정의를 위해서 죽거나 사라졌고, 정의를 위한 이들의 투신은 가시적인 성과를 가져다주지 못했다. 이들이 스러진 그 잔해 위에서 염상섭은 식민지 지식인의 행방을 스스로에게 물어야만 했다. 식민지 조선의 문제를 죽음으로도 극복할 수 없다면, 또 종교적 신념을 통해서도 해결할 수 없다면, 대체 어떠한 방법으로 저항의 가능성을 그려낼 수 있었던 것일까. 종교라는 이름의 외투가 아니라 이념이라는 이름의 외투를 입은 자가 서사 내부에서 발화하게 하는 것, 비록 그들의 운동이 실패를 반복할지라도 어찌되었

102) 염상섭, 「横步文壇回想記」, 『사상계』 115, 1962.12, 260면.

든 제국권력과 그 권력을 통해 유입되는 돈의 세계를 온몸으로 내파하게끔 하는 것, 염상섭에게는 바로 그것이 필요했던 것이다.

5. 결론을 대신하여

『진주』는 정의를 위해 투신하는 경성제대 예과생 김효범과 신문기자 신영복이라는 두 인물을 내세워, 돈에 의해 운용되는 식민권력이 지식(인)들을 어떻게 오염시키는지를 잘 보여준 작품이다. 이를 통해 염상섭은 사랑, 도덕, 정의 등의 정언적 가치들이 돈과 권력에 의해 모두 휘발되어버린 식민지 조선의 문제를 전면화했다. 이러한 식민지적 현실 속에서 효범과 영복은 제국에 기생하는 인물들에 대해 불가능한 저항을 시도한다. 하지만 효범이 발견했던 것처럼 식민지 조선에서는 정치적 저항을 차단하게 만드는 '생활', 다시 말해 식민권력과 밀착된 돈이 곳곳에 침투하고 범람하는 그 '생활'이 있었다. 그에 따라 예속의 굴레를 벗어던지려는 이들이 선택할 수밖에 없었던 길은, 효범에게는 죽음이었고 영복에게는 사라짐이었다. 텍스트 바깥으로 사라져버린 식민지 지식인들은 대체 어디로 간 것일까.

『진주』를 창작할 당시 염상섭이 바라봤던 식민지 조선은 그야말로 저항의 불능지에 가까웠다. 경성제대와 언론은 제국의 지식을 재생산하는 장소였기에, 효범과 영복이 어떠한 저항적 자원도 없이 제국권력에 균열을 낸다는 것은 불가능했다. 심지어 효범이 감행한 죽음은 어쩌면 제국권력에 대한 저항의 최대치로 해석되기보다는 오히려 그 권력으로부터의 도피로 해석될 여지가 크다. 그렇다면 종교는 어떠한가. 염상섭은 정의공도를 바로 세울 수 있는 힘을 종교에서 찾지 않았다. 가령

「미해결」에서 피해자로 형상화된 김장로는 종교적 신념을 통해서 당면한 현실의 문제를 타개할 수 없었고, 『삼대』에서 기독교인 조상훈은 식민지 조선의 문제를 정면으로 응시할 만한 통찰이나 실천력도 없었다. 염상섭에게 있어서 종교는 그만큼 경색된 힘만을 갖고 있을 뿐이었다. 이처럼 죽음이나 종교에서 어떠한 저항의 가능성을 발견하지 못했던 염상섭에게는, 조선을 저항의 불능지가 아니라 가능지로 만들기 위한 서사적 문법이 새롭게 요청되었다. 곳곳에 침투해있는 식민권력이 조선 전체를 먹어 삼키는 상태라면, 그리고 죽음이나 종교적 신념으로도 그 상태를 극복할 수 없다고 한다면, 대체 어떻게 저항의 불능지를 가능지로 바꿀 수 있을까. 염상섭은 이 질문에 대한 답변을 이념으로 제시하고자 했다. 「미해결」에서는 텍스트 전면에 나서 정의를 직접 발화하고 실천하는 자로서 '주의자'를 호출하였고, 「두 출발」에서는 매판의 길이 아니라 사회주의의 길을 묵묵히 걸어 나가는 '주의자'의 행로를 지시했으며, 『사랑과 죄』와 『광분』를 거쳐 『삼대』에 이르기까지 정의를 실현하는 우회로로서 '심퍼사이저'를 호명하였다.

상기한 바를 토대로 볼 때, 『진주』는 염상섭 스스로에게 새로운 길을 예고하는 작품임에 틀림없다. 무기력한 식민지 지식인의 형상을 그렸던 「표본실의 청개구리」, 「만세전」과도 거리를 두면서 '제국적 몸체'에 저항하는 피식민자의 목소리를 담아냈다는 사실은 분명 이전 작품과 변별적인 지점이라 할 만하다. 뿐만 아니라 이념으로 채색된 '주의자' 내지는 그를 동정하는 '심퍼사이저'가 서사에서 부각된 작품들, 이를테면 「미해결」, 「두 출발」, 『사랑과 죄』, 『광분』, 『삼대』 등의 작품과도 거리를 두고 있다. 이러한 염상섭 작품의 계보를 통해 가늠해보건대, 『진주』는 식민지 조선에서 저항의 가능성을 탐문하는 과도기적인 과정 속에서 산출된 작품이다. 즉, "무이상(無理想)과 무해결(無解決)"을 본질로 삼는 자연주의 문학으로부터 탈피하려던 시점과 식민지 문제를 정면으로 돌파하기 위해 사회주의와 접속한 인물을 전면화하던 시점, 그 두 시점의 중간 지점에 놓인 작품이 바로 『진주』였던 것이다. 경성제대 출신의 인물상의 변화도 이러한 작가적 인식의 변화를 보여주는 하나의 근거가 된다. 가령 『진주』에서 경성제대 예과생 효범은 이념이 부재한 순수성의 표상으로 그려진 반면, 『광분』에서 경성제대 의과 2년생 진태는 "생활을 혁신하고 독립을 해보려는 뜻"[103]을 갖고 학생운동에 가담한 이념적 인물로 그려진다. 이처럼 『진주』 이후의 염상섭은 사회주의라는 출구를 통해 식민지 조선에서의 저항 가능성을 탐문하고자 했다. 그리하여 『진주』의 결말부에서 텍스트 바깥으로 사라졌던 효범과 영복과 같은 지식인들은, 이후 염상섭의 작품에서 이념의 외피를 입고, 때로는 '주의자'로 때로는 '심퍼사이저'로 출몰한다. 염상섭이 프로문학과 적대했으면서도 사회주의가 가진 정치적 가능성을 끝내 부인하지 못했던 이유도 바로 거기에 있었던 것이다.

103) 염상섭, 김경수 편, 『광분』, 프레스21, 1996, 147면.

참고문헌

【1차 문헌】

1. 잡지

『개벽』, 『공제』, 『그리스도회보』, 『기호흥학회월보』, 『대동학회월보』, 『대한유학생회학보』, 『대한자강회월보』, 『대한학회월보』, 『대한협회회보』, 『대한흥학보』, 『동광』, 『법정학계』, 『별건곤』, 『불교진흥회월보』, 『서북학회월보』, 『삼광』, 『서우』, 『소년』, 『신문계』, 『신생활』, 『조선불교계』, 『청춘』, 『태극학보』, 『호남학보』, 『학지광』, 『조선문단』, 『신민』, 『사상계』 등

2. 신문

『대한매일신보』, 『매일신보』, 『독립신문』, 『동아일보』, 『신한민보』, 『평화신문』, 『황성신문』, 『혁신공보』 등

【2차 문헌】

1. 국내논저

강만길·성대경 편, 『한국사회주의운동 인명사전』, 창작과비평사, 1996.

강진호, 「국어과 교과서와 근대적 주체의 형성 - 『국민소학독본』(1895)를 중심으로」, 『국제어문』 58, 국제어문학회, 2013.

강헌국, 「이광수 소설의 인류애」, 『현대소설연구』 57, 한국현대소설학회, 2014.

______, 「이광수의 민족계몽 이론과 그 실천: 「민족개조론」과 『흙』을 중심으로」, 『우리어문연구』 56, 우리어문학회, 2016.

고려대 민족문화연구원 국어사전편찬실 편, 『고려대한국어대사전 3』, 고려대학교민족문화연구원, 2009.

구인모, 『한국 근대시의 이상과 허상』, 소명출판, 2008.

구장률, 「신소설 출현의 역사적 배경」, 『동방학지』 135, 연세대 국학연구원, 2006.

국사편찬위원회, 「검사신문조서: 金甫熙 신문조서」, 『한민족독립운동사자료집』 27. 1996.

권문경, 「우보 민태원 연구」, 인하대 석사논문, 2009.

권보드래, 「진화론의 갱생, 인류의 탄생: 1910년대 인식론적 전환과 3·1운동」, 『대동문화연구』 66, 성균관대 대동문화연구원, 2009.

_______, 「3·1운동과 '개조'의 후예들: 식민지시기 후일담 소설의 계보」, 『민족문학사연구』 58, 민족문학사학회·민족문학사연구소, 2015.

_______, 「1910년대의 '혁명': 3·1운동 전야의 개념과 용법을 중심으로」, 『개념과 소통』 15, 한림과학원, 2015.

_______, 『3월 1일의 밤』, 돌베개, 2019.

권오영, 「이남규의 학맥과 유학사상」, 『조선시대사학보」 44, 2008.

권철호, 「〈만세전〉과 초기 염상섭의 아나키즘적 정치미학」, 『민족문학사연구』 52, 민족문학사학회·민족문학사연구소, 2013.

권희영, 「고려공산당 이론가 박진순의 생애와 사상」, 『역사비평』 4, 역사비평사, 1989.

김경수, 「현대소설의 형성과 스캔들」, 『국어국문학』 143, 국어국문학회, 2006.

______, 「염상섭 소설과 연극」, 『현대소설연구』 31, 한국현대소설학회, 2006.

김경일, 「식민지 시기 신여성의 미국 체험과 문화 수용: 김마리아, 박인덕, 허정숙을 중심으로」, 『한국문화연구』 11, 이화여대 한국문화연구원, 2006.

______, 「한국 근대 노동개념의 성격과 변화」, 『사회와 역사』 99, 한국사회사학회, 2013.

______, 「문명론과 인종주의, 아시아연대론」, 『사회와 역사』 78, 한국사회사학회, 2008.

김구, 『백범일지』, 너머북스, 2008.

김기승, 「백암 박은식의 사상적 변천과정: 대동사상을 중심으로」, 『역사학보』 114, 역사학회, 1987.

______, 「신채호의 진화사관과 혁명사관의 대치」, 『단재 신채호의 현대적 조명』, 다운샘, 2003.

김도형, 「한말 계몽운동의 정치론 연구」, 『한국사연구』 54, 한국사연구회, 1986.

______, 「가토 히로유키의 〈인권신설〉과 천부인권논쟁 재고」, 『동아인문학』 33, 2015.

______, 「근대 동아시아의 '天'과 '進化': 엄복과 가토 히로유키의 진화론 수용양상 비교연구」, 『동양사학회 2016년 춘계연구발표논문집』, 동양사학회, 2016.

김동기, 「일본근대철학의 형성과 번역」, 『시대와 철학』 16-1, 2005.
김동식, 「민족개조와 감정의 진화」, 『한국학연구』 29, 인하대 한국학연구소, 2013.
______, 「진화·후진성·1차 세계대전」, 『한국학연구』 37, 인하대 한국학연구소, 2015.
김명훈, 「염상섭 초기소설의 창작기법 연구」, 『한국현대문학연구』 39, 한국현대문학회, 2013.
김미지, 「동아시아와 식민지 조선에서 크로포트킨 번역의 경로들과 상호참조 양상 고찰」, 『비교문화연구』 43, 경희대 비교문화연구소, 2016.
김병구, 「1930년대 리얼리즘 장편소설의 식민성 연구」, 서강대 박사논문, 2000.
김복순, 『1910년대 한국문학과 근대성』, 소명출판, 1999.
김성국, 「식민지성과 한국사회이론」, 『사회와 이론』 창간호, 이학사, 2002.
______, 『한국의 아나키스트: 자유와 해방의 전사』, 이학사, 2007.
김성연, 「한국 근대문학과 同情의 계보: 이광수에서 『창조』로」, 연세대학교 석사학위논문, 2002.
김순석, 「박은식의 대동교 설립운동」, 『국학연구』 4, 한국국학진흥원, 2004.
______, 「박은식의 사회진화론 인식과 실업교육관」, 『한국민족운동사연구』 48, 한국민족운동사학회, 2006.
김원모, 『영마루의 구름: 춘원 이광수의 친일과 민족보존론』, 단국대학교 출판부, 2009.
김윤식, 『이광수와 그의 시대』, 한길사, 1986.
김을한, 『실록 동경유학생』, 탐구당, 1986.
김종균, 「염상섭 소설의 연대적 고찰: 중기소설을 중심으로」, 『국어국문학』 55~57 합본, 국어국문학회, 1972.
김종욱, 「이광수, 신민회 그리고 량치차오」, 『춘원연구학보』 12, 춘원연구학회, 2018.
김종현, 「대한제국시기 중국 양계초를 통한 근대적 민권 개념의 수용」, 『중국근현대사연구』 21, 중국근현대사학회, 2004.
김주현, 「상해시절 이광수의 작품 발굴과 그 의미」, 『어문학』 132, 한국어문학회, 2016.
______, 「상해 『독립신문』에 실린 이광수의 논설 발굴과 그 의미」, 『국어국문학』

176, 국어국문학회, 2016.

김주현, 「이광수와 신채호의 만남, 그리고 영향」, 『한국현대문학연구』 48, 2016.

김진균, 「변영만의 비판적 근대정신과 문예추구」, 성균관대 박사학위논문, 2004.

______, 「1910년을 전후한 시기 변영만의 한문산문에 드러난 근대적 사유와 그 맥락: 「如是觀」, 「人性論」을 중심으로」, 『영남학』 14, 경북대 영남문화연구원, 2008.

김현우, 「양계초와 박은식의 '신민설'과 '대동사상'에 관한 연구」, 성균관대 박사학위논문, 2013.

______, 「박은식의 사상 전환 속에 나타난 양명학의 성립 배경과 전개 양상」, 『국학연구』 24, 한국국학진흥원, 2014.

김현주, 『이광수와 문화의 기획』, 태학사, 2005.

______, 『문화』, 소화, 2019.

김형찬, 「氣質變化, 욕망의 정화를 위한 성리학적 기획 - 栗谷 李珥의 心性修養論을 중심으로」, 『철학연구』 38, 고려대 철학연구소, 2009.

김호연, 「20세기 초 미국의 과학과 법 - 혼인법, 이민법, 그리고 불임법을 중심으로」, 『서양 역사와 문화연구』 26, 한국세계문화사학회, 2012.

나인호, 『개념사란 무엇인가: 역사와 언어의 새로운 만남』, 역사비평사, 2011.

노관범, 「대한제국기 진보 개념의 역사적 이해: 언론 매체의 용례 분석을 중심으로」, 『한국문화』 56, 서울대 규장각 한국학연구원, 2011.

다지리 히로유키, 「애국계몽운동기에 양계초를 매개로 하여 유입된 사회진화론과 이인직」, 『어문연구』 31-1, 한국어문교육연구회, 2003.

____________, 『이인직 연구』, 국학자료원, 2006.

단국대 동양학연구소 편, 『한국세계문학 문헌서지목록총람』, 단국대학교출판부, 1992.

단재신채호전집편찬위원회, 『단재신채호전집 5』, 독립기념관 한국독립운동사연구소, 2008.

류보선, 『한국 근대문학의 정치적 (무)의식』, 소명출판, 2005.

류시현, 「東京三才(홍명희·최남선·이광수)를 통해 본 1920년대 '문화정치'의 시대」, 『한국인물사연구』 12, 한국인물사연구회, 2009.

류준필, 「변영만의 문예론과 그 사상적 기저」, 『대동문화연구』 55, 성균관대 대동문화연구원, 2006.

박성래, 「중국에서의 진화론-양계초의 경우를 중심으로」, 『한국과학사학회지』 4-1, 한국과학사학회, 1982.

박성진, 「1920년대 전반기 사회진화론의 변형과 민족개조론」, 『한국민족운동사연구』 17, 한국민족운동사학회, 1997.

_____, 『사회진화론과 식민지사회사상』, 선인, 2003.

박양신, 「19·20세기 전환기 일본에서의 '제국주의'론의 諸相: 서양사상과의 관련에서」, 『일본역사연구』 9권, 1999.

_____, 「진보 개념의 수용과 근대 일본: 역사, 정치의식의 전환을 중심으로」, 『일본역사연구』 29, 일본사학회, 2009.

_____, 「근대 일본의 아나키즘 수용과 식민지 조선으로의 접속: 크로포트킨 사상을 중심으로」, 『일본역사연구』 35, 일본사학회, 2012.

박이문, 「문화는 진화하는가, 진보하는가」, 한국철학회 편, 『문화의 진보에 대한 철학적 성찰』, 철학과현실사, 1998.

박은식, 김도형 역, 『한국독립운동지혈사』, 소명출판, 2008.

_____, 이종란 역, 『왕양명실기』, 한길사, 2010.

박종린, 「1920년대 초 공산주의 그룹의 맑스주의 수용과 '유물사관요령기'」, 『역사와 현실』 67, 한국역사연구회, 2008.

박정심, 「박은식의 사회진화론 수용과 자연인식」, 『동양철학연구』 21, 동양철학연구회, 1999.

_____, 「박은식의 철학사상 연구: 사회진화론의 수용과 양명학적 대응을 중심으로」, 『한국철학논집』 9, 한국철학사연구회, 2000.

_____, 「박은식 대동사상의 개념과 현실적 구현」, 『동양철학연구』 27, 동양철학연구회, 2001.

_____, 「근대 '경쟁' 원리와 '도덕' 원리의 충돌과 만남에 관한 연구: 사회진화론과 유학을 중심으로」, 『한국사상사학』 29, 한국사상사학회, 2007.

_____, 『한국 근대사상사』, 천년의 사상, 2016.

박종철출판사 편집부, 『칼 맑스·프리드리히 엥겔스 저작 선집 1~5』, 박종철출판사, 1991.

박진영, 「근대 번역문학사 연구와 번역 주체」, 『현대문학의 연구』 50, 한국문학연구학회, 2013.

박찬승, 「한말 신채호의 역사관과 역사학: 청말 양계초와의 비교를 중심으로」,

『한국문화』 9, 서울대 한국문화연구소, 1988.
박찬승, 「한말·일제시기 사회진화론의 성격과 영향」, 『역사비평』 32, 역사문제연구소, 1996.
박헌호, 「염상섭과 '조선문인회'」, 『한국문학연구』 43, 동국대 한국문학연구소, 2012.
_____, 「소모로서의 식민지, [不姙資本의 운명 : 염상섭의 『무화과』를 중심으로」, 『외국문학연구』 48, 한국외대 외국문학연구소, 2012.
박홍규 외, 「옌푸와 번역의 정치: 『천연론』에 담긴 '천' 개념을 중심으로」, 『한국정치학회보』 46-4, 한국정치학회, 2012.
백남훈, 「나의 一生」(증보판), 신현실사, 1973.
백지운, 「문명의 전환과 세계의 개조」, 『동방학지』 173, 연세대 국학연구원, 2006
변영만, 實是學舍 고전문학연구회 역주, 『변영만 전집』, 성균관대 대동문화연구원, 2006.
손유경, 『고통과 동정』, 역사비평사, 2008.
송명진, 「승자로서의 민족영웅과 식민지의 현실: 신채호 소설을 중심으로」, 『일본학연구』 37, 단국대 일본연구소, 2012.
송지예, 「'민족자결'의 수용과 2·8독립운동」, 『동양정치사상사』 11-1, 한국동양정치사상사학회, 2012.
신다혜, 「2·8독립선언의 주도자 최팔용」, 『한국민족운동사연구』 89, 한국민족운동사학회, 2016.
신연재, 「동아시아 3국의 사회진화론 수용에 관한 연구: 加藤弘之, 양계초, 신채호의 사상을 중심으로」, 서울대 박사학위논문, 1991.
_____, 「구한말의 사회진화론 수용과 그 영향: 신채호의 국가사상을 중심으로」, 『사회과학논집』 6-2, 울산대학교, 1996.
신용하, 「한말 애국계몽사상과 운동」, 『한국사학』 1, 1980.
_____, 「신채호의 애국계몽사상(상/하)」, 『한국학보』 6-2/6-3, 1980.
신일철, 『신채호의 역사사상연구』, 1980.
신재식, 「종교와 과학12: 다윈 진화론에 대한 영국과 미국의 반응」, 『기독교사상』, 대한기독교서회, 2010.
신채호, 단재신채호전집편찬위원회 편, 『단재신채호전집』, 독립기념관 한국독립운동사연구소, 2008.

신현승, 「신유학의 대동사상과 仁의 공동체」, 『동아시아문화연구』 66, 한양대 동아시아문화연구소, 2016.

신현철, 『진화론은 어떻게 진화했는가』, 컬처룩, 2016.

심용진, 「박은식 사회사상의 성격과 전개」, 『한국철학논집』 1, 한국철학사연구회, 1991.

양문규, 「1910년대 유학생 잡지와 한국근대소설의 형성: 『학지광』의 담론들을 중심으로」, 『현대문학의 연구』 34, 한국문학연구학회, 2008.

양일모, 「동아시아의 사회진화론 재고: 중국과 한국의 '진화' 개념의 형성」, 『한국학연구』 17, 인하대 한국학연구소, 2007.

양정필, 「일제하 개성의 한국인 상권과 그 특징」, 『역사문제연구』 27, 2012.

염상섭, 『萬歲前』, 고려공사, 1924.

_____, 『염상섭 전집 1~10』, 민음사, 1987.

_____, 「獨立宣言書」, 『한민족독립운동사』 3, 국사편찬위원회, 1988.

_____, 김경수 편, 『광분』, 프레스21, 1996.

오장환, 『한국 아나키즘운동사 연구』, 국학자료원, 1998.

오문석, 「1차대전 이후 개조론의 문학사적 의미」, 『인문학연구』 46, 조선대 인문학연구원, 2013.

오혜진, 「'심퍼사이저(sympathizer)'라는 필터: 저항의 자원과 그 양식들」, 『상허학보』 38, 2013.

우남숙, 「애국 계몽운동기의 사회진화론 연구」, 『역사와 사회』 7, 원광대 채문연구소, 1992.

_____, 「박은식의 '자강', '독립' 사상」, 『한국정치학회보』 31-2, 한국정치학회, 1997.

_____, 「신채호의 국가론 연구」, 『한국정치학회보』 32-4, 한국정치학회, 1999.

_____, 「한국 근대사에서의 사회진화론 수용 양식: 장지연, 박은식, 신채호를 중심으로」, 『한국정치외교사논총』 21-1, 한국정치외교사학회, 1999.

_____, 「사회진화론의 동아시아 수용에 관한 연구: 역사적 경로와 이론적 원형을 중심으로」, 『한국동양정치사상사』 10-2, 한국동양정치사상사학회, 2011.

_____, 「미국 사회진화론과 한국 근대: 윤치호를 중심으로」, 『한국동양정치사상사』 11-1, 한국동양정치사상사학회, 2012.

_____, 「신채호의 근대국가사상 연구」, 『문화와 정치』 3-2, 2016.

유병관, 「1910년대 일본이 개인주의와 아나키즘-오스기 사카에와 『근대사상』을 중심으로」, 『일본언어문화』 20, 한국일본언어문화학회, 2011.

유봉희, 「사회진화론과 신소설 작가, 이해조와 이인직」, 『한국학연구』 24, 인하대 한국학연구소, 2011.

_____, 「사회진화론과 신소설 연구: 이해조와 이인직을 중심으로」, 인하대 박사논문, 2013.

_____, 「'윤리학'을 통해 본 동아시아 전통사상과 이해조의 사회진화론 수용」, 『현대소설연구』 52, 한국현대소설학회, 2013.

_____, 「동아시아 사회진화론의 수용과 그 계보: 신소설 작가들의 사회진화론 인식론에 대한 서설」, 『한국학연구』 32, 인하대 한국학연구소, 2014.

윤병석, 『일본의 대한제국 강점』, 까치, 1995.

윤사순, 『한국유학사(하)』, 지식산업사, 2012.

윤일 외, 「근대 일본과 한국의 사회진화론과 아나키즘 연구: 고토쿠 슈스이와 신채호를 중심으로」, 『동북아문화연구』 14, 동북아시아문화학회, 2008.

윤홍로, 「개화기 진화론과 문학사상」, 『동양학』 16, 단국대 동양학연구소, 1986.

이경룡, 「1920년대 초반 노동운동의 분화과정 - 조선노동공제회를 중심으로」, 『중앙사론』 8, 한국중앙사학회, 1995.

이경훈, 「『學之光』의 매체적 특성과 일본의 영향 1: 『學之光』의 주변」, 『대동문화연구』 48, 성균관대 대동문화연구원, 2004.

이광래·후지타 마사카쓰 편, 『서양철학의 수용과 변용 - 동아시아 서양철학 수용의 문제』, 경인문화사, 2012.

이광린, 「구한말 진화론의 수용과 그 영향」, 『한국학보』 3-3, 일조각, 1977.

이만열, 『한국독립운동의 연표』, 한국독립운동사편찬위원회, 2009.

이명수, 「양계초의 신민설 연구」, 성균관대 석사논문, 1985; 전용만, 「양계초의 신민설에 관한 소고」, 『백산학보』 33, 백산학회, 1986.

이병헌 편, 『三·一運動秘史』, 시사시보사출판국, 1959.

이보영, 『난세의 문학』, 예림기획, 2001.

이성규, 「한국과 일본에 있어서 진화론 수용의 비교」, 『한국과학사학회지』 14-1, 한국과학사학회, 1992.

이송희, 「한말 사회진화론의 수용과 전개」, 『역사와 경계』 22, 부산경남사학회, 1992.

이수열, 「1910년대 大山郁夫의 정치사상」, 『일본역사연구』 28, 일본사학회, 2008.
이용창, 「일제강점기 '조선귀족' 수작 경위와 수작자 행태」, 『한국독립운동사연구』 43, 한국독립운동사연구소, 2012.
이재선, 『이광수 문학의 지적 편력』, 서강대학교 출판부, 2010.
이종호, 「염상섭 문학의 사상과 장소: 초기 단행본 발간과 그 맥락을 중심으로」, 『한민족문화연구』 46, 한민족문화학회, 2014.
이철호, 「1920년대 초기 동인지 문학에 나타난 生命 의식-전영택의 「생명의 봄」을 위한 서설」, 『한국문학연구』 31, 2006.
_____, 『영혼의 계보: 20세기 한국문학사와 생명담론』, 창비, 2013.
이태훈, 「1910~1920년대 초 제1차 세계대전의 소개양상과 논의지형」, 『사학연구』 105, 한국사학회, 2012.
이혜경, 『량치차오: 문명과 유학에 얽힌 애증의 서사』, 태학사, 2007.
이혜령, 「正史와 情史 사이」, 『민족문학사연구』 40, 민족문학사학회·민족문학사연구소, 2009.
이헌미, 「반역의 정치학: 대한제국기 혁명 연구」, 서울대 박사학위논문, 2012.
이호룡, 「한국인의 아나키즘 수용과 전개」, 서울대 박사학위논문, 1999.
_____, 『한국의 아나키즘: 사상편』, 지식산업사, 2001.
_____, 「신채호의 아나키즘」, 『역사학보』 177, 역사학회, 2003.
임경석, 「이탈리아어판 〈코민테른인명사전〉에 실린 한국인들(1)」, 『내일을 여는 역사』 76, 내일을여는역사재단, 2019.
임정연, 「1920년대 연애담론 연구 - 지식인의 식민성을 중심으로」, 이화여대 박사논문, 2005.
임화문학예술전집 편집위원회 편, 『임화문학예술전집 3: 문학의 논리』, 2009.
장노현, 「신소설의 외국지명에 숨겨진 세계인식의 지형도」, 『현대문학의 연구』 47, 한국문학연구학회, 2012.
장대익, 『다윈의 식탁』, 김영사, 2008.
장세진, 『상상된 아메리카』, 푸른역사, 2012.
장수익, 「한국 근대소설과 사회진화론」, 『한국현대문학연구』 19, 한국현대문학회, 2006.
장영우, 「이광수의 진화론적 사상과 일제말 문학의 특징」, 『한국문예창작』 11-2, 한국문예창작학회, 2012.

장인성·김태진·이영미 편, 「2·8 독립선언서」, 『근대한국 국제정치관 자료집 2: 제국-식민지기』, 서울대학교 출판문화원, 2014.

______________, 「3·1 독립선언서」, 『근대한국 국제정치관 자료집:제국-식민지기』, 서울대학교출판문화원, 2014.

전복희, 「사회진화론의 19세기말부터 20세기 초까지 한국에서의 기능」, 『한국정치학회보』 27-1, 한국정치학회, 1993.

______, 「19세기 말 진보적 지식인의 인종주의적 특성」, 『한국정치학회보』 29-1, 한국정치학회, 1995.

______, 『사회진화론과 국가사상』, 한울, 1996.

정근식 외, 『식민권력과 근대지식: 경성제국대학 연구』, 서울대학교출판문화원, 2011.

조경란, 「중국근대에 있어서 진화론의 수용과 전개에 관한 연구」, 성균관대 석사학위논문, 1989.

______, 「진화론의 중국적 수용과 역사인식의 전환」, 성균관대 박사학위논문, 1995.

조미숙, 「『진주는 주었으나』의 이야기 방식과 근대성」, 『한국문예비평연구』 34, 한국현대문예비평학회, 2011.

조용만, 「이상과 김유정의 문학과 우정」, 『신동아』, 동아일보사, 1987.5.

주진오, 「독립협회의 개화론과 민족주의」, 『현상과 인식』 20-1, 한국인문사회과학원, 1996.

차혜영, 「1920년대 동인지 문학 운동과 미 이데올로기」, 『한국문학이론과 비평』 8-3, 한국문학이론과 비평학회, 2004.

______, 「식민지 시대 미국 유학생의 장소표상과 주체 구성: 고학 체험기를 중심으로」, 『현대문학이론연구』 39, 현대문학이론학회, 2009.

천자연·고희탁, 「근대 한국의 사회진화론 도입·변용에 보이는 정치적 인식 구조: 국가적 독립과 문명개화의 사이에서」, 『대한정치학회보』 18-3, 대한정치학회, 2011.

최기숙, 「『심청전』의 공감화 맥락: '공/사'의 경계 구분과 공생적 공공성」, 『열상고전연구』 37, 열상고전연구회, 2013.

최기영, 『한국 근대 계몽사상 연구』, 일조각, 2003.

최덕교 편, 『한국잡지백년 1』, 현암사, 2004.

최선웅, 「장덕수의 사회적 자유주의 사상과 정치활동」, 고려대학교 박사논문, 2014.
최원식, 『한국계몽주의문학사론』, 소명출판, 2012.
최인숙, 「염상섭 문학의 개인주의」, 인하대학교 박사학위논문, 2013.
최재목, 「박은식의 양명학과 근대 일본 양명학과의 관련성」, 『일본문화연구』 16, 동아시아일본학회, 2005.
______, 「王陽明 良知論에서 '靈明'의 意味」, 『양명학』 31, 한국양명학회, 2012.
최주한, 「민족개조론과 相愛의 윤리학」, 『서강인문논총』 30, 2011.
______, 『이광수와 식민지 문학의 윤리』, 소명출판, 2014.
최태원, 「어느 식민지 문학 청년의 행방(1): '몽몽' 시절 진학문의 일본 유학과 문학 수업」, 『상허학보』 50, 상허학회, 2017.
하영선·남궁곤, 『변환의 세계정치』, 을유문화사, 2007.
한기형, 「초기 염상섭의 아나키즘 수용과 탈식민적 태도: 잡지 〈삼광〉에 실린 염상섭 자료에 대하여」, 『한민족어문학』 43, 한민족어문학회, 2003.
______·이혜령 편, 『염상섭 문장 전집 Ⅰ』, 소명출판, 2013.
한림대 한림과학원 편, 『두 시점의 개념사』, 푸른역사, 2013.
한상우, 『베르그송 읽기』, 세창미디어, 2015.
한상철, 「근대 초기 지식인들의 '문명-서양' 인식: 번역어 '천연'과 '진화'를 중심으로」, 『현대문학이론연구』 51, 현대문학이론학회, 2012.
함동주, 「대한자강회의 일본관과 '문명론'」, 『동양정치사상사』 2-2, 한국동양정치사상사학회, 2003.
허우성, 『근대 일본의 두 얼굴: 니시다 철학』, 문학과지성사, 2000.
황정현, 「신소설에 있어서 계몽의식의 양면성: 사회진화론과 자조론을 중심으로」, 『현대문학의 연구』 4, 한국문학연구학회, 1993.
황종연, 「낭만적 영성의 탄생」, 『한국문학연구』 47, 동국대 한국문학연구소, 2014.
황현, 임형택 외 역, 『역주 매천야록(하)』, 문학과지성사, 2005.
황호덕·이상현 편, 『한국어의 근대와 이중어사전 Ⅳ』, 박문사, 2012.

2. 국외논저

加藤弘之, 『人權新說』, 谷山楼, 1882.

岡本嘉一, 『開城案內記』, 開城新報社, 1911.

康有爲, 이성애 역, 『대동서』, 을유문화사, 2006.

恭育之 外, 조경희 역, 『마오의 독서생활』, 글항아리, 2011

吉田曠二, 『加藤弘之の研究』, 新生社, 1976.

大杉榮, 「生の擴充」, 『大杉榮評論集』, 岩波文庫, 1996.

______, 김응교·윤영수 역, 『오스기 사카에 자서전』, 실천문학사, 2005

柳父章, 박양신 역, 『한 단어 사전: 문화』, 푸른역사, 2013.

孟子, 성백효 역, 『孟子集註』, 전통문화연구회, 2001.

浮田和民, 『社會學講義』, 帝國敎育會, 1901.

西田幾多郎 외, 최박광 역, 『선의 연구/퇴계경철학』, 동서문화사, 2009.

松尾尊兊, 「吉野作造と朝鮮·再考」, 『朝鮮史研究會論文集』 35, 1997.

________, 오석철 역, 『다이쇼 데모크라시』, 소명출판, 2011.

松本健一, 정선태·오석철 역, 『기타 잇키』, 교양인, 2010

梁啓超, 이혜경 주해, 『신민설』, 서울대출판문화원, 2014.

______, 강중기·양일모 외 역, 『음빙실자유서』, 푸른역사, 2017.

王栻 主編,, 「群學肄言」, 『嚴復集』 4冊, 中華書局, 1986.

嚴復, 양일모·이종민·강중기 역주, 『천연론』, 소명출판, 2008.

鈴木修次, 『日本漢語と中国 : 漢字文化圏の近代化』, 中央公論社, 1981.

李澤厚, 임춘성 역, 『중국근대사상사론』, 한길사, 2005.

日本 外務省 編, 『日本外交文書: 自明治38年1月 至明治38年12月』, 第38卷 第1冊, 日本國際連合協會, 1958.

長田彰文, 박환무 역, 『일본의 조선통치와 국제관계』, 일조각, 2008

趙景達, 최혜주 역, 『식민지 조선과 일본』, 한양대학교 출판부, 2015.

佐藤愼一, 「梁啓超と社會進化論」, 『法學』 59-6, 東北大學法學會, 1996.

陳獨秀, 심혜영 역, 『천두슈 사상선집』, 산지니, 2017

波田野節子, 최주한 역, 『무정을 읽는다』, 소명출판, 2008.

____________________, 『일본 유학생 작가 연구』, 소명출판, 2011.

幸德秋水, 임경화 편역, 「인류와 생존경쟁 - 사회주의는 생물진화설과 모순되는 가」, 『나는 사회주의자다』, 교양인, 2011.

和田とも美, 방민호 역, 『이광수 장편소설 연구』, 예옥, 2014.

荒川幾男, 「1910년대의 세계와 일본의 철학」, 宮川透 외 편, 『일본근대철학사』, 생각의 나무, 2001.

A. Badiou, *Manifeste pour la philosophie*, 서용순 역, 『철학을 위한 선언』, 길, 2010.

A. Prete, *Compassione: Storia di un sentimento*, 윤병언 역, 『동정에 대하여』, 책세상, 2019.

A. Stoltzfus · K. Cable, "Mendelian-Mutationism: The Forgotten Evolutionary Synthesis", *Journal of the History of Biology* 47(4), 2014.

C. R. Darwin, (The) *autobiography of Charles Darwin*, 이한중 역, 『나의 삶은 서서히 진화해왔다: 찰스 다윈 자서전』, 갈라파고스, 2003.

C. R. Darwin, *The Descent of Man, and Selection in Relation to Sex*, 김관선 역, 『인간의 유래 1』, 한길사, 2006.

C. W. Kendall, *The Truth about Korea*, 신복룡 역, 『한국 독립운동의 진상』, 집문당, 1999.

D, Buss, *Evolutionary psychology: The New Science of the Mind*, 이충호 역, 『진화심리학: 마음과 행동을 탐구하는 새로운 과학』, 웅진지식하우스, 2012.

E. Hobsbawm, *The Age of Empire*, 김동택 역, 『제국의 시대』, 한길사, 1998.

E. Manela, *The Wilsonian Moment: Self-determination and the International Origins of Anticolonial Nationalism*, Oxford University Press, 2007.

E. Mayr, *This Is Biology*, 최재천 · 고인석 역, 『이것이 생물학이다』, 바다출판사, 2016.

E. J. Larson, *Evolution: the remarkable history of a scientific theory*, 이충 역, 『진화의 역사』, 을유문화사, 2006.

E. Said, *Representing the colonized: anthropology's interlocutors*, Critical Inquiry Vol.15, no.2, 1989.

F. A. Mckenzie, *Korea's Fight for Freedom*, 신복룡 역, 『한국의 독립운동』, 집문당, 1999.

F. wheen, *Karl Marx*, 정영목 역, 『마르크스 평전』, 2001.

G. A. Wetter, *Der dialektische Materialismus*, 강재륜 역, 『변증법적 유물론』, 명문당, 1988.

G. Rist, *Le developpement : Histoire d'une croyance occidentale*, 신해경 역, 『발전은 영원할 것이라는 환상』, 봄날의 책, 2013.

G. Simmel, 김덕영·윤미애 역, 『짐멜의 모더니티 읽기』, 새물결, 2005.

_________, *Philosophie des Geldes*, 안준섭 외 역, 『돈의 철학』, 한길사, 1983.

H. Bergson, *L'évolution créatrice*, 황수영 역, 『창조적 진화』, 아카넷, 2005

I. Jerger, *Und marx stand still in darwins garten*, 오지원 역, 『두 사람: 마르크스와 다윈의 저녁식사』, 갈라파고스, 2018.

J. B. Lamarck, *Zoological Philosophy*, 이정희 역, 『동물철학』, 지식을만드는고전선집, 2009.

J. D. Culler, *Literary Theory*, 이은경 역, 『문학이론』, 동문선, 1999.

Kim San & Nym Wales, 송영인 역, *Song of Ariran: The Life Story of a Korean Rebel*, 『아리랑』, 동녘, 2017.

M. Richter, *The History of Political and Social Concepts: A Critical Introduction*, 송승철·김용수 역, 『정치·사회적 개념의 역사 - 비판적 소개』, 소화, 2010.

M. Foucault, *L' Archéologie du Savoir*, 이정우 역, 『지식의 고고학』, 민음사, 2000.

P. Kropotkin, 백용식 편역, 『아나키즘』, 충북대학교 출판부, 2009.

P. Macherey, *Pour une théorie de la production littéraire*, 윤진 역, 『문학생산의 이론을 위하여』, 그린비, 2014.

R. L. Numbers, *Darwinism comes to America*, Harvard University Press, 1998.

S. Gunew, *Feminist Knowledge: Critique and Contruct*, Routledge, 1990.

S. Marcy, *Marx, Darwin, and the upheaval in the biological sciences*, 나승연 역, 「맑스, 다윈 그리고 생물학의 대격변」, 『정세와노동』 47, 노동사회과학연구소, 2009.

S. J. Gould, *Ever Since Darwin: Reflection on Natural History*, 홍욱희·홍동선 역, 『다윈 이후』, 사이언스북스, 2009.

T. Hunt, *Marx's general: the revolutionary life of Friedrich Engels*, 이광일 역, 『엥겔스 평전』, 글항아리, 2010.

T. H. Huxley, *Evolution and Ethics: And other Essays,* BiblioBazaar, 2012.

발표지면

이 책은 아래의 초본 내용을 일부 포함하고 있으며, 대부분의 초본은 수정, 보완, 변형되어 실렸다.

- 「근대적 읽기 관습의 창출과 계도적 미학의 길 - 이광수의 문학론과 『무정』의 상관성을 중심으로」, 『민족문화연구』 58, 고려대 민족문화연구원, 2013.
- 「염상섭의 『진주는 주었으나』론」, 『어문연구』 43-1, 한국어문교육연구회, 2015.
- 「염상섭과 진화론 - 염상섭의 초기 텍스트들을 중심으로」, 『민족문화연구』 68, 고려대 민족문화연구원, 2015.
- 「초기 근대소설과 진화론: 현상윤, 양건식, 염상섭의 작품을 중심으로」, 『비교한국학』 24-2, 국제비교한국학회, 2016.
- 「1920년대 조 사회주의 비평 담론과 진화론 인식」, 『현대소설연구』 78, 한국현대소설학회, 2020.

찾아보기

민족문화연구총서 출간현황(~2021.06.10)

NO		서명	저자	정가
1	총서1	19世紀 韓國 傳統社會의 變貌와 民衆意識	진덕규	9,000
2	총서2	洪武正韻譯訓의 新硏究	박병채	10,000
3	총서3	고조선에 대한 새로운 해석	김정배	35,000
4	총서4	韓國 近代教育法制 硏究	안기성	13,000
5	총서5	韓國 近代戲曲史 硏究	서연호	11,000
6	총서6	韓國 巫俗의 綜合的 考察	김인회	9,000
7	총서7	朝鮮 後期의 詩經論과 詩意識	김흥규	8,000
8	총서8	高麗時代 佛教詩의 硏究	인권환	9,000
9	총서9	韓國 現代詩意識 硏究	이기서	8,000
10	총서10	道家思想의 硏究	이강수	8,000
11	총서12	西學에 대한 韓國實學의 反應	최동희	9,000
12	총서13	朝鮮前期 制度言論 硏究	목정균	9,000
13	총서14	韓國 現代詩史의 代位的 構造	오탁번	7,000
14	총서15	개정증보-金鰲新話 硏究	설중환	17,000
15	총서16	韓國의 傳統婚禮 硏究	박혜인	9,000
16	총서17	古小說의 原始宗教思想 硏究	박용식	10,000
17	총서18	가톨릭과 朝鮮後期 社會變動	노길명	10,000
18	총서19	1920年代 韓國小說 硏究	송하춘	8,000
19	총서21	朝鮮後期 天主教史 硏究	조광	8,000
20	총서23	朝鮮後期 小說讀者 硏究	대곡삼번	7,000
21	총서24	전면개정판-한국의 옛길 嶺南大路	최영준	28,000
22	총서25	金東仁 硏究	김춘미	9,000
23	총서26	韓國古代社會의 軍事와 政治	김영하	13,000
24	총서27	古墳出土 副葬品 硏究	윤세영	10,000
25	총서31	云丁散藁	김춘동	15,000
26	총서32	韓國現代詩의 意識現象學的 硏究	최동호	9,000
27	총서34	韓國 家庭小說 硏究	우쾌제	10,000
28	총서36	國語被動 硏究	배희임	8,000
29	총서37	韓國古典文學의 原典批評的 硏究	정규복	11,000

30	총서38	企齋記異 硏究	소재영	10,000
31	총서40	法을 통한 朝鮮植民地 支配에 관한 硏究	영목경부	14,000
32	총서42	국어내용연구1	배해수	14,000
33	총서43	日帝末期의 韓國小說 硏究	김종균	12,000
34	총서44	國語 體言化構文의 硏究	홍종선	8,000
35	총서45	羅末麗初의 豪族과 社會變動 硏究	김갑동	10,000
36	총서46	古代國語學 硏究	박병채	13,000
37	총서47	牧民心鑑 硏究	김성준	8,000
38	총서48	韓國傳統音樂 論究	한명희	9,000
39	총서49	漢字語系 歸化語 硏究	조세용	7,000
40	총서51	韓國近代敎育思想 硏究	차석기	11,000
41	총서53	古代國語의 語彙 硏究	천소영	9,000
42	총서54	春香傳의 辭說形成 原理	전경욱	9,000
43	총서55	近代轉換期의 言語와 文學	홍일식	9,000
44	총서56	北靑方言의 音韻論	이기동	7,000
45	총서57	韓國文學의 考證的 硏究	최강현	14,000
46	총서58	현대시·시조통합이론	민병기	15,000
47	총서59	高麗 武臣政權期 農民·賤民抗爭 硏究	이정신	10,000
48	총서60	白頭山 說話 硏究	정재호	18,000
49	총서63	朝鮮朝 畿湖學派의 禮學思想에 關한 硏究	배상현	13,000
50	총서65	栗谷李珥의 聖學硏究	장숙필	7,000
51	총서66	韓國古地名辭典	전용신	14,000
52	총서67	高麗·朝鮮時代 敍事文學 發展의 硏究	성택승	8,000
53	총서68	渤海史의 綜合的 考察	한규철	14,000
54	총서70	韓國 近代小說論 硏究	윤충의	9,000
55	총서72	韓國近世 禪家文學	서규태	8,000
56	총서73	조선 중기 정치권력구조 연구	정홍준	9,000
57	총서75	조선후기 운서 한자음 연구	정경일	11,000
58	총서77	高麗 前期 私田 硏究	윤한택	8,000
59	총서78	근대 한국 고등교육 연구	한용진	25,000
60	총서79	심능숙 문학의 연구	장효현	15,000

61	총서81	韓國 近代 文學批評論 硏究	신재기	10,000
62	총서85	한국 현대비평의 문체	이병헌	11,000
63	총서87	조선후기 시가의 현실인식	박노준	12,000
64	총서89	고구려 전기 정치사 연구	금경숙	9,000
65	총서90	독립국가연합 고려인의 생활과 의식	윤인진	10,000
66	총서91	美軍政下의 教育政策 硏究	김용일	10,000
67	총서92	조선시대 성리학의 연구	윤사순	10,000
68	총서93	朝鮮後期 中人層 漢文學의 硏究	윤재민	14,000
69	총서94	범주문법	강범모	8,000
70	총서95	조선 후기 우화소설 연구	정출헌	12,000
71	총서96	高麗後期 政房 硏究	김창현	12,000
72	총서97	토끼傳·水宮歌 硏究	인권환	16,000
73	총서100	日帝下의 朝鮮貿易 硏究	송규진	10,000
74	총서101	지리산지 농업과 촌락 연구	정치영	20,000
75	총서103	高麗時代 中樞院 硏究	박용운	14,000
76	총서104	조선초기 전세제도 연구	강제훈	13,000
77	총서106	기정진 철학사상 연구	박학래	9,000
78	총서107	조선후기 인성·물성논쟁의 연구	이애희	13,000
79	총서109	서사문법시론	강헌국	9,000
80	총서110	북간도 한인사회의 형성과 민족운동	김춘선	32,000
81	총서111	주자학에서 실학으로	김용헌	35,000
82	총서113	朝鮮初期 性理學과 歷史學-기억의 복원, 좌표의 성찰	오항녕	18,000
83	총서114	조선후기 사회변화와 시가문학	정흥모	20,000
84	총서116	판소리 유파와 명창의 세계	김기형	22,000
85	총서117	조선후기 시가사와 가곡 연행	신경숙	20,000
86	총서119	性理學 受容器 佛教 批判과 政治思想的 變容 -鄭道傳과 權近을 중심으로	이정주	13,000
87	총서122	조선후기 가집 연구	이상원	27,000
89	총서123	개정판-학교문법교육론	이관규	24,000
90	총서124	근대 동아시아와 한국 자본주의	김윤희	18,000
91	총서125	조선후기 자연학의 동향	김문용	13,000

92	총서127 한국 고전소설과 정신분석학	강상순	25,000
93	총서128 미국의 헤게모니와 한국민족주의	허 은	23,000
94	총서130 한용운과 근대성	김종인	15,000
95	총서131 大韓帝國期 民族談論과 國家構想	백동현	16,000
96	총서132 19세기 문예사와 기생의 한시	박영민	20,000
97	총서136 빈도 효과-코퍼스를 활용한 국어 문법의 기술	김일환	18,000
98	총서137 규방가사의 전통성과 근대성	백순철	20,000
99	총서138 일제 강점기 설화·동화집 연구-우리 옛이야기의 정체성 찾기	권혁래	18,000
100	총서139 신문관의 출판 기획과 문화운동	권두연	30,000
101	총서140 아동문학의 숨은 의미와 가치	노제운	16,000
102	총서142 한국의 자유민주주의와 『사상계』	이상록	24,000
103	총서144 조선조 오륜시가의 역사적 전개 양상	하윤섭	24,000
104	총서145 정약용의 철학사상과 체제개혁론-주희와의 비교를 중심으로	전성건	15,000
105	총서146 누정기를 통해 본 한국한문산문사	안세현	16,000
106	총서147 시적 정의와 시의 윤리	여태천	24,000
107	총서148 16세기 후반~17세기 전반 산문 연구	안득용	23,000
108	총서149 검열, 실종된 작품과 문학사의 복원	문한별	22,000
109	총서150 낙하생 이학규의 시문학 연구	이국진	20,000
110	총서151 방각본 영웅소설의 지역적 특성과 이념적 지향	엄태웅	22,000
111	총서152 영체와 행사에서 본 정약용의 종교적 의식	이숙희	15,000
112	총서154 19세기 상·하층 소설의 접점과 문화적 의미	장예준	30,000
113	총서156 한국 근대문학의 형성과 진화론	이만영	22,000
114	총서157 한국 근대시의 형성과 한문맥의 재구성	정기인	23,000
115	총서158 동아시아의 사신영접의례와 공연문화	민태혜	30,000
116	총서159 명사 구성 합성어의 의미 구조	김숙정	15,000

民族文化研究叢書 156

한국 근대문학의 형성과 진화론

2021년 6월 10일 초판 1쇄 펴냄

저 자 이만영
발행인 김형찬
발행처 고려대학교 민족문화연구원

등록번호 1964년 9월 28일 제6-18호
주소 서울특별시 성북구 안암로 145
전화 02-3290-1610~4
팩스 02-926-8385
http://riks.korea.ac.kr

ISBN 978-89-7155-183-7 94810
978-89-7155-073-1 (세트)

정가 22,000원